RESGATADO

uma Ficção

JOHN BEVERE
& MARK ANDREW OLSEN

LAN
EDITORA

1ª impressão
Rio de Janeiro, 2015
www.edilan.com.br

RESGATADO
por John Bevere
©2015 Editora Luz às Nações Ltda.

Coordenação Editorial: *Equipe Edilan*
Tradução e Revisão: *Equipe Edilan*

Originalmente publicado nos Estados Unidos com o título *Rescued*, de John Bevere, por Bethany House, uma divisão de Baker Publishing Group, Grand Rapids, Michigan, 49516, Estados Unidos.

Salvo indicação em contrário, todas as citações bíblicas foram extraídas da Bíblia Sagrada Nova Versão Internacional (NVI), Editora Vida.

Por favor, note que o estilo editorial da Edilan inicia com letra maiúscula alguns pronomes na Bíblia que se referem ao Pai, ao Filho e ao Espírito Santo, e pode diferir do estilo editorial de outras editoras. Observe que o nome "satanás" e outros relacionados não iniciam com letra maiúscula. Escolhemos não reconhecê-lo, inclusive a ponto de violar as regras gramaticais.

CIP-BRASIL. CATALOGAÇÃO-NA-FONTE
SINDICATO NACIONAL DOS EDITORES DE LIVROS, RJ

B467r

Bevere, John, 1959-
Resgatado / John Bevere, Mark Andrew Olsen. - 1. ed. - Rio de Janeiro : Luz às Nações, 2015.
288 p. : il. ; 23 cm.
Tradução de: Rescued

ISBN 978-85-99858-94-3

1. Cristianismo - Ficção americana. 2. Ficção americana. I. Olsen, Mark Andrew. II. Título.

| 15-27764 | CDD: 813 |
| | CDU: 821.111(73)-3 |

30/10/2015   03/11/2015

Comentários da Mídia sobre *Resgatado*
Por John Bevere e Mark Andrew Olsen

...um suspense emocionante que vai além do resgate de uma morte certa, e conta sobre o livramento de um destino muito pior... Com sua narrativa cheia de suspense, Bevere aborda a hipocrisia cristã e desafia a teologia da graça barata.
— **Lynne Thompson**, Christian Retailing,
Altamonte Springs, Flórida

...a mensagem pega você de surpresa, tira o seu fôlego e faz você repensar em tudo que já acreditou sobre Deus, a eternidade e o que significa servir a um Ser tão Santo. Eu o desafio a ler *Resgatado*. Será a coisa mais importante que você fará neste ano novo.
— **Deena Peterson**, wholly-devoted.blogspot.com

Bevere e Olsen prepararam a sequência de colisão inicial com um toque de espionagem como nos livros de Tom Clancy, através de uma série de eventos casuais (que não são tão casuais assim)... Ainda assim, quando a relação com a Eternidade se torna clara, o verdadeiro significado da história é finalmente revelado... Uma leitura altamente recomendada.
— **christianfictionreview.com**

Apesar de o enredo e o perfil de *Resgatado* serem de suspense, a mensagem é forte e aborda com profundidade espiritual as ramificações das escolhas da vida... uma leitura viciante que eu recomendo altamente.
— **W. Terry Whalin**, FaithfulReader.com

...a mistura perfeita de verdade e graça... *Resgatado* não é apenas um suspense de tirar o fôlego, é também uma história de redenção...
— **Jackie Baumgarten**, armchairinterviews.com

Gostaria de dedicar este livro a cinco homens muito especiais:

Primeiramente, ao meu pai,
John P. Bevere Senior

Obrigado por ser um marido fiel
em quase sessenta anos de casamento,
e um pai dedicado que sempre sustentou sua família.

Em segundo lugar, aos meus quatro filhos,
Addison David Bevere
Austin Michael Bevere
Joshua Alexander Bevere
Arden Christopher Bevere

Eu os amo e tenho orgulho de cada um de vocês.
Vivam na verdade, amem profundamente e glorifiquem a Deus em
tudo que fizerem.

— JOHN BEVERE

Gostaria de dedicar o meu trabalho nesta história de pai e filho

Ao meu pai, Walther Olsen:

Fui muito abençoado por ter um pai cuja fidelidade e amor
incondicional à sua família são igualados apenas à sua dedicação a
Deus.

E ao meu filho, Benjamin Olsen:

Deus me abençoou com um filho maravilhoso cujo coração amoroso
me ensina mais sobre Deus do que uma centena de pregações, e com
quem eu sempre amarei compartilhar momentos "só dos homens".

— MARK ANDREW OLSEN

RESGATADO 1

NOVA JERUSALÉM

A jovem moça olhou para a fumaça, mas não deu importância a ela — exceto por notar que era uma visão vaga e inquietantemente estranha.

Ela estava longe demais para identificar aquele cheiro cáustico.

Ou ouvir a gritaria.

A alegria de sua peregrinação resplandecia intensamente em seu rosto. Como centenas à sua volta, ela estava meramente se deleitando na glória das horas anteriores, passeando pela vastidão da Cidade Eterna, observando a beleza por todos os lados, erguendo a mão na luz dourada e cantarolando louvores em voz baixa.

Então, ela caminhou até o terraço do Monte do Templo e olhou ao redor. Pela primeira vez desde sua chegada, o sorriso fugiu de seu semblante.

A aparência da fumaça parecia significativamente, e até violentamente, estranha. A coluna espessa desenhava um cordão de nós escuro contra o céu azul cobalto, com tons de carmesim e ocre contrastando vividamente com a paleta de cores calorosa e acolhedora da cidade.

Finalmente, o odor a alcançou. Por um instante, ela sentiu como se estivesse sendo transportada de volta a um passado distante, aquele verão de sua infância na Fazenda dos Órfãos, quando a cuidadora abatera um novilho deformado e o queimara completamente, bem longe, no limite da floresta.

A fumaça adocicada e levemente nauseante por fim ativou sua memória. Ela franziu a testa e caminhou até lá para ver mais de perto.

Os outros peregrinos ao redor observavam solenemente sua trajetória à medida que ela se aproximava da beira da grade, no mirante acima do Vale de Geena.

Se ela tivesse sido mais cuidadosa, mais observadora, e talvez estivesse menos deslumbrada pelo esplendor das horas anteriores, provavelmente teria seguido o fluxo dos peregrinos, atravessado rapidamente para o outro lado e desviado seu rosto como todos os outros. Se ela tivesse se lembrado da história israelita um pouco mais minuciosamente, teria se recordado da antiga lenda do abismo do qual se aproximava: *Geena*, um poço amaldiçoado, um vale de terríveis sacrifícios de crianças, de corpos queimados, de rumores infernais e lendas aterrorizantes.

Ao contrário, ela foi até a beira, consumida por sua curiosidade.

E espiou lá dentro.

E então ouviu a lamúria de tormento, tão terrível e arrepiadora como nenhum outro som já criado.

Por alguns segundos, ela não moveu um músculo sequer. Em seguida, após um momento, sua mão esquerda voou até sua boca. Os joelhos dela cederam, suas pernas quase a traíram. Ela recuou, perdendo o equilíbrio, seu rosto ficou pálido e suas pálpebras tremeram de pavor. O fluxo de adoradores parou, e uma peregrina mais velha perto dela expressou compaixão.

A jovem olhou para os rostos solidários, implorando silenciosamente que lhe explicassem como conseguiam caminhar tranquilamente ao redor do que ela acabara de testemunhar. Sentindo-se levada a analisar melhor o que havia visto, ela avançou novamente e olhou mais de perto.

— Senhor — ela sussurrou, ainda olhando lá para baixo —, isso não pode ser... Não deixe isso ser...

Naquele momento, seus joelhos a traíram completamente, e ela se segurou na grade de pedra para não cair. Ela estava completamente dividida entre um desejo desesperado de se retirar para o mais longe possível daquele terror e, por outro lado, uma compulsão que a impulsionava a retornar e olhar lá para baixo de novo, como se um último vislumbre pudesse provar de alguma forma que aquilo era apenas uma ilusão.

Ela não queria chamar a atenção, e ficou receosa só de pensar que poderia tirar a alegria de alguém. No entanto, ela não conseguiu se conter.

Ela se agarrou à parede, com respiração ofegante, e seu corpo escorregou até o chão.

Por que isso? Por que aqui, e agora...?

Ela não conseguia entender. Sua alegria havia sido levada pelo ar junto com a fumaça. A razão de sua alegria, todo o êxtase de sua peregrinação, estava agora maculada pelas imagens que ainda passeavam por seus olhos.

Uma mão forte tocou seu braço e a ergueu gentilmente. Ela se levantou rapidamente, ficou de pé e equilibrou-se até conseguir ver o que provava ser o olhar caloroso de um jovem rapaz.

— Posso ajudar você de alguma forma? — ele perguntou com um tom reconfortante.

— Eu acabei de... Você viu aquilo, lá embaixo? Você sabe quão horrível...?

— A visão é sempre aterrorizante para os que olham lá para baixo — o jovem explicou —, especialmente para os peregrinos que vêm aqui e a veem pela primeira vez. Porém, eu lhe garanto que o que você acabou de ver não tem o objetivo de destruir tudo que você vivenciou aqui. Na realidade, tem o objetivo de fortalecer essa experiência. Eu fui enviado aqui para encontrar você e ajudá-la a compreender. Se você puder caminhar comigo um pouco, talvez eu possa lhe contar uma história, um tanto longa. Escutá-la irá ajudar você entender o que viu.

S.S. AQUA LIBRE — 170 KM AO LESTE DE ST. LUCIA, ILHAS WINDWARD, PEQUENAS ANTILHAS — ALGUNS ANOS ANTES...

Na maior parte de suas últimas horas na Terra, Marshall Rhodes simplesmente sabia que já estava no Céu.

Afinal de contas, aquele rapaz de trinta anos de idade estava ali caminhando sem camisa, com o sol iluminando seu rosto, a brisa do mar despenteando seu cabelo, um iate novíssimo e luxuoso de 65 pés com um motor roncando debaixo dele, 160 quilômetros de águas caribenhas azulzinhas diante dos olhos e o conforto de três — não, quatro, talvez cinco — taças de rum *Mount Gay* embebedando seus lóbulos frontais.

Cara... ele riu consigo mesmo, balançando a cabeça com um sorriso largo. *Melhor não dá pra ficar!*

Ele riu enquanto levantava a garrafa de rum e a sacudia até sair a última gota. Só de pensar que estava sendo pago para isso... E, a propósito, muito bem pago.

Ele programou o piloto automático do barco e foi pegar uma garrafa fechada na cozinha do iate. Admirou novamente sua boa sorte. Afinal, estava exclusivamente responsável pelo transporte seguro de um iate de doze milhões de dólares das docas de Newport, Rhode Island, ao cais de Port of Spain, em Trinidad. O iate era agora propriedade de um dos atletas mais ricos do mundo, um homem impaciente que havia esperado dois anos por essa maravilha de tecnologia marinha e não toleraria atraso nenhum. Um homem que faria da vida de Marshall um verdadeiro pesadelo caso ele falhasse em sua missão.

Ainda assim, Rhodes lembrou a si mesmo, desarrolhando a próxima garrafa e dando um gole direto do gargalo: *Alguns homens vestem paletó e gravata e derretem durante horas de trânsito simplesmente para bajular seus chefes o dia inteiro. Como alguém pode ser tão sortudo?*

O algo a mais que faltava a bordo era uma garota. O deque de madeira embaixo dele exigia uma companhia de biquíni. Rhodes não era nenhum deus grego, mas sabia que com aquele tipo de embarcação à sua disposição, ele certamente poderia ter conseguido uma, se ao menos tivesse tido tempo. Porém, não havia nenhum porto de escala na rota, não naquela viagem. As costas litorâneas mais lindas do mundo haviam passado por ele durante os últimos três dias, muitas vezes fora de seu campo de visão, às vezes com folhas de palmeira acenando e faixas brancas de surfe bem distantes no horizonte.

Ah, tudo bem. Não se pode ter tudo... Ele deu um longo suspiro e lembrou a si mesmo de que o fim daquela jornada estava poucas horas adiante. Essa percepção fez bater uma doce tristeza e o motivou a lançar sua última medida de cautela ao vento. *Vamos nessa.*

O piloto automático inovador da embarcação havia provado ser bem confiável desde a saída de Newport. Quase perfeito demais. Marshall sabia que a memória de bordo de meio terabyte compensaria sem problemas mais algumas horas de semiconsciência causada pelo álcool. Ele havia feito todos os testes necessários e terminado a dezena de páginas de anotações que seu patrão esperava que ele fizesse. Tudo estava certo. Ele tinha de fazer apenas uma curva larga em alto mar, um único ajuste que mudaria seu curso de onde estava, ao lado das Ilhas Windward em formato de arco, para o sudoeste em direção a Trinidad. Porém, essa correção só seria necessária dentro de uma ou duas horas.

Ele tomou o maior gole de *Mount Gay* até então e sorriu, vincando o rosto com as pálpebras pesadas. O rum não demorara a fazer efeito.

Seus olhos se arregalaram. Uma mão congelante agarrou o centro de seu peito. Um aperto muito forte sufocou seu coração como se ele fosse tão frágil quanto um pedaço de pano úmido.

Marshall deu um suspiro estrangulado, mas não havia ninguém para ouvi-lo.

Ele agarrou o próprio tórax e tropeçou. Abriu a boca para gritar, mas o grito permaneceu enterrado dentro dele. Com uma expressão de desespero devido à queimação agonizante que atravessava seu peito, ele sentiu o equilíbrio fugindo de si e caiu.

Silêncio.

Uma quietude incrível o envolveu, uma paz muito maior do que o silêncio ou a escuridão ou até o sono. Era uma calmaria que imediata e avassaladoramente sinalizava: *esta existência acaba de terminar.*

Depois, ele estava olhando para baixo, vendo um homem sem camisa deitado no deque de um iate. De lá de cima, a imagem se tornava cada vez menor, assim como o *Aqua Libre* — engolido pela eternidade do oceano azul.

Ele não sentiu medo nem arrependimento. Apenas uma curiosidade vaga e quase travessa sobre o que estava acontecendo. Ele estava voando.

Legal. Ele sempre quis voar.

E, em seguida, já não estava mais voando. De repente, sentiu como se estivesse caindo. A única diferença era que ele não estava mais sobre o mundo. Ele estava sobre... nada.

Um vazio. Nada. Escuridão.

Uma sensação esmagadora de malícia, de maldade, preenchia cada centímetro dele. Sua natureza, seu ser — seja lá o que fosse agora — estava sendo lançada para baixo por uma força própria e sem misericórdia.

Pela primeira vez, Marshall Rhodes aprendeu o significado e a devastação do verdadeiro medo.

O *S.S. Aqua Libre* agora navegava sem direção, um torpedo de 26 toneladas e 65 pés de comprimento em uma trajetória implacavelmente mantida pelo sistema de piloto automático mais avançado do mundo. No entanto, sem Marshall Rhodes ali para corrigir o percurso, o novo e elegante iate agora avançava implacavelmente em direção ao extremo leste das Índias Ocidentais, a exuberante ilha de onde seu rum se originava — a ex-colônia britânica de Barbados.

Costa de Barbados — 2 Horas Depois

A apenas 360 metros da costa de Barbados, e a apenas 38 milhas náuticas adiante da trajetória errante do *Aqua Libre*, flutuava o gigantesco *S.S Pérola dos Mares* de cem mil toneladas.

Ancorado no Porto de Águas Profundas de Barbados, logo no limite de sua capital, Bridgetown, o resort flutuante fazia o desembarque dos grupos de seus 1.400 passageiros na doca. Alguns estavam desembarcando apenas para uma escala de um dia, enquanto outros haviam sido transferidos para barcos de apoio menores que os levariam para uma variedade de atividades divertidas no mar.

A voz de alerta do capitão para a última embarcação soou contra o vasto e imponente casco do navio.

— Última chamada!

De pé no deque do navio, o Pastor Alan Rockaway olhava ansiosamente para as ondas batendo na linha d'água do *Pérola*. Com 47 anos de idade, bonito e esbelto, com cabelos castanho-claros esvoaçantes com a brisa e um brilho cativante em seus olhos azuis, faltava a Alan somente um aspecto de sua conduta habitual: um calmo estado de espírito.

— Por favor, senhor — ele disse, inclinando-se sobre a grade em frente ao capitão —, meu filho está a caminho, indo lá para baixo, e é muito importante que ele desembarque. *Muito* importante.

O homem olhou para seu relógio.

— Ele tem cerca de catorze segundos. É só isso que eu posso fazer. O itinerário do passeio de submarino é apertado. O cais de embarque fica a três quilômetros, e nós temos um intervalo de apenas três minutos para chegarmos ao local de encontro.

Rockaway virou-se para sua esposa, Jenny, e deu um forte suspiro. Em anos anteriores, ele teria cedido à sua frustração e gritado para o garoto perpetuamente atrasado. Porém, essa viagem era especial, e por muitas razões. Ele não envergonharia seu filho mais velho dessa forma. Ele seguraria sua língua e, em vez disso, faria uma oração apressada.

Um grito muito alto ecoou do deque de cima.

— Estou chegando! Esperem, estou chegando!

Jeff Rockaway, um garoto de boa aparência, magrelo, de dezessete anos de idade, atropelava os degraus da escadaria em direção à rampa que levava à doca. Com uma mão, ele segurava firme uma pasta preta e, com a outra, uma câmera de vídeo que balançava contra seus joelhos pendurada por finas alças de couro.

— Vamos lá, pessoal! O barco está esperando!

O pai virou-se para o grupo de trinta adultos aglomerados ao redor dele e sorriu ironicamente.

Rindo por dentro, o grupo seguiu o garoto até a prancha de desembarque. Depois que todos eles haviam chegado e começado a subir no barco, o jovem correu para o outro lado da doca, para o lado onde seu pai estava, terminando sua corrida com um pulo abrupto e um suspiro de contentamento.

— Está tudo bem, filho? — Alan perguntou com um tom de voz dividido entre exasperação e admiração.

— Não foi culpa minha, pai. Eu estou trabalhando em conjunto com a ponte do navio para acessar o portal do satélite, mas eles tiveram algum tipo de contratempo. Um problema com a atracação. Alguma coisa a ver com a corrente.

Jenny Rockaway trocou olhares com seu marido.

— Eles realmente pareciam ter dificuldades com o posicionamento hoje de manhã — ela disse.

Colocando a mão carinhosamente sobre o ombro do rapaz, Alan sorriu.

— Eu acredito em você, filho. É um pouco estressante, só isso. Nós não temos apenas que encontrar com o submarino na hora certa, mas também há cerca de mil e quinhentas pessoas em casa esperando que toda essa conexão aconteça sem problemas.

— Eles não ficarão desapontados ¬— Jeff respondeu. — Eu já preparei tudo.

— Com *aquilo?* — Alan perguntou, apontando para a única caixa, simulando espanto. — Esse é todo o equipamento necessário?

— Como assim *todo?* — o rapaz respondeu ofendido. — Há um laptop aqui, mais todos os acessórios. Tente só levantar essa coisa. Deve pesar uns cinco quilos.

Alan virou-se para Hal Newman, seu confidente mais chegado e responsável pelo equilíbrio da igreja de seis mil membros onde Alan era pastor, em Denver. Ele levantou as sobrancelhas e deu de ombros.

— Uau. Cinco quilos. Tudo isso para uma simples conexão de transmissão transcontinental via satélite de vídeo ao vivo. Algo que cinco anos atrás exigiria um caminhão de três toneladas e custaria três milhões de reais.

— Cinco anos é uma eternidade no tempo da tecnologia, pai.

— É o que tenho ouvido, Jeff. Eu lhe disse que confio em você para fazer essa coisa funcionar, e confio mesmo. Então, não irei mais lhe questionar, mas lhe darei uma última oportunidade de me tranquilizar. O que você está segurando é tão... compacto, não parece o bastante para nos conectar ao vivo sem nenhum empecilho com a igreja lá em Denver.

Jeff caiu na gargalhada, uma gargalhada natural que enrugou seu rosto bronzeado.

— Confie em mim, pai. As coisas têm avançado. Esse é o mais moderno e ultracompacto conjunto de aparelhos de conexão com a internet.

— Está bem, então — Alan deu de ombros e deu aquele sorriso perplexo por ter sido tecnologicamente superado. — Pelo menos nisso podemos concordar, Jeff.

Eles se sentaram nos bancos à medida que o motor de popa da lancha era acionado e acelerava, afastando-se do navio principal. Alan olhou à sua volta, animado por estar em mar aberto, com o vento do oceano soprando em seu rosto.

— As coisas *têm* avançado — Alan disse enquanto afirmava com a cabeça para Hal e Jess, que estava sentado ao lado dele. — Lembra-se de quando você era um garotinho e eu havia acabado de dar início à minha primeira igreja?

— Muito pouco.

— Eu lembro — Newman interrompeu com um sorriso.

— É claro que você lembraria! — Alan exclamou — No nosso primeiro retiro nós dirigimos até a sua casa de férias perto de Buena Vista. *Rafting* e *fajitas*.

— Isso mesmo. Um quase-afogamento e carne assada queimada, se eu me lembro bem.

— Eu não me esqueci disso não — Alan riu. — E quando eu quis ligar para o restante da congregação durante o louvor de domingo na nossa igreja? Para ajudá-los a não se sentirem tão esquecidos e deixados para trás? É claro, apenas cerca de quinze pessoas tinham ficado, mas eu estava muito inseguro, eu simplesmente *tinha* que fazer contato. Então, dirigi até uma pequena lojinha do interior, coloquei doze moedas no telefone público deles, e o velho Mike Barfield conseguiu transmitir a minha ligação através de seus alto-falantes estéreos. Não o sistema de som integrado de uma igreja, mas as suas próprias caixas de som baratas de sua sala de estar. E, ainda assim, eu me senti como Alexander Graham Bell, telefonando para seu assistente pela primeira vez.

— Cara, eu me sinto velho só de lembrar isso tudo — Newman disse dando uma risada.

— E, cara, isso faz *eu* me sentir jovem — Jeff ironizou. Todos eles riram.

— Sabe o que é estranho? — Alan disse — Eu não tenho vivido esse tipo de emoção em muito tempo. — Ele olhou para as águas que passavam rapidamente. — Todas as coisas. A fé. A igreja. O pastoreado. Parece que foi na semana passada que eu fui batizado à moda antiga nas ondas do mar, no pôr do sol da praia, na maré alta — por um pastor hippie que ainda pensava que Woodstock era o maior culto de igreja já realizado.

— Realmente. Tenho certeza de que Jeff nunca ouviu essa história antes, Alan. — Jenny exclamou com um sorriso e um tom de ironia em sua voz.

— Eu sei. Eu já contei milhares de vezes. Acontece que nós não tínhamos todos esses... todos esses recursos naquela época. As coisas pareciam ser mais reais, mais apaixonadas. Se o som do violão não fosse alto o bastante e a voz do líder de louvor não fosse forte o suficiente, não importava, as pessoas não percebiam. A questão não era um som perfeito. Estávamos ali para adorar com todo o fôlego dos nossos pulmões.

Tínhamos sorte de ter microfones; conexões globais ao vivo, nem pensar. E se quiséssemos ter um retiro de casais, pegávamos o sítio de alguém emprestado, em vez de voar milhares de quilômetros para embarcar em um cruzeiro para o Caribe.

O tom da voz de Alan havia abaixado tanto que os que estavam com ele quase não ouviram sua última frase.

— Eu diria que as coisas têm melhorado — Jeff disse com um vigor juvenil.

— Não estou reclamando. Só estou dizendo que me lembro de ficar mais fascinado, mais em contato com um sentimento de admiração quando havia cinquenta pessoas na minha igreja do que hoje com seis mil. As coisas pareciam mais autênticas. Até perigosas, em certo sentido. Nós éramos compelidos a encontrar Deus, ainda que isso nos matasse.

— Bem, tenho certeza de que há ainda muitas formas de essa conexão falhar, pai — Jeff disse. — Nós estamos em alto mar, com um submarino de verdade vindo nos buscar. Tenho certeza de que iremos viver um pouco de aventura antes de tudo acabar.

RESGATADO

2

BARBADOS — A 12 MILHAS NÁUTICAS DE BRIDGETOWN

Em mar aberto, a quilômetros de distância do local de lançamento do submarino turístico — em um cais de embarque ancorado em águas tranquilas a dois quilômetros da costa de Barbados — a peça final de um desastre estava prestes a se encaixar, como os registros microscópicos de um computador de bordo marítimo.

O *Aqua Libre* possuía o mais avançado sistema de navegação existente, com as configurações mais precisas e de última geração, incluindo uma que Marshall Rhodes havia negligenciado. Seu sistema anticolisão controlado por radar, projetado para desviar de obstáculos no modo piloto automático, na verdade dependia de inúmeras preferências definidas pelo usuário.

Uma delas era a sensibilidade de velocidade aprimorada. O sistema anticolisão poderia ser programado para não ser ativado em determinada velocidade ou acima dela, à escolha do capitão. A lógica ditava que, em mar aberto, quando um barco alcançava sua velocidade mais alta, era considerado pouco seguro que o controle fosse abruptamente tomado por uma máquina. A maioria dos capitães preferia contar com uma série de avisos, tais como uma sirene Klaxon ou um alarme, assim como um aviso no bipe, no aposento particular e no celular do capitão. Então, o sistema compensava a alta velocidade alertando o capitão de qualquer obstáculo adiante, dando a ele o tempo necessário para reagir.

A configuração padrão de fábrica, a qual Rhodes nunca havia pensado em mudar, dizia ao *Aqua Libre* para evitar colisão abaixo de dez nós, quando a maioria dos barcos geralmente manobra em portos lotados e canais de navegação. O *Aqua Libre* agora acelerava rapidamente em sua velocidade máxima de trinta e cinco nós, o que já havia chamado a atenção sempre alerta do sistema de radar da patrulha da costa de Barbados.

Naquele momento, cada aviso na escala sucessiva do navio já havia sido ativado, mas respondendo de acordo com sua programação, o sistema anticolisão se negou fielmente a entrar em ação.

Quanto ao homem encarregado por gerenciar esse sistema, o calor do sol caribenho ainda brilhava em seu rosto. O vento ainda bagunçava seu cabelo, e o puro oceano azul ainda se apresentava ali bem diante dele.

No entanto, Marshall Rhodes definitivamente não estava mais no Paraíso.

BARBADOS — CAIS DE EMBARQUE PARA EXCURSÕES SUBAQUÁTICAS

No momento em que seus pés tocaram as tábuas do cais, esbranquiçadas pelo sol, Jeff rapidamente entrou em ação. Ele se ajoelhou abruptamente, jogou a maleta no cais com um balanço cuidadoso e abriu a tampa, exibindo seu conteúdo. Quatro rápidos movimentos manuais depois, uma antena telescópica grossa se esticou a um metro de altura, e o laptop ligou.

Apesar de anteriormente ter jurado se concentrar em seus companheiros de viagem e não na mecânica da transmissão, Alan ficou de pé próximo ao filho, impressionado.

— Você fez isso tudo sozinho? — ele perguntou.

— Praticamente — Jeff disse sem olhar para cima. — Eu liguei para a empresa do cruzeiro para confirmar se a ponte deles tinha um *uplink* para o satélite. Então, comecei a fazer amizade com a tripulação do capitão assim que embarquei. O resto foi fácil. Eu já havia alugado essa maleta transmissora dos meus colegas do Canal 10, e a câmera também. Tive de me certificar de que este cais estava dentro do campo de visão do navio, o que confere. Tudo que faltava era alugar o tempo de satélite. Eu pesquisei no Google e fechei o negócio *on-line* com o cartão de crédito da igreja. Sem dificuldade!

Alan balançava a cabeça em admiração quando de repente algo vermelho começou a piscar na tela do laptop, seguido por alguns alertas altos.

— Nós conseguimos a conexão! — Jeff exclamou.

— Isso quer dizer que está tudo pronto? — Alan perguntou, incrédulo.

— Sim. Não só estamos conectados diretamente com o painel de controle da igreja, mas também em alta definição!

Alan se abaixou e agarrou o filho pelo ombro.

— Perdoe-me, Jeff, por duvidar de você — ele disse. — Você disse que conseguiria fazer, e fez tudo com excelência. Estou muito orgulhoso de você.

Jeff levantou a cabeça, evidentemente envergonhado pela demonstração de carinho do pai.

— Obrigado, pai.

Uma fração de segundos depois, com sua atenção de volta ao projeto do vídeo, Jeff estava totalmente focado em sua tarefa novamente. Ele pegou a câmera de vídeo, conectou-a à porta FireWire do computador e a colocou sobre o ombro.

— A câmera está pronta! Ação, pessoal!

DENVER, COLORADO – SUMMIT CHAPEL

Click! Click!

As baquetas levantadas no ar bateram duas vezes uma contra a outra na meia-luz dourada, alertando aos 1.500 adoradores que o auditório lotado estava prestes a ser inundado por um maremoto melódico. O *tsunami* começou com um acorde menor, dedilhado em uma guitarra Les Paul perfeitamente distorcida. Logo em seguida, veio a vibração característica do órgão Hammond B-3, estrela da era do rock clássico. Nenhuma imitação de som sintetizado era permitida na Summit Chapel, não quando tivesse a ver com música.

Um piano de cauda Steinway se juntou à orquestra, tocando em peso o mesmo acorde, acompanhado pelo som ensurdecedor de címbalos, três batidas no tarol, com as batidas não de um, mas dois baixos, e os ascendentes *aaaahhhs* de meia-dúzia de líderes de louvor bem-vestidos, homens e mulheres de três etnias, que sorriam e agarravam os pedestais de seus microfones como se suas vidas dependessem daquilo.

O som final foi uma verdadeira explosão de prazer auditivo.

"Vamos adorar a Cristo!" ressoou a voz do líder de louvor Michael East, com uma beleza jovial, cabelo escuro e cacheado, um cavanhaque bem feito e vestindo uma camisa social por fora da calça jeans desbotada — o visual de um homem vencendo sua guerra contra a meia-idade.

A congregação saltava a seus pés como pessoas de trinta e poucos anos em um show do U2.

O pastor executivo Larry Collins olhava para a multidão de seu assento na última fileira, batia palmas com força e sorria. Ele amava a forma como a multidão da igreja Summit parecia englobar todos os tipos de pessoas. Afro-americanos de pé ao lado de anglo-americanos e hispanos de todas as idades, sem mencionar skatistas, universitários, pessoas mais velhas, os chiques e os casuais, empresários e líderes comunitários juntamente com desempregados, pobres e ex-detentos. Todos eles dançando espontaneamente, balançando de um lado para o outro, a maioria com as mãos levantadas, deleitando-se na emoção invocada pelo super-produzido rock de adoração de oitenta e cinco decibéis digno de ser tocado na rádio.

Às vezes, Larry fechava os olhos, deixava a música rolar sobre ele e tentava imaginar Jesus em um de seus cultos. Será que Ele gostaria daquele tipo de música?

Claro. Por que não? pensou Larry. *Jesus é legal...*

Ocasionalmente, durante os momentos de adoração, como quando a mudança de tom em "Cantarei Teu Amor pra Sempre" subia rapidamente, ou quando aquela única batida da bateria marcava lentamente os *aleluias* de "Agnus Dei" em uma ponte crescente, Larry podia sentir o Espírito de Deus tão poderosamente que ficava impressionado, chorando e lutando contra o impulso de sair correndo para fora do santuário. Porque ele estava convencido de que Deus havia criado a harmonia, a distorção eletrônica e a reverberação assim como Ele certamente criou as árvores e o pôr do sol. Ele havia criado tudo com as próprias mãos para fazer com que o coração humano pulsasse de acordo com as emoções profundas de Sua beleza.

O terceiro verso terminou com um longo acorde da Les Paul e aplausos extasiados por todos os lados. Larry sempre tinha um sentimento palpável de desapontamento no fim do período de louvor.

Agora, a partir de uma abertura escondida no teto, o telão de nove metros de largura descia fazendo um zumbido. O telão estava na metade do caminho antes que a maioria dos adoradores, ainda empolgados com o encerramento da última música, percebessem que ele havia coberto a frente do palco e suas decorações de brim e papel crepom iluminadas com luz âmbar.

Vamos logo... Larry Collins apressou o telão, sussurrando baixinho. A pausa silenciosa para que ele terminasse de descer havia se arrastado por tempo demais. Ele nunca esquecia que as congregações de hoje, criadas com televisão e com aversão a interrupções, não toleravam longas hesitações.

Finalmente, o telão havia descido e, imediatamente, uma imagem enorme e vibrante preencheu cada centímetro dele.

— Olá, pessoal! Bom dia aqui de Barbados! — uma voz familiar os saudou através das caixas de som. O rosto bronzeado do homem, expressivo como sempre, surgiu maior do que o de uma estrela de cinema.

— Bom dia! — a multidão que assistia repetiu com perfeita unissonância.

— Desculpe, mas eu não consegui ouvir vocês daqui! Vocês não devem ter tomado café da manhã ou devem estar meio devagar hoje. Eu disse *Bom dia!*

— Bom dia! — a multidão gritou mais alto dessa vez.

— Muito melhor — disse o homem no telão. — Para aqueles de vocês que são novos em nosso meio, eu sou Alan Rockaway, pastor sênior da Summit Chapel. Estou falando com vocês ao vivo do primeiro cruzeiro anual de casais da Summit Chapel e, pessoal, tem sido uma bênção até agora. Eu não estou falando só do navio maravilhoso ou das belezas do Caribe; estou falando das lições incríveis que temos estudado juntos, sobre como fortalecer e aprofundar o nosso casamento e retornar para as prioridades que a nossa vida ocupada muitas vezes tira de nós.

Agora era a vez de Larry nos holofotes. Ele pegou seu microfone portátil e começou a caminhar pelo corredor central o mais casualmente possível. *Mantenha-se casual. Nunca esqueça a abordagem modesta...*

— Então, Alan — ele falou no microfone, iniciando seu discurso pronto. — Fala sério. Você está dizendo que está em um cruzeiro no Caribe e está gastando seu tempo dentro de uma sala ouvindo alguém dar aula?

No telão, Alan pressionou um pequeno fone de ouvido e riu na hora.

— Eu entendo, Larry! Isso não parece possível. Mas se você ouvisse a sabedoria e os conselhos transformadores que estamos absorvendo da Palavra de Deus, você entenderia. O Dr. Meltz do Seminário North Central é um dos melhores especialistas do nosso país em como recarregar as baterias do casamento. Seu seminário *Reacenda o Fogo* já renovou até agora 250 mil casamentos ao redor do mundo, e já posso dizer que ele está prestes a adicionar mais setenta e cinco à lista!

— Então acho bom vocês estarem aproveitando mais tarde tudo que o cruzeiro tem a oferecer.

— Pode apostar que sim! Com exceção de um casal que não irei mencionar, que ficou tão... aceso, que correu de volta para a cabine e não foi mais visto desde então.

Gargalhadas percorreram a audiência.

— Bem, Alan — Larry continuou, sacudindo a cabeça —, talvez melhor deixar isso para outro culto.

— Certo! — Alan disse — Eu já posso imaginar: o primeiro culto do mundo somente para adultos!

— Seguindo adiante — Larry disse enquanto olhava para os rostos ao redor dele e pensando se aquele papo havia ido longe demais. — O que vocês estão fazendo agora? Parece que não estão no navio.

— Que bom que você perguntou, Larry. Nós estamos prestes a embarcar em um dos passeios mais interessantes do navio. Estamos prestes a entrar em um submarino, construído especialmente para turistas, e fazer um mergulho de noventa minutos para provar o melhor das belezas subaquáticas de Barbados. Aliás, a nossa vez acabou de chegar. Jeff, você pode virar a câmera por um instante?

A imagem da tela se distanciou do rosto ampliado de Alan para as águas tropicais azuis e esverdeadas. Ali, agitando a superfície turquesa e formando uma espuma pálida, emergiu o perfil inconfundível de uma torre de comando.

Debaixo dela, navegava o corpo brilhante de um submersível de doze metros.

RESCATADO 3

— Então aqui estamos, prestes a ir para debaixo d'água e voltar à superfície!

A voz de Alan Rockaway reverberava a partir das caixas de som da igreja com a imagem do submarino agora atracado preenchendo o telão. Por trás dele, passageiros que saíam do mergulho anterior atravessavam o cais cuidadosamente em fila e entravam em um barco de apoio à sua espera.

— Apesar de não ser realmente um batismo, nós achamos que vocês gostariam do simbolismo. E se nós voltarmos para a superfície a tempo, talvez possamos nos conectar de novo e dar o relatório completo a vocês! Tenham um ótimo culto, pessoal. Amo vocês e estou com saudades!

BARBADOS — CAIS DE EMBARQUE PARA EXCURSÕES SUBAQUÁTICAS

À medida que a câmera se deslocava para ele, Alan acenava e virava-se para fazer outro sinal de *positivo* para Jeff antes de deixá-lo no cais. Seus olhos buscavam o filho e se encolheram de desapontamento quando o encontraram, é claro, atrás da câmera. Jeff iria pensar que seu pai estava simplesmente cumprimentando a multidão.

Não importa... Alan decidiu fazer aquilo de qualquer jeito. Ele levantou o polegar direito, acenando bem no alto para enfatizar o que queria. Até mesmo fazer aquele gesto agora era estranho para Alan, a flexão de um músculo por tanto tempo esquecido.

Bom trabalho, filho.

Era o gesto que ele sempre fazia para Jeff durante os adoráveis anos de sua infância, quando o loirinho conquistava algum triunfo de menino como agarrar uma bola no ar ou chutar uma bola de futebol durante os jogos deles no quintal. Jeff havia se tornado tão sedento pelo sinal de aprovação do pai que literalmente parava no meio de sua partida de futebol cada vez que pegava a bola, avidamente tentando detectar o gesto de seu pai na torcida. Uma vez encorajado pelo sorrisão e o sinal positivo do pai, o garoto ficava radiante como um campeão mundial, seu rosto irradiava alegria.

Alan mordeu o lábio em resposta à repentina pontada de arrependimento. Havia quase uma década que ele não fazia aquele sinal de aprovação para o filho. E meia década que ele não via o antigo sorrisão transformar o belo rosto de Jeff.

Sinal dos tempos, ele falou consigo mesmo. *Estou fazendo isso de novo, mas ele não consegue perceber que é para ele. Porque agora é ele quem está segurando a câmera, enquanto eu costumava...*

Ele abandonou o pensamento e se concentrou em negociar sua entrada na torre de controle. Porém, logo antes de sua cabeça abaixar para fora de vista, Alan viu a mão de seu filho estender-se no ar fazendo o sinal de positivo com o polegar.

— Tchau, pai. Até logo.

Alan queria ter uma mão livre para limpar a névoa em seus olhos, mas seus dedos agora seguravam a escada da entrada do submarino, e ele não iria soltá-la por nada.

Atrás de seu filho, o barco de apoio foi embora, com o motor agitando as águas à medida que voltava para o *Pérola dos Mares*. Mais uma vez, Alan lutava contra uma angústia da culpa por deixar o filho sozinho no cais somente com a companhia do operador, assando no sol.

Bem, ele assegurou a si mesmo. *É o que ele queria.*

SUMMIT CHAPEL

A câmera de Jeff agora enquadrava a esposa de Alan, Jenny, e também um casal mais velho que acenava com entusiasmo para a câmera.

— Está ótimo, Alan — Larry Collins falou no microfone. — Bom mergulho! Ah, e olá, Hal e Audrey!

A câmera focou nas duas pessoas que Larry cumprimentou por último, o casal mais velho descendo com dificuldade para dentro da torre. A empolgação deles com a excursão parecia estar misturada com sorrisos constrangidos por estarem entrando de forma tão desajeitada com toda aquela grande e remota audiência os assistindo.

Eles desapareceram lá dentro. Após um longo momento, o submarino se afastou e começou a afundar lentamente debaixo da superfície.

— Tenho certeza de que a maioria dos membros da igreja reconhecem Hal e Audrey Newman, que são provavelmente os nossos membros mais antigos e fiéis — disse Larry, tentando preencher o silêncio — Eu não quis dizer *antigos* em termos de idade; quis dizer que eles têm sido parte da nossa família desde o início. Na verdade, nem sei se a Summit Chapel existiria sem o Hal e sua maravilhosa esposa. É claro, vocês que são novos em nosso meio provavelmente conhecem Hal daquelas propagandas Casas Hal Newman e Hipotecas Hal Newman... E lá vão eles debaixo... —

Um grito estridente soou em todo o santuário.

Um estrondo profundo e mecânico vibrou a partir das caixas de som. A câmera girou de volta filmando os reflexos obscuros de água, o céu azul, a distante proa do barco de apoio que se afastava, e depois um objeto branco estranho que repentinamente foi lançado em alta velocidade em direção à lente.

A última imagem foi a de palavras estampadas em preto flutuando sobre a grande invasão branca.

S.S. Aqua Libre

Um barulho ensurdecedor rompeu o silêncio perplexo do santuário. No mesmo instante, a imagem do telão escureceu.

Então, parecia que cada uma das mil e quinhentas vozes da igreja havia se unido em um só grito ensurdecedor. A aflição dos gritos se elevou preenchendo cada centímetro do lugar, desvanecendo por fim em soluços e gritos esporádicos.

Em seguida, um silêncio terrível caiu sobre eles. Não havia nada para assistir, nada para ouvir. Nenhum comentarista para guiar a experiência. Muitas mulheres se sentavam com as mãos tapando a boca, balançando-se para frente e para trás em seus assentos como se estivessem tentando não vomitar, enquanto os homens se sentavam segurando o braço dos assentos, com os bíceps flexionados, prontos para se levantar e fazer algo. *Salvem alguém. Façam alguma coisa. Qualquer coisa!*

E agora? Larry pensava enquanto lutava em vão para recuperar a compostura, mas tudo que podia fazer era observar boquiaberto o telão em branco.

Você! Uma voz severa o advertiu. *É por sua conta agora. Tome posição e assuma o controle...*

Ele levantou o microfone e começou a falar. A abordagem *casual* foi esquecida. Ele tinha sorte de poder conseguir formar palavras.

— Pessoal... — Larry disse com sua voz mais solene, e então fez uma pausa. — Vamos ficar calmos e... orar. Isso... vamos todos abaixar a cabeça e orar pelos nossos irmãos e irmãs e pelo que for que eles estejam passando agora.

O Pastor Larry Collins abaixou a cabeça pelos trinta segundos mais longos de sua vida.

Após suplicar internamente a Deus por uma explicação feliz para aquilo que haviam acabado de ver, ele trouxe o microfone à altura da boca e disse:

— Amigos, no momento eu não tenho mais respostas do que qualquer outra pessoa. Acabamos de testemunhar algo que não entendemos muito bem. Como era uma transmissão ao vivo, não está claro se o que vimos foi um acidente sério, ou alguma pegadinha, ou uma casualidade — como, por exemplo, pode ser que Jeff Rockaway, o filho de Alan, que acompanhou seu pai para filmar o cruzeiro, tenha tropeçado e caído ou algo parecido. Nós simplesmente não sabemos. Tudo que podemos fazer é continuar orando. Líderes? Gostaria que todos os líderes presentes viessem à frente para ajudar.

Larry notou que alguém na cabine de controle estava acenando descontroladamente.

Ele apertou e protegeu os olhos das luzes do teto, e depois deu de ombros, pois não conseguia ouvir o que a pessoa estava dizendo. Por fim, ele falou no microfone.

— Desculpe, cabine de controle. Você tem algo a nos dizer?

O sistema de autofalante deu um estalo forte. Em seguida, ouviu-se uma voz jovem, masculina, sem fôlego, muito atemorizada.

— Ah não! Ah não! — a voz de Jeff repetia. — Algum barco apareceu do nada e bateu neles! Bateu no submarino! Eu os perdi de vista!

NOVA JERUSALÉM — MUITOS ANOS NO FUTURO

A jovem peregrina confusa e seu novo amigo misterioso já haviam caminhado uma boa distância para longe do poço de horrores. Eles se misturaram à enorme multidão de peregrinos sorridentes que cantavam e continuavam a dar voltas pelas margens mais distantes fora do Monte do Templo. A fumaça escura continuava a subir, mas a dupla agora estava de costas para aquela vista.

— Mas eu não entendo — ela disse em meio às lágrimas — Algo enorme e terrível acabou de acontecer, ali no final. Que tipo de história é essa? Alguma daquelas ficções antigas?

— Ficções? — ele disse, sorrindo.

— Sim. Tempos atrás, eu me lembro de como as pessoas costumavam se distrair lendo essas histórias longas e complicadas.

— Você é muito perceptiva, Lydia.

— Quem lhe disse o meu nome?

Ele lançou um olhar penetrante sobre ela.

Ela era extraordinariamente bela. Naquela época, tamanha perfeição era comum. No entanto, ele notou uma qualidade especial e resplandecente em seus olhos, suas mãos, sua pele pálida, e em seu cabelo tão fino e loiro que parecia quase branco ao redor de traços tão pequenos e delicados quanto seu corpo. Seu ar de vulnerabilidade apenas engradecia o impacto da visão horrível que a jovem moça acabara de testemunhar.

Ele acenou com a cabeça como se estivesse pensando em uma resposta para a pergunta dela, e então achou melhor não. Em vez disso, respirou fundo e decidiu mudar de assunto.

Ela o venceu com outra pergunta.

— Eu só estava me perguntando — disse Lydia — como uma história tão irreal irá me ajudar a lidar com o que eu vi lá embaixo?

— Você terá que confiar em mim. Primeiramente, deixe-me garantir que essa história não é fictícia; ela realmente aconteceu. E, por favor, não crie nenhum julgamento sobre qual parte da história é mais importante, pois você ficará surpresa. Muito surpresa. Apenas seja paciente e ouça. Está bem?

Ela deixou escapar um suspiro.

— Está bem. Eu confio em você.

— Agora, eu irei voltar um pouco e lhe explicar melhor o contexto. Vamos voltar ao início do cruzeiro, e depois chegar até a catástrofe.

RESGATADO 4

Para Jeff Rockaway, a primeira parte da viagem havia começado com um horário de partida cedo demais e com sua mãe o deixando no Aeroporto Internacional de Denver. Atrasado como sempre, com uma margem minúscula de tempo para passar pela segurança e alcançar seu grupo no portão de embarque, o adolescente se inclinou para dar um beijo de despedida em sua mãe.

— Qual é o problema, mãe? — ele perguntou enquanto se afastava e notava uma lágrima na bochecha dela. -— Não se preocupe comigo. Eu vou me divertir bastante.

— Ah, não é isso, querido — ela disse com um sorriso corajoso. — É ver tudo isso. Sabendo que eu estou meio que evitando a multidão, não querendo ver as pessoas que eram meus melhores amigos, sabendo do quanto ficariam desconfortáveis em me ver também.

Ela olhou através do para-brisa e suspirou com tristeza.

— Eles adorariam ver você, mãe — Jeff insistiu.

— Não adorariam não. É assim que as coisas são — ela ficou pensativa, e depois voltou para o presente repentinamente. — Olhe, não se preocupe comigo também. Eu ficarei bem. Já superei. Você sabe disso. De verdade. Então vá e se divirta bastante. Eu amo você.

— Eu amo você também — disse Jeff, indo abrir a porta. — Ligo para você mais tarde para contar como está indo tudo.

Ele saltou do carro sem se lembrar de fechar a porta. Com um semblante cansado e distraído, Terri Rockaway colocou a marcha no ponto morto, abriu a porta e deu a volta no carro para fechar a porta do passageiro enquanto seu filho desaparecia para dentro do terminal do aeroporto a fim de pegar o voo para Galveston, onde o grupo da igreja iria embarcar.

Ela acenou para ele, mas não olhou para o terminal, e depois se apressou de volta ao anonimato de seu carro.

GALVESTON, TEXAS

Pela primeira vez em sua vida, Hal Newman, um dos maiores empresários de Denver e membro fundador da Summit Chapel, vestia uma camisa havaiana florida juntamente com outras vestimentas ousadas, que não combinavam em nada.

De fato, Alan Rockaway não deixou escapar a oportunidade, enquanto atravessava a escada de acesso, de apontar para as meias pretas de Hal — comicamente inapropriadas em combinação com seus sapatos de couro marrom e seus short cáqui do tamanho errado. Até mesmo a esposa de Hal, Audrey, não pôde conter o riso, lembrando a Hal, depois de ele ter brigado com ela irritado, que ela não tinha escolhido a roupa dele dessa vez. *"Você está sozinho nessa, querido"*, ela disse enquanto o observava guardar aquelas meias pretas na mala.

Em pouco tempo, um acúmulo de risadas como as de uma grande festa ecoou vindo do cais, da ponte atrás deles até dos deques do navio próximo dali, pois uma multidão de casais da Summit Chapel estava agora reunida ali perto, assistindo e aproveitando tudo enquanto o restante do grupo chegava.

— Parece uma reunião de família — Alan disse a Jenny à medida que embarcavam. E depois inclinou-se e deu um beijo nos lábios de sua esposa.

Uma das pessoas que vinham logo atrás dos Rockaways, que havia ouvido o pastor provocar Hal e dado um sorriso fatigado, era Carrie Knowles, de quarenta e cinco anos de idade, mãe, e um ícone da igreja. Norm, seu esposo, que era contador, havia ousado se aproximar enquanto eles entravam na escada de acesso e puxou a presilha do cabelo de Carrie, soltando uma cascata de cabelo loiro e branco que ninguém na Summit Chapel havia visto solto antes.

— Norm! — ela gritou, virando-se para trás, mas incapaz de esconder que estava levando a brincadeira na esportiva.

— Eu disse que nós iríamos soltar o nosso cabelo — ele brincou. — E eu estava falando sério.

— Eu deveria ter adivinhado o que você estava querendo dizer — ela respondeu com um sorriso implicante — já que eu sou a única de nós dois que *tem* algum cabelo.

— Uuuhhh — ele zombou dela e entrou no deque de boas-vindas. Norm virou-se para o membro da igreja que estava ao seu lado e deu um grande sorriso. — Foram necessários três meses de aborrecimento constante para trazê-la até aqui — Norm disse baixinho com o canto da boca.

— Como o berçário e o departamento infantil da igreja irão funcionar? — o homem perguntou.

— Eu não sei — Norm riu. — Ouvi dizer que estão cancelando todas as atividades enquanto ela estiver fora. — Ainda que Norm não conhecesse o homem muito bem, o estranho sorriu e acenou com a cabeça. O comprometimento de Carrie com a igreja era tão lendário que até mesmo os membros novos da igreja sabiam de sua diligência.

— Tão distante de todas aquelas obrigações — ele observou — o que será dela?

Norm virou-se para ele, levantou uma sobrancelha e cochichou:

— Isso é o que *eu* vou descobrir.

O navio gigantesco se deslocou lentamente do cais sem esforço nenhum, com a força de seus motores acelerando silenciosamente, e logo o continente deu lugar a um mar brilhante sob os feixes de raio de sol do entardecer. Os espectadores aplaudiam enquanto um *reggae* tocava nas caixas de som no deque, com confetes voando através da sacada em uma brisa costeira. Toda aquela cena parecia tão encantadora que os Rockaways e muitos outros casais da igreja tiveram dificuldade de se desligar dali e ir procurar suas cabines.

Provavelmente, o único participante que não estava sorrindo nem celebrando era Jeff, que ficou de pé afastado, assistindo com uma expressão de cautela misturada com reserva profunda.

Jeff não morava com seu pai, e normalmente teria considerado a ideia de passar a semana em um cenário romântico com seu pai e sua madrasta, Jenny, uma prova a ser suportada. No entanto, um mês antes, seu pai havia se encontrado com ele em uma cafeteria do bairro e lhe feito uma proposta que ele dificilmente poderia recusar.

— Venha comigo para um cruzeiro grátis no Caribe. Você terá muito tempo livre. Durante parte dele, quando eu puder dar uma fugida, você e eu podemos ficar juntos. Momentos de pai e filho — eu e você recuperando o muito tempo que não temos passado juntos. E aqui vai a parte mais legal. Você pode trazer o seu equipamento de vídeo e filmar um documentário sobre o evento para a igreja. Um produto comercial de verdade, que os participantes irão querer comprar no final. Além disso, você terá uma grande obra para incluir no seu portfólio.

Jeff queria desesperadamente entrar na área de produção de vídeo, então a oferta de filmar a viagem era de fato tentadora. Além disso, não era o pior ambiente de trabalho do mundo. A única parte que Jeff verdadeiramente temia eram as sessões dentro do navio e, como se verificou, por uma boa razão.

O grupo de casais da Summit Chapel se reuniu naquela primeira noite em uma das salas de reunião do navio com muito alarde e um entusiasmo cuidadosamente encenado. Um sopro de trombeta de verdade retumbou a partir de uma caixa de som enquanto Dr. Meltz, famoso por seus seminários *Reacenda o Fogo*, entrava com passos saltitantes adornado com um cordão de flores, camisa havaiana, shorts e sandálias de dedo.

Filmando a exibição, Jeff havia se encolhido de vergonha com aquela visão, grato por sua reação estar escondida atrás da câmera.

— Bem-vindos, Fogueiros! — o palestrante bradou em alto e bom som.

— Bem-vindos! — eles ecoaram bem alto, pois aquele pessoal obstinado da Summit Chapel estava acostumado a amplificar as saudações energéticas que vinham do púlpito.

Agora com o microfone nas mãos, o palestrante perguntou:

— Todos vocês sabem o que é um fogueiro? — Ele protegeu os olhos dos holofotes, inclinando-se para localizar quaisquer mãos levantadas.

— Você... — ele apontou para um homem musculoso de meia-idade com o cabelo raspado, quem Jeff supôs ser um bombeiro ou um policial.

— Alguém que é eufórico! Como eu! — ele respondeu como um bom camarada.

— Não, na verdade isso é um fogaréu! — disse Meltz com uma gargalhada. — Agora deixem eu dizer a vocês o que é um fogueiro, pessoal.

Jeff se encolheu de vergonha novamente. A partir de sua experiência como filho de pastor, Jeff imediatamente sacou quem Meltz era. Aquele era um daqueles cristãos preocupados que abraçavam você e sussurravam o seu nome com um tom caloroso e relacional — mesmo se tivesse acabado de lê-lo no seu crachá.

— Vejam bem — Meltz continuou, usando gestos amplos e exagerados — durante o início do século passado, antes do advento dos motores marítimos, navios potentes como este eram abastecidos por carvão. E o motor à base de carvão exigia o emprego de um ofício muito especializado e perigoso. Era uma tripulação cujo trabalho era ficar de pé na boca das fornalhas durante catorze horas por dia e garantir que o fogo queimasse na mais alta temperatura humanamente possível. Muitas vezes, acima de duzentos e cinquenta graus. Esses homens eram chamados de fogueiros, pois isso era o que eles faziam o dia inteiro.

Ele fez uma pausa dramática, com seu braço estendido no alto.

— E é exatamente isso que eu farei com que cada um de vocês se torne! Fogueiros. Inclusive as mulheres. Eu quero que vocês se tornem intimamente conscientes do estado do fogo que está queimando, ou talvez faiscando, entre você e o seu cônjuge. E dedicados a trabalhar sem cessar para mantê-lo tão quente e resplandecente quanto for humanamente — ou talvez divinamente — possível. Quando fizerem isso, vocês se encontrarão embarcados em uma incrível viagem a lugares que não podem nem imaginar!

O restante da sessão transcorreu bem próximo do que Jeff previra. Dividir-se em grupos pequenos, revisar o sumário de um livro grosso de seminário, anotar metas pessoais e desejos em pedacinhos de papel — e depois dobrá-los e guardá-los de forma segura em uma bolsa ou carteira.

Jeff sentiu como se estivesse submerso em algo que havia navegado durante toda sua vida: o *cristianismo cool*. Uma realidade alternativa bastante cafona, ainda que bem-intencionada, em que todos davam sorrisos largos o tempo inteiro, toda piada era engraçada demais, e toda abreviação explicava uma percepção que poderia potencialmente transformar a sua vida.

Na verdade, ele não desprezava nem desconsiderava essas características. Porém, após uma vida inteira nos bancos, Jeff simplesmente se sentia saturado. Familiarizado demais com as convenções deles para empregar qualquer investimento pessoal.

E então veio a pergunta. Do nada, um homem sério e acima do peso com uns quarenta anos de idade se levantou e fez uma pergunta que levou toda aquela enorme alegria a um fim súbito.

— Desculpe, mas antes de eu conseguir até mesmo começar a receber o que está sendo ensinado aqui, eu tenho de esclarecer uma questão que vem me perseguindo pelos últimos anos. Disseram-me que o meu casamento não pode ser abençoado devido a um erro grave que eu cometi em certa época do passado e depois segui em frente.

O charme e o encanto de Meltz deram uma parada brusca. Ele inclinou a cabeça, tentou disfarçar uma pontada de agitação, e começou a visivelmente fazer uma busca em seu banco de memória, erguendo as sobrancelhas e contraindo os músculos faciais.

— Amigo, essa é uma questão tão delicada que eu não sei se deveria abordá-la aqui — Meltz disse devagar, claramente lutando mentalmente enquanto falava. — Será que poderíamos nos reunir depois...

— Se não tiver problema para você, eu gostaria de entrar em campo — disse Alan Rockaway, colocando-se de pé.

Meltz olhou para ele e confirmou com a cabeça, sem dizer nada.

O pai de Jeff foi à frente, fazendo com que seu filho se encolhesse de vergonha ainda mais intensamente do que antes. Alan pegou o microfone da mão de Meltz, e depois virou-se com um súbito brilho em seu rosto.

Com Meltz ao seu lado, Alan disse:

— Eu acho que Jenny e eu temos um discernimento especial a respeito disso. Acho mesmo.

Ele virou-se para o homem que ainda esperava com uma expressão vazia e interrogativa no rosto.

— Então lhe disseram que como você casou com a pessoa errada muito tempo atrás, talvez antes de conhecer a Deus, e depois se divorciou e casou-se novamente com a pessoa certa, sua vida não pode ser significativa porque você está fora da vontade Dele?

— Sim, é praticamente isso — o homem respondeu, relaxando de volta em seu assento.

— Bem, isso é tolice! — Alan exclamou. — Deixe-me trazer descanso à sua mente. A maior coisa que eu aprendi quando passei por esse mesmo vale não foi o quanto eu preciso de uma aprovação de Deus. O que você realmente precisa aprender agora é perdoar a si mesmo. E ponto final.

— Eu tenho tentado, mas não sei...

— Ouça — Alan interrompeu, inclinando-se e dando ao homem seu sorriso mais caloroso. — Deus é o Deus de segundas chances. A Cruz tem tudo a ver com isso, uma graça tão poderosa e até mesmo *agressiva* que varreu o mundo para dar à humanidade outra chance de alcançar seu verdadeiro potencial. A vida como Deus queria, não a nossa versão triste e sombria dela. Ele não espera que fiquemos parados remoendo os nossos erros antigos. A Cruz de Cristo nos dá a força e a direção para nos levantarmos e, com Seu poder, revertermos o nosso passado. Fazer algo sobre isso. Entrar em ação. Às vezes é difícil. Às vezes, como aprendi por experiência própria, é incrivelmente doloroso. Nós ficamos presos, cravados em nossos padrões antigos. Às vezes, nossa vida cresce sobre esses erros, da mesma forma que às vezes a pele cresce sobre uma cicatriz parcialmente curada. E isso torna a cura verdadeira e profunda duas vezes mais dolorosa, porque requer que tudo que cresceu sobre o erro seja removido. No entanto, eu garanto a você que o resultado vale a pena. É literalmente a diferença entre remoer a morte e tomar posse do que a Bíblia chama de "novidade de vida".

Alan fez uma pausa, com os olhos fixos no homem que fez a pergunta. Ele continuou:

— Por favor, pessoal, façam essa oração comigo: Jesus, o Senhor me perdoou, então eu me perdoo.

— Jesus, o Senhor me perdoou, então eu me perdoo — eles ecoaram de volta.

— Devido à graça que o Senhor proveu, minha vida merece outra chance.

— Devido à graça que o Senhor proveu, minha vida merece outra chance.

— Muito bem. Assim aconteceu na minha vida e na minha família. — Alan disse isso com o mais breve dos olhares em direção a Jeff, que ainda estava agachado atrás das lentes de sua câmera.

O equipamento escondia um rosto coberto de lágrimas.

RESGATADO 5

Os dias seguintes do cruzeiro foram como um daqueles sonhos dos quais as pessoas nunca querem acordar. Os céus permaneciam profundamente azuis, as brisas durante o dia sopravam um leve frescor de outono pelos *deques*, e as noites frescas deslumbravam com milhões de estrelas e uma extensa área de luzes do navio. Os portos de escala — San Juan, Aruba, Saint Thomas e Dominicana — ofereciam aos casais passeios exóticos e de tirar o fôlego fora do navio.

O melhor de tudo era que o estado de espírito dos participantes crescia como o de alunos da terceira série no último dia de aula. O pessoal da Summit Chapel borbulhava de entusiasmo, tornando-se rapidamente os passageiros mais barulhentos do cruzeiro.

Apesar do começo um tanto difícil, os ensinamentos do retiro se revelaram eficazes. Casais que haviam embarcado no navio quase sem notar um ao outro logo se viram jogando "as últimas brasas de suas chamas ao vento", como Dr. Meltz descrevia, alternadamente rindo, chorando, deixando de lado os ressentimentos, e compartilhando necessidades que haviam mantido confinadas por anos.

— Deus está fazendo alguma coisa! — o Pastor Alan continuava gritando do palco entre as sessões. — Se o seu casamento não tem melhorado a cada hora, talvez tenhamos que fabricar um novo cônjuge para você!

Após as confissões delicadas de seu primeiro dia, todos riram muito daquilo.

A única pessoa que parecia não se juntar às risadas e à diversão era, mais uma vez, Jeff Rockaway. Todos os dias ele se encontrava cada vez mais grato pela capacidade de sua câmera de esconder seu crescente mal-estar.

Até mesmo Alan, envolvido na agitação da viagem, não percebeu completamente o que estava acontecendo até a oitava noite no mar, na véspera do embarque em Barbados.

Sozinho na sacada pela primeira vez, após Jenny ter ido tirar um cochilo na cabine, Alan avistou seu filho escondendo-se em um canto, filmando-o secretamente. Pareceu-lhe estranho, triste e errado.

— Jeff — ele o chamou, segurando a mão diante do rosto como uma estrela de cinema sendo perseguida. — Desligue essa coisa e venha aqui para falar comigo.

Por um instante, o pedido parecia pairar no ar entre eles.

Por fim, a luz vermelha piscou e desligou, e a lente se retraiu revelando traços faciais desfocados com medidas iguais de confusão e cautela.

— Por favor, filho. Venha aqui — Alan repetiu.

A câmera pareceu cair como um peso morto ao lado do rapaz. Ele andou lentamente até seu pai.

— Jenny é a pessoa mais intuitiva que eu já conheci. Você sabe, ela é mulher... — Alan suspirou, esperando que a inferência óbvia, mas não-intencional, sobre sua primeira esposa, a mãe de Jeff, tivesse passado despercebida. — E ela me disse que você não está se divertindo tanto quanto o restante de nós.

— Está tudo bem — Jeff disse.

— Não, não está tudo bem. Eu pedi para você vir e esperava que fosse divertido para todo mundo. Sinto muito se tem sido difícil para você.

Jeff deu de ombros pela segunda vez.

— Eu já devia ter imaginado, pai. Quero dizer, eu não tenho nada contra a Jenny. É que... é esquisito estar aqui filmando você "tornando o seu casamento tudo que ele pode ser", sabe, "investindo no seu amor" — ele fez sinal de aspas com ambas as mãos enquanto falava as duas frases — quando você nunca fez isso pela...

— Sua mãe? — Alan interrompeu bruscamente. —Ei, você não tem ideia do quanto e por quanto tempo eu investi no meu relacionamento com a sua mãe. Sinto muito que isso seja *esquisito* para você, mas você não pode simplesmente eliminar vinte anos de oração por um bom casamento como se não fosse nada.

— Você nunca a levou em um cruzeiro *desses*.

— Você sabe por quê? Porque a sua mãe nunca teria vindo em um cruzeiro *desses*. Ela teria zombado da minha cara. Teria dito algo como: 'Eu não preciso de alguém para embalar o meu casamento à vácuo e vendê-lo de volta para mim'. Alguma ironia desse tipo.

— Está bem. Ainda assim é esquisito, ok?

— Está bem, eu aceito — Alan suspirou e olhou para trás pela sacada. — Então, você quer desistir?

— Não — Seu tom deixou claro que ele não havia deixado sua raiva de lado. — Eu não desisto. Amanhã é o nosso último porto. Está quase acabando. Talvez eu deixe outra pessoa fazer a edição final, não sei. Mas eu vou levar isso até o fim.

— Que bom. Bem, Barbados deve ser divertido — Alan ofereceu, tentando seu melhor. — Você quer vir no submarino conosco?

— Claro — Jeff zombou. — Como se eu não já estivesse perto o suficiente de vocês o tempo todo!

Alan deu um suspiro profundo e exasperado. *Não podia perder uma última alfinetada...*

— Você pode ficar no cais, então, para nos filmar afundando e voltando à superfície. Provavelmente, isso irá cooperar para o melhor. Eu levarei a minha própria filmadora comigo e, se você tiver sorte, eu o deixarei usar algumas das minhas cenas de mergulho.

— Ah, tá bom — Jeff bufou. — Se eu tiver muita, muita sorte — Ele virou o rosto para o mar.

— Fala sério, filho, foi só uma piadinha. Que tal deixar essa atitude pra lá? Ela não combina com você. — Tendo dito isso, Alan saiu andando e atravessou o deque lotado, de volta para sua cabine, e para Jenny, que àquela hora provavelmente estava esperando por ele.

Se eu tiver sorte, Jeff pensou, inclinando-se na sacada, *bem que o submarino poderia ficar lá embaixo por um longo, longo tempo.*

MAIS TARDE NAQUELA NOITE — BEM ACIMA DO NAVIO

— Alô?

— Mãe, é o Jeff.

— Filho? Está tudo bem?

— Sim, está tudo bem. Você não vai acreditar no que eu estou vendo agora mesmo. Neste exato instante estou olhando para um sólido horizonte azul a cem metros acima do oceano. Estou tão alto que até a ponte do navio está cerca de vinte e dois metros abaixo de mim. Eu consigo ver a costa oriental de Barbados a mais de trinta quilômetros longe daqui.

— Não estou entendendo. Você está mais alto do que a ponte do capitão?

— Isso mesmo. Eu estou bem no topo da torre de rádio.

— Você subiu até aí sozinho? Oh, Jeff você prometeu...

O jovem rapaz riu.

— Não se preocupe. Eu fiz amizade com o oficial de comunicações quando preparei tudo para a transmissão. Quando eu disse a ele que estava filmando um documentário e precisava de uma cena ampla, ele me trouxe até aqui. Ele é fã de cinema, e sabia exatamente do que eu estava falando. Ele me trouxe de fininho até aqui.

— Então você está aí legalmente.

— Mais ou menos.

— Por favor, desça daí, Jeff. Estou ficando tonta só de ouvir você falar. Você sabe que você e seu irmão são tudo que me sobrou. Eu tenho sentido tanto a sua falta nesses últimos dias, e ficou tão claro para mim: você e Greg são tudo. Não sei se eu sobreviveria se alguma coisa acontecesse com algum de vocês.

— Relaxe, mãe. Eu não liguei para assustar você. Eu liguei porque tenho reconsiderado seriamente o que eu vim fazer aqui.

— O quê? Você vai jogar fora a chance de se divertir?

— Não, estou pensando em jogar fora todo o projeto de vídeo chinfrim e fazer outra coisa. Em vez de um documentário chato e sentimental sobre como o rebanho do papai reacendeu o fogo de seus casamentos, estou pensando em montar um curta completamente radical, ousado e estilo MTV sobre a hipocrisia no mundo cristão. O que você acha?

Houve uma longa pausa. Quando a voz dela retornou, seu tom estava marcado com ironia e até humor.

— Eu mesma poderia narrar isso, filho, você sabe disso. Mas por quê? O que fez você mudar de ideia tão rápido?

— Mãe — ele disse com um suspiro. — É muito bizarro estar aqui neste cruzeiro. Eu não sei o que eu tinha na cabeça. Quero dizer, eles estão todos aqui. Não só a Jenny, mas o velho senhor Newman, aquela mulher robótica, Carrie Knowles. Todas as mesmas pessoas que pararam de falar conosco, junto com seus filhos, quando o papai saiu de casa.

— Eu entendo. Porém, ainda assim, eles são boas pessoas, Jeff. Talvez não as mais corajosas, ou as mais amorosas, mas ficaram confusas quando as coisas desmoronaram entre mim e o seu pai. Elas não sabiam o que dizer, como agir. E eu decidi não fazer com que elas tivessem que escolher um lado. Eu facilitei as coisas de propósito para elas.

A voz de Jeff estremeceu.

— Você entende o quanto aqueles dias foram horríveis para mim e o Greg? Até então nós éramos os garotos mais populares de todo o grupo de jovens. Os filhos do pastor, você sabe como era. Todos queriam ser nossos amigos, todas as garotas gostavam de nós. Éramos convidados para toda festa, toda noite do pijama, toda saída. A vida era maravilhosa. E, então, um dia, nós não só perdemos o nosso pai, a nossa família, mas o nosso mundo. Ninguém olhava mais nos nossos olhos. Ninguém falava conosco do mesmo jeito. Por muito tempo, eu achava que tinha feito algo errado, como se eu tivesse falhado de alguma forma. E então *boom*. Nós estávamos indo para outra igreja, e tudo estava perdido de vez.

— Eu sei, Jeff — Terri respondeu, com sua própria voz começando a estremecer. — Eu sei...

— Pensei que eu já havia superado isso. Mas agora, vendo todos aqueles mesmos rostos e todos aqueles mesmos olhares desconcertantes, ouvindo os mesmos cumprimentos frios. Está tudo de volta. E eu acho que não quero aguentar isso de novo.

— Jeff, você é forte. Talvez você não perceba, mas você é a pessoa mais forte que eu conheço. E eu sei que você pode não só suportar isso, mas também ter a força para deixar tudo isso de lado e filmar o documentário que você prometeu ao seu pai.

— Por quê? Por que essas pessoas merecem isso?

— Eu não posso falar por todo mundo, filho. Mas deixe eu lhe contar uma boa razão pela qual o seu pai merece isso. Ele não foi sempre... bem, você sabe, o que ele se tornou. Ele começou como o cristão mais dedicado e inspirado que eu já conheci. E foi por isso que eu me casei com ele. Deixe-me lhe contar uma história que eu acho que ele nunca lhe contou...

RESGATADO
6

A família Rockaway havia acabado de se mudar para Carrollton, na época uma área tranquila do subúrbio de Dallas, onde Alan havia assumido seu primeiro pastorado.

Em uma calma manhã de terça-feira, Terri olhou por cima da saliência de sua barriga de grávida e viu um homem com uma aparência desgrenhada parado na porta da frente. A porta estava aberta para que a brisa da manhã pudesse entrar na casa pela porta de tela.

Em outra sala, na pequena mesa de jantar da casa, Alan estava ocupado no teclado de um computador de segunda geração, escrevendo o esboço de seu primeiro sermão com um processador de textos.

Terri não pôde evitar levar um susto com a aparência do visitante, mas percebeu que se retirar para deixar que seu marido atendesse à porta estava fora de questão. O visitante esquisito já a havia visto.

Ela se aproximou da porta com um sorriso ligeiro.

— Olá...

— Senhora, eu não irei incomodá-la — o homem disse com um forte sotaque sulista. — Estou aqui apenas para ver o reverendo.

Terri congelou, pois os olhos avermelhados, o corpo trêmulo e o cheiro de álcool do homem indicavam que ele havia bebido.

— Querido, há alguém aqui para ver você — ela o chamou falando sobre o ombro.

Seu marido apareceu rapidamente.

— Olá, Kyle — Alan disse, com certa reserva na voz.

— Pastor, eu queria saber se o senhor pode vir aqui fora por um segundo.

A declaração soou bem parecida com um desafio de briga de bar, então Terri ficou de guarda na porta de tela observando enquanto seu marido concordava com a cabeça e ia lá para fora com o homem.

— Eu só queria saber, pastor — o homem cuspiu assim que os dois haviam pisado no quintal da frente — se é verdade que o senhor está tentando destruir a união do meu casamento e se casar com a minha esposa.

— Kyle, eu não irei me casar com a Susan. Eu irei apenas fazer a cerimônia.

— Por favor, não dê uma de esperto comigo. Você deve ter percebido que eu não estou de bom humor.

— Eu percebi, sim — Alan respondeu. — Na verdade, o seu mau humor é provavelmente a razão pela qual você não é mais o marido da Susan. Nós dois sabemos que você bateu naquela pobre moça muitas, muitas vezes, até mesmo ameaçando a vida dela. Não foi com facilidade que eu tomei a decisão de fazer o casamento da Susan. Porém, no seu caso, o divórcio dela não foi apenas justificado, mas imperativo. Eu não quero ser rude, e gostaria que houvesse uma forma amorosa de dizer isso, mas ela teve que se divorciar de você para proteger a própria vida.

— Você não deveria ter dito isso — Terri ouviu o visitante dizer, pouco antes de ele estender o braço e dar um soco forte no rosto de Alan, que pôde ser ouvido em todo o quintal. Os óculos estilhaçados de Alan voaram para perto das petúnias dela, e ele tropeçou para trás, quase perdendo o equilíbrio.

— Está vendo, Kyle, essa atitude só confirma o que eu acabo de dizer — Alan resmungou. Ele flagrou a expressão aterrorizada de sua esposa enquanto ela estava de pé petrificada na porta, com a boca aberta. Com a cabeça, ele acenou mandando-a entrar, e a avisando silenciosamente para não intervir. Enquanto isso, sangue começou a escorrer de seu nariz e um hematoma já começava a aparecer em sua bochecha.

— Pastor, eu não dou a mínima para a sua opinião! — o homem gritou e em seguida atacou Alan novamente, dessa vez derrubando-o no chão.

Terri não conseguiu se conter por mais tempo. Ela gritou: "Pare!" e saiu apressada em direção aos dois homens.

Alan olhou para ela de onde estava deitado na grama e disse suavemente:

— Não, Terri. Pare. Jesus ama...

Frustrada e admirada, Terri olhou para Alan, sabendo o que ele lhe estava pedindo para fazer.

— Jesus ama você, Kyle — Alan terminou, olhando para seu agressor.

Com os punhos fechados, o homem olhou para Alan, em seguida para Terri, e recuou um passo. Ele franziu a testa, cambaleando, e olhou à sua volta como alguém que não tinha ideia do que fazer a seguir.

Alan se levantou lentamente e arrancou seus óculos destroçados do canteiro de flores.

Os dois homens ficaram em silêncio por um momento, Alan contemplando as lentes de seus óculos, limpando o sangue do nariz, enquanto o visitante bêbado olhava freneticamente ao redor.

— Sabe o que mais eu irei fazer, Pastor Rockaway? — o homem disse.

Sem olhar para cima, Alan riu do estado de seus óculos.

— Não, Kyle. O que mais você irá fazer?

— Eu irei mudar de igreja!

Alan riu alto.

— Kyle, eu imagino que os diáconos e eu não veremos nenhum problema nisso.

— Mãe, eu já ouvi essa história dezenas de vezes.

— Tenho certeza que já, Jeff. Mas você já ouviu o que aconteceu depois disso? A segunda parte eu e seu pai nunca lhe contamos.

Três horas depois, muito após Kyle ter deixado a cena, enquanto Alan passava o restante da tarde sendo cuidado por sua esposa, um carro da polícia parou em frente à casa. Já era o crepúsculo da tarde, e um pôr do sol incomumente ardente e lindo se estendia no horizonte.

O fato é que Kyle não havia se contentado em dar uma surra no pastor infeliz. Ele havia imediatamente ido procurar a nova residência de sua ex-esposa, carregando um rifle semiautomático, e feito como reféns as pessoas que ele mais amava no mundo. Naquele momento, ele estava cercado por um considerável contingente da equipe metropolitana da SWAT.

E Kyle estava chamando pelo Pastor Rockaway.

— Nem ouse! — Terri lhe avisou. — Você fez a sua parte, querido. Olhe para o seu estado.

Foi aí que Alan virou-se para ela e lhe deu um sorriso que um dia ainda viria a magoá-la, ainda que ela admirasse sua coragem idealista.

— Eu não disse a ele.

— O quê? Que Jesus o ama?

— Não. Que *eu* o amo.

— Não vá, Alan, por favor. Eu estou falando sério.

Ele sorriu, lhe deu um beijo caloroso, e começou a partir.

— Nós temos um bebê a caminho! — ela gritou instantes depois enquanto ele entrava no carro do policial. — Não deixe o nosso filho sem pai!

Ele colocou a mão para fora da janela aberta, acenou, e o carro foi embora.

Cinco minutos depois, do lado de fora do cativeiro, Alan se agachou na linha de frente de uma cena saída de um filme — atrás do teto de um dos dez carros de polícia estacionados ao redor da frente de uma modesta casa de madeira. Por todos os lados, os policiais estavam ajoelhados, segurando um revólver ou um rifle. Olhando para a esquerda e para a direita, o jovem pastor contou uma dúzia ou mais de armas apontadas diretamente para a porta de tela arrombada e quebrada da casa.

Alan segurava um megafone na mão e, quando pressionou o botão para falar, sentiu no íntimo a tensão de saber que a vida de um homem dependia dele.

— Kyle, aqui é o pastor Rockaway falando. Acho que você queria falar comigo.

Nenhuma resposta.

— Estou aqui para lhe dizer algo — ele continuou — caso você não saiba. Eu estava ocupado demais me preocupando com os meus óculos, uma coisa boba como aquela, para me dar conta. Jesus ama você, Kyle. Apesar de tudo que você já fez, Ele o ama. Mais uma coisa. Eu amo você também. Com óculos quebrados e cara roxa e tudo. Eu o amo como um irmão. E agora mesmo eu irei fazer tudo que puder para lhe ajudar nessa situação em que você está.

Mais uma vez, nenhuma resposta.

Alan ficou de pé com seu braço livre aberto.

— Ouça, Kyle. Por que não começamos soltando a sua esposa e a sua filha? Basta deixá-las sair da casa, e eu irei entrar para substituí-las. Só não atire em ninguém, está bem?

— Não! — um membro do SWAT sussurrou. — Você será morto.

Alan virou-se para ele, com um olhar de paz e renúncia em seu rosto.

— A escolha não é minha — Alan disse ao policial. — É de Deus. Ele está me dizendo para fazer isso, e eu creio que Ele irá cuidar de mim.

Dez segundos depois, o pequeno e atemorizado rosto de uma menina de dois anos de idade apareceu na porta. Bem atrás dela, reluziu o rosto coberto de lágrimas de sua mãe. Ambas saíram correndo da varanda em direção aos carros de polícia estacionados.

Alan saiu de trás do carro de polícia, com os dois braços para o alto.

— Kyle, eu estou entrando! — ele gritou, sem o auxílio do megafone. — Está vendo? Estou desarmado. Sem brincadeira.

— Pare! — disse o capitão da SWAT. — Você não tem de entrar lá. Ele cometeu o erro de soltar seus reféns sem ter nenhum outro. Nós podemos capturá-lo agora.

— Ele é um pai perturbado que ainda pode tomar jeito na vida — Alan disse. — Ninguém irá *capturá-lo*. Além do mais, dei a minha palavra. Eu vou entrar.

Alan começou a ir em direção à casa.

— Pare agora mesmo! — o capitão ordenou. — Não dê mais nenhum passo.

Alan virou-se para a face do capitão, com os braços ainda para alto.

— Eu já lhe disse, eu dei a minha palavra e irei mantê-la. Esse homem é membro da minha igreja, pelo menos por agora, e ele precisa da minha ajuda. Ele *pediu* a minha ajuda.

Ele deu o segundo passo, e um terceiro passo à frente. Ele podia sentir cada arma atrás dele, todas apontadas para a varanda.

— Então você irá por sua conta e risco — o capitão avisou — o que significa que você perdeu o seu direito de proteção. Eu lhe darei dez minutos com ele. Dez minutos e depois atacaremos o lugar.

Alan deu um breve sorriso conciliador, mas não disse uma palavra.

Ele continuou andando. O tempo parecia passar lentamente, até que ele finalmente chegou aos degraus. Ele subiu os degraus e atravessou a pequena varanda. À medida que se aproximava, a porta de vidro se abriu e um braço pálido se estendeu do interior sombrio chamando-o para entrar.

Kyle não parecia mais a criatura agressiva e escandalosa daquela manhã. Seus olhos agora estavam cheios de um medo que Alan jamais havia visto no rosto de um homem antes. Seu corpo estava trêmulo, e a expressão anteriormente arrogante havia sido substituída por uma de abatimento.

— Você está certo em estar assustado — Alan disse passando pelos restos devastados da cozinha da ex-esposa de Kyle. — Eles estão falando em invadir a qualquer instante. É hora de se entregar.

— Tarde demais — Kyle murmurou. — Agora é tarde demais. Acabou tudo.

— Não é não — Alan o contrariou bruscamente. — Pense na sua filhinha. Faça a coisa certa, permaneça vivo por ela.

— Na prisão? Que tipo de pai é esse?

— É um pai que ela pode visitar, ligar, escrever cartas. E conhecer novamente um dia, quando você sair de lá. Em vez de visitar um túmulo uma vez por ano.

Kyle suspirou e balançou a cabeça com tristeza.

— Olha — Alan disse. — Nós iremos sair juntos. Eu irei na frente para proteger você.

— Eu ouvi eles gritando com você — Kyle interrompeu. — Eles estão com raiva de você; não irão nos dar essa chance.

— Talvez isso seja verdade, mas eles não irão atirar, não se você largar o fuzil e vier bem atrás de mim, e quando descermos os degraus nos ajoelharemos juntos com as mãos para o alto. Confie em mim, ficará tudo bem.

— Não mesmo! Eles atirarão em mim com certeza!

Alan tentou falar com uma voz mais suave e calma possível.

— Não, meu amigo. Quando eles virem que você não é uma ameaça, eles não vão atirar.

Kyle ficou completamente imóvel por um momento antes de falar novamente.

—O que foi? — Alan perguntou.

Por fim o homem respondeu:

— Nós podemos... podemos orar primeiro?

— É claro — Alan disse, sentindo-se um pouco envergonhado por ele, como pastor, não ter pensado nisso, e também um pouco impaciente devido ao pouco tempo que tinham. Entretanto, ele estendeu a mão sobre o ombro trêmulo diante dele. Em seguida apertou e fechou os olhos.

— Querido Jesus, meu irmão Kyle fez algumas escolhas bastante ruins hoje. Todos nós fazemos, como o Senhor sabe, exceto que essas podem causar grandes consequências. E, ainda assim, Kyle ama o Senhor e deseja seguir-Te. Não é mesmo, Kyle?

— Com certeza — Kyle respondeu.

— Nós queremos pedir o Teu perdão agora mesmo, pelo sangue do Teu Filho — Alan continuou. — Pedimos que o Senhor nos purifique dos pecados que estão entre nós e a Tua Presença. E suplicamos pela Tua proteção. Pedimos que o Senhor envie um exército de anjos ao nosso redor para nos proteger à medida que sairmos por aquela porta. O Senhor poderia fazer isso por nós, querido Deus? Em nome de Jesus, *amém.*

Ao final da oração, houve um período de profundo silêncio. O destino ameaçador do momento que os esperava se aproximava fortemente, com um peso tão grande que eles praticamente podiam sentir.

— Mais uma coisa — Alan disse. — Eu mudei de ideia. E eu quero que você mude também. Continue sendo membro da nossa igreja. Então, desde que você se arrependa disso tudo, transforme a sua vida e queira seguir a Cristo, haverá um lugar para você na nossa congregação. Entendido?

— Kyle não respondeu, pois lágrimas estavam rolando em seu rosto. Ele concordou com a cabeça em silêncio.

Alan então virou seu olhar para a janela da frente e a situação do lado de fora. O raio de sol do fim da tarde estava batendo dentro da casa, brilhando nos carros de polícia que cercavam a casa. Uma grande calma se instalou sobre ele, e Alan sentiu, de uma forma que nunca experimentara antes, que havia verdadeiramente cumprido a tarefa de pastor.

Ele havia acabado de se reconhecer como um pastor de homens.

Terri, que havia chegado apenas alguns minutos antes, se esticou para ver a porta de tela se abrir uma fração de segundo antes de qualquer um dos membros da SWAT que estavam diante dela. Ela ouviu a voz de seu marido e percebeu que ela parecia ter mais força e autoridade do que ela já a havia ouvido carregar até então.

— Não atirem! — Alan gritou. — Por favor. Eu estou saindo primeiro, e o Kyle comigo. Desarmado.

Ela viu os rostos dos policiais se voltarem para o capitão, esperando pelo comando dele. Ocorreu-lhe que o destino de seu marido estava sendo selado naquela delicada troca — uma leitura sutil da expressão de um homem por mais de uma dúzia de policiais. A contração de uma bochecha. O piscar das pálpebras. Um leve movimento da cabeça. Ela virou-se para Alan. Esticou-se para absorver todo o aspecto de sua aparência e descobriu que não conseguia focar seu olhar na figura dele. Ela olhou para baixo e piscou os olhos para tentar limpá-los. Quando olhou de volta, ele já estava no último degrau ajoelhado, com Kyle ao seu lado.

Ela piscou de novo. Parecia como se os dois estivessem orando em vez de obedecer às ordens do capitão da SWAT, que havia agora se aproximado e ficado de pé gritando com eles, com seu fuzil M-16 atentamente apontado para Kyle.

Ela franziu as sobrancelhas, pois ainda não conseguia ter uma visão clara de seu marido. Parecia haver um brilho sobre ele, seu rosto parecia radiante de alguma forma.

Terri retornou para a extremidade do perímetro, onde a ex-esposa de Kyle estava na ponta dos pés, tentando manter a visão do que estava acontecendo. A garotinha estava ali agarrando as pernas de sua mãe.

Então, o capitão da SWAT emitiu uma ordem em alta voz, e Terri virou-se e viu os outros oficiais se levantarem com suas armas apontadas para os homens ajoelhados. Ela ouviu Kyle soluçar quando dois oficiais enormes o agarraram e algemaram seus pulsos em suas costas. Vê-lo enterrado debaixo de tanta retaliação fez com que a hostilidade dela em relação ao homem derretesse. Em vez de ver um perdedor violento que abusava da esposa, ela viu um membro da igreja perdido, uma alma preciosa para quem seu marido havia acabado de ganhar tempo para tentar recuperar sua presença nesta Terra.

Ela atravessou o quintal e correu em direção a Alan. Ele mal conseguia ficar de pé quando ela chegou até ele.

— Então, Reverendo Rockaway, o senhor realmente trabalha duro para manter os membros da sua igreja — ela disse com um sorriso irônico e as mãos na cintura. Em seguida atirou os braços ao redor dele.

— Ei, cada um deles é precioso — ele disse, sacudindo a cabeça ainda sem acreditar em toda aquela experiência.

PÉROLA DOS MARES — TOPO DO MASTRO DE TRANSMISSÃO

— Então, mãe, o que você está querendo dizer? Que o papai é um super-homem?

— Ah, dá uma colher de chá. Você tem de admitir que é uma história bem impressionante. E que diz muito sobre ele.

— Sim. Acho que você está certa. É muito mais do que eu jamais sonhei que o papai fosse capaz de fazer. Só estou curioso para saber qual é a moral da história. Quero dizer, considerando o que aconteceu entre vocês dois depois.

— A história não acabou ainda, Jeff.

— O quê? O que você poderia acrescentar a esse final?

— Kyle, o homem sobre quem é toda essa história, na verdade é Kyle Jeffrey.

A linha ficou em silêncio. Segundos se passaram antes de Jeff finalmente dizer:

— Kyle *Jeffrey*? Você quer dizer o pai da Tia? Meu...

— Seu treinador de futebol favorito. Isso mesmo. Seu pai manteve contato com ele na prisão. Na realidade, ele nunca deixou de fazer parte da igreja. Mesmo quando nos mudamos para Denver, seu pai tratava Kyle como um membro da Summit. Escrevia-lhe cartas toda semana, orava por ele, o aconselhava, e até o informou sobre o término do noivado de Susan. Alguns anos depois, ele os casou novamente quando havia passado cerca da metade de sua pena na prisão. Kyle cumpriu nove anos e, depois que foi liberto, seu pai arranjou um emprego para ele aqui em Denver.

— Isso significa que Tia é aquela garotinha?

— Ela não tem recordação nenhuma daquilo, e eles certamente não falam sobre o que aconteceu hoje em dia. É por isso que você nunca soube da segunda metade da história.

— Eu não posso acreditar, mãe. Quero dizer, Kyle é o pai cristão mais legal, mais confiante que eu já...

— Depois de seu pai.

— Depois do que o papai *era*.

— Bem, somente lembre-se de que nunca é tarde demais para qualquer um de nós voltar atrás. Deus está fazendo algo no coração até mesmo daquela pessoa que você mais detesta.

— Está bem, mãe. — Jeff suspirou tão alto que sua mãe pôde ouvir do outro lado da linha. — Eu não irei sabotar o projeto de vídeo. Irei contar até dez e finalizar o trabalho.

— Muito bem. Fico tão feliz em ouvir isso, querido.

— Mas tem um preço.

—Qual?

—Você tem de assistir às cenas excluídas. Cada camisa havaiana feia, cada shorts de cós baixo mostrando o cofrinho, cada par de meias pretas com tênis. Você tem de assistir a todas elas.

—Se você filmar, Jeff, será um prazer assistir a cada cena...

E então a voz dela desapareceu.

RESGATADO 7

Barbados — S.s. Pérola Dos Mares

O dia amanheceu sem nenhum presságio — calmo e quente, assim como os oito anteriores. Os participantes do Cruzeiro de Casais tomaram café da manhã juntos no imenso Salão Nobre, saboreando um banquete de porções abundantes de iguarias, tais como *frittatas* de lagosta, peras recheadas de mirtilo e *enchiladas* de caranguejo. Em seguida, eles correram para o teatro que, no final do dia, iria apresentar filmes e musicais curtos ao estilo Broadway. Porém, por agora, eles iriam ouvir o Dr. Meltz apresentar sua ideia de "sair do fogo e pular para dentro da fornalha" — em outras palavras, como manter os sentimentos positivos do cruzeiro depois que todos voltassem para a vida comum. O cruzeiro estava chegando perto do fim, e todos podiam perceber que o professor os estava preparando para ele.

Mais tarde naquela manhã, eles tiveram um almoço leve (pelo menos pelos padrões de cruzeiro) e depois desembarcaram em Bridgetown, Barbados. Metade do grupo passaria a tarde passeando pelas ruas e lojas da capital *Bajan*, enquanto os outros embarcariam em uma pequena balsa para uma rápida excursão ao cais de embarque e o mais moderno em excursões turísticas: um passeio de noventa minutos dentro de um submarino em meio às maravilhas subaquáticas do Caribe.

NEWPORT, RHODE ISLAND — NAQUELE MESMO MOMENTO

A um continente de distância ao norte, nos escritórios adjacentes às docas de Newport do controle de Naufrágios de Rhode Island, New England, soou um alarme ativado por GPS enviado do computador de bordo do *Aqua Libre*. Dan Scholberg, vice-presidente da elite fabricante de iates, congelou em sua posição, franziu as sobrancelhas e correu para seu computador.

O som das teclas do computador sendo batidas com força e dos palavrões de Scholberg se mesclavam quase que de uma só vez.

Depois parou, e o restante dos dez funcionários do escritório se reuniu sem fôlego atrás dos ombros dele.

— Não acredito nisso... — uma voz feminina disse, quase em um murmúrio.

Scholberg deu um pulo de seu assento, com as mãos tentando pegar o celular em sua cintura, e saiu correndo da sala.

Do lado de fora, em um deque acima da água cristalina e profundamente azul da Baía de Narrangansett cheia de iates, ele se abaixou em aflição e falou em seu celular de *flip*.

— Brad, sou eu, Dan. Olhe, houve um desastre a bordo do *Libre*. Ou pelo menos está prestes a acontecer. O máximo que eu posso prever é que tem a ver com as preferências de velocidade do sistema de navegação. Alguma coisa aconteceu com Marshall, e parece que ele se esqueceu de ajustar as configurações de fábrica... Bem, é isso, Brad. Eu não consigo entrar em contato com ele, e o barco está prestes a colidir na costa oeste de Barbados!

Fazendo uma pausa para ouvir a resposta, Scholberg ficou de pé novamente e olhou para o céu.

— Não, eu não conheço ninguém em Barbados, mas conheço alguém que pode ajudar — ele disse apressadamente. — Você se lembra do nosso funcionário em St. Kitts, aquele que cuidou do escândalo de Gucciano? Ele tem conexões por todo o Caribe. Tenho quase certeza de que ele conhece uma ou duas pessoas da Marinha de Barbados.

Naquele momento, Scholberg virou-se em direção à janela do escritório atrás dele e franziu as sobrancelhas de modo suspeito.

— Ah, eu tenho certeza de que meio milhão resolveria isso rapidinho. Claro, mais umas cinco ou seis horas e nós saberemos o que temos nas mãos. Se alguém pudesse interceptar, poderia fazer com que as autoridades não vissem nada, exceto que Marshall Rhodes não estava no leme. Isso poderia resolver a situação. Mas quem irá ligar para o cliente? Ah, cara — eu quero fazer isso tanto quanto quero levar um tiro na cabeça... Tudo bem, mas vamos esperar até que tudo isso exploda antes de contar para ele. Para a informação dele, a única coisa que está navegando para Barbados é o barco de algum outro cliente.

Nova Jerusalém — Monte Das Oliveiras

A jovem chamada Lydia e seu novo amigo misterioso haviam agora caminhado até o Monte das Oliveiras e entrado debaixo do beiral de mármore de um edifício enorme e glorioso.

— Nos Dias Nebulosos, isso era chamado de Basílica da Agonia — seu amigo lhe disse, olhando ao redor dele. — Foi construído em honra ao sofrimento de Jesus pouco antes de Sua prisão e Crucificação. E, é claro, para adoração.

Ela seguia o olhar dele ao longo das altas superfícies de mármore. Era verdadeiramente uma construção magnífica, suas paredes uma vez desbotadas e podres agora estavam renovadas e brilhando com esplendor como o restante da cidade que a cercava. É claro, os antigos santuários de adoração não eram mais necessários, já que a adoração agora havia tomado uma dimensão completamente nova. Tais estruturas renovadas agora serviam como testamentos do seu antigo propósito.

Percebendo um intervalo na história de seu novo amigo, Lydia disse:

— Eu sei que você me pediu para ser paciente e escutar, mas estou com dificuldade de ver como essa... essa história desastrosa está tomando forma, como ela tem a ver comigo — aqui neste lugar, e a minha necessidade de entender o que eu vi. Além disso, eu nem sei o seu nome.

— Eu entendo — o homem disse devagar. — Antes de tudo, por favor, me chame de "Narrador". Esse é o meu nome agora, dado a mim pelo Altíssimo. Em segundo lugar, sei que a direção dessa história não está exatamente clara para você ainda. Porém, por favor, confie em mim quando eu digo que a minha história é importante e totalmente pertinente às suas necessidades atuais. Aliás, permita-me repetir algo para você. Eu não sou um estranho que por acaso começou a andar ao seu lado quando você começou a sofrer angústia. Eu fui enviado a você. Eu sou enviado frequentemente para ajudar aqueles que, como você, encontraram o Poço sem um entendimento completo.

— Bem, isso é tranquilizador — Lydia respondeu sem força.

— Aqui, vamos entrar na basílica — disse o Narrador. — Eu não trouxe você aqui sem um propósito. Você não é a única que precisa ouvir essa história hoje.

Eles entraram por algo que, diante da luz brilhante da Nova Jerusalém, podia ser chamado de sombra, e foram em direção ao santuário, conhecido por muitos anos como Igreja para Todas as Nações. Juntamente com o restante dos antigos edifícios das igrejas da Cidade Santa, os lugares para sentar em áreas públicas estavam lotados de peregrinos, com um aroma que lembrava incenso e de onde ecoavam ligeiramente canções de louvor.

O Narrador a conduziu em direção ao átrio exterior, separado do saguão principal por grandes colunas de mármore. De repente, ele desapareceu através de um portal estreito. Alarmada, Lydia se apressou para alcançá-lo.

Descendo rapidamente por um longo corredor arqueado, ele parou, virou-se e esperou por ela.

— Desculpe, eu não quis deixar você para trás. É que os outros estão esperando por nós. Ele virou para a direita, onde um feixe de luz indicava outra passagem.

Ela o alcançou e juntos entraram em uma pequena sala, iluminada com formas deslumbrantes de vermelho e azul de uma fileira de janelas de vitrais no alto das paredes de pedra. Ela foi surpreendida pelo que viu, pois ali no centro do caleidoscópio um grande grupo de pessoas estava sentado em cadeiras muito bem almofadadas.

Eles viraram-se ao mesmo tempo e sorriram para ela.

— Eu tive de sair rapidamente quando recebi a convocação para ajudar você — o Narrador continuou. — Mas estamos todos aqui para o mesmo propósito; todos nesta sala precisam ouvir a história.

— Oi, Lydia — todos disseram em uma só voz.

— Todos vocês sabem o meu nome... — ela disse com espanto, e depois tomou um assento livre na frente.

— Mais uma vez, todos nós fomos destinados a estar aqui — o Narrador repetiu.

— Você, Lydia, foi a vigésima terceira peregrina a ter uma reação similar, apenas esta manhã. E aqui estão os outros vinte e dois.

Ele virou-se para o grupo.

— Amigos, eu tinha chegado apenas ao início da história com Lydia, quando a colisão aconteceu. Então vocês terão o privilégio de ouvir a maior parte novamente. Talvez isso ajude a responder algumas das perguntas que ainda possam ter.

E ele continuou a narrativa, com o rosto radiante e confiante de que, de alguma forma, em algum instante, a história iria resolver a confusão gravada nos rostos deles.

RESGATADO

8

***BARBADOS — CAIS DE EMBARQUE PARA EXCURSÕES SUBAQUÁ-
TICAS***

Descendo pela torre do submarino, Alan voltou seus pensamentos para seu filho atrás da câmera. Mais do que qualquer coisa, ele queria acenar para Jeff, convidá-lo para mudar de ideia e mergulhar com eles, fazendo com que ele soubesse que os aborrecimentos de ontem estavam perdoados e esquecidos, que queria que Jeff se sentisse seu filho e não qualquer mão de obra contratada.

No entanto, não conseguiu. Ele não só estava sendo observado por milhares de pessoas que pagavam as contas dele, mas a pessoa filmando as imagens para eles era exatamente quem ele queria alcançar e envolver em um grande abraço de urso paternal.

Não iria dar certo. É simplesmente impossível...

Com uma dor em seu interior, Alan deixou o assunto de lado. Ao invés, ele deu as costas para a entrada do submarino e foi em direção ao compartimento principal, onde se permitiu admirar os arredores como um turista. Para sua surpresa, o submarino era muito menor do que seu semelhante militar. As paredes e as superfícies interiores eram brancas, o chão era ocupado por duas fileiras de assentos voltados para as enormes janelas esféricas que formavam ambas as paredes exteriores. Na outra extremidade, reluzia a luminosidade verde da água do mar. Em uma extremidade, uma passagem levava para o compartimento do capitão, uma esfera anexa de proporções modestas onde um homem de meia-idade com um uniforme marinho ficava sentado apertando botões e ligando e desligando interruptores.

Alan tinha achado que sofreria uma pontada de claustrofobia, mas o ambiente amplo e arejado da câmara dissipou essa sensação totalmente. Ele sorria à medida que seguia em frente. Ele sequer teve de se abaixar quando chegou a seu assento. A voz do capitão os cumprimentou a partir de uma caixa de som no alto, exaltando a aventura subaquática que os esperava. Naquele momento, logo do outro lado da janela de Alan, uma enorme garoupa traçava seu caminho pelos feixes de raio de sol e parecia olhar para dentro do submarino, curiosa a respeito dos estranhos ocupantes do curioso objeto.

O semblante de Alan brilhava de encanto diante daquele ambiente, e ele passou para o lado de Jenny e tomou seu assento, esticando o pescoço como todos os recém-chegados.

Então novamente pensou em seu filho, lá no topo esperando solitário com sua câmera nas mãos.

Naquele exato momento, Marshall Rhodes e seu iate errante atraíam cada vez mais uma agitada atenção em instalações não muito longe de Alan e dos outros.

A quatro quilômetros de distância, em Willoughby Fort, antiga guarnição militar britânica na entrada do porto de Bridgetown que abrigava a Guarda Costeira de Barbados, os operadores de radar determinaram oficialmente que o iate navegando por suas águas não havia alterado seu curso nem um único grau em algumas centenas de quilômetros. Uma análise de seu sinal identificara seu nome, *S.S. Aqua Libre*, juntamente com seu destino pretendido, centenas de quilômetros ao oeste. Um alerta foi emitido. O *H.M.B.S. Triunfante*, o principal barco de patrulha da Guarda Costeira — equipado com motores poderosos a fim de interditar traficantes de drogas do Caribe — foi despachado em um curso de interceptação e agora navegava pelas águas costeiras em aceleração máxima, a seis quilômetros de distância.

CAIS DE EMBARQUE PARA EXCURSÕES SUBAQUÁTICAS — CINCO MINUTOS DEPOIS

Jeff estava de pé no cais, pensando no terrível desejo que tivera no dia anterior e assistindo ao corpo do submarino desaparecer debaixo da superfície, quando ouviu um grito agudo, seguido por um estrondo abrupto. Uma sombra repentina caiu sobre o deque ao seu redor. Seus ouvidos se encheram do mais horrível de todos os sons: o som ensurdecedor de uma colisão despedaçadora que mudaria sua vida para sempre.

O deque debaixo de seus pés foi lançado para o alto. Ele se sentiu sendo catapultado pelo ar e, por uma fração de segundo, temeu aterrissar na água. Ele bateu forte em algo — não conseguia saber o que era — e ficou caído, deitado de costas no chão. O ângulo com o qual caiu evitou que ele sofresse um ferimento grave.

Atordoado, ele rolou e olhou para cima. A cena ao seu redor havia se tornado estranhamente tranquila e sossegada, com a exceção da água do mar agitada e um grande iate cujo casco boiava para cima e para baixo na água turbulenta ao seu redor, o único sinal de sua velocidade interrompida.

Jeff se levantou rapidamente, sua mente gritava com a percepção de que o barco intruso, caindo de lado, estava flutuando bem onde ele havia visto o submarino pela última vez.

Ele foi espiar o local onde pensava que o submarino poderia estar. A água era transparente e o fundo bastante visível, de doze a quinze metros de profundidade. No entanto, ele não conseguia ver nada. Nada além da água de cor azul turquesa incrivelmente transparente com a qual, em outras circunstâncias, ele teria se maravilhado. E, com o movimento das ondas, ele tinha vislumbres da areia clara do fundo do mar.

O submarino não estava lá. Ele protegeu os olhos com as mãos contra o brilho intenso do sol e olhou com mais cuidado. Parecia ficar cada vez mais difícil respirar. O mundo à sua volta começou a girar e seus joelhos de repente perderam as forças. Ele podia sentir seus olhos arderem com lágrimas. Ele não podia evitar — seu pai estava lá embaixo! E não importa quão profundos eram seus ressentimentos contra aquele homem, ele ainda era seu pai, a figura masculina que se destacava entre aquelas que influenciavam sua vida.

Ele olhou ao seu redor. Viu o operador do cais um pouco afastado, gritando por ajuda em um celular, lutando para vestir a roupa e o equipamento de mergulho. Sobre eles, um ponto acelerando no céu revelou um helicóptero se aproximando da costa. Em seguida, um casco apareceu à vista, algum tipo de navio militar sustentando uma bandeira com um tridente no centro.

Foi quando Jeff notou o telefone de satélite, o que seu pai havia usado, no deque ao lado de seus pés.

Ele se deu conta de que deveria fazer a coisa certa. Deveria fazer contato com a igreja em Denver, as pessoas que mais amavam seu pai e que sem dúvida haviam testemunhado através de sua câmera o que havia acontecido. Ele deveria falar com eles, dizer-lhes o que sabia.

Ele pegou o telefone e apertou a rediscagem. Após alguns segundos de chiados e bipes estranhos, o técnico da sala de som da Summit Chapel atendeu, com voz alta e tensa.

— Sala de som? Tom, aqui é o Jeff! Jeff Rockaway daqui, você sabe, da cena!

— Jeff! Espera aí. Deixe-me conectar você ao sistema de alto-falante. Você pode dar um relatório para todos nós? Algum tipo de explicação sobre o que está acontecendo?

Jeff disse as únicas palavras que sua mente angustiada podia formar.

— Tom... pessoal! Algum barco simplesmente veio do nada e — ele deve ter colidido com eles! Bateu no submarino! Eu sequer consigo vê-los!

DENTRO DO SUBMARINO

Apenas cinco dos passageiros do submarino, espiando pela janela do lado esquerdo da embarcação, tiveram um aviso prévio da iminente colisão.

A previsão deles durou apenas 2,6 segundos.

O que viram foi uma quilha preta e profunda se movendo logo abaixo dos espelhos ondulantes da superfície, apressando-se em direção a eles em uma velocidade vertiginosa. Como nenhum deles tinha conhecimento sobre barcos, o objeto parecia nada mais do que uma grande lâmina escura, lançada diretamente neles.

Os dois mais próximos, em melhor posição de reagir, não tiveram tempo de fazê-lo. Um deles começou a clamar, mas seu grito foi soterrado pelo rugido cataclísmico do impacto.

Ninguém que vivenciou o desastre repentino podia imaginar a brutalidade chocante do evento, como pôde começar e terminar antes que seus cérebros tivessem a chance de processar. Para os que viveram aqueles segundos horrorosos, não houve anúncios prévios. Nenhum conhecimento da trombose coronária de Marshall Rhodes, da aproximação longa e fora de controle do iate, das reações dos oficiais locais ou dos empresários distantes. Nada.

Simplesmente um rugido abrupto de hélices e uma repentina colisão ensurdecedora.

E gritos altos e ecoantes. Uma inclinação para a direita, tão violenta e sem misericórdia como o impacto de um trem de carga — uma guinada brusca que lançou uma fileira de passageiros sobre a outra, e a primeira fileira contra as janelas.

Foi possível ouvir o barulho de metais sendo despedaçados, o final súbito do ruído dos sensores do casco do iate acionaram o desligamento imediato dos motores, um alto estalo, e o som sibilante de ar escapando do teto.

As luzes da cabine pararam de tremular e queimaram, deixando uma penumbra estranhamente monocromática.

E depois eles rolaram novamente, uma fúria de terror e caos que lançou passageiros em gritos uns sobre os outros como moedas soltas em uma secadora.

Por fim, o impacto do ímpeto da colisão chegou ao fim, mais uma vez fazendo com que os passageiros colidissem contra paredes ou barreiras humanas à sua volta.

Todas essas coisas aconteceram em menos tempo do que o necessário para um suspiro profundo.

RESGATADO
9

Sensações violentas invadiram primeiro o cérebro de Alan. *Terror* — mais feroz e sem misericórdia do que ele jamais havia sofrido antes. *Dor* — ondas de agonia latejando por seu corpo, sua cabeça, seus ombros, seu tornozelo esquerdo. *Aperto* — seu torso apertado, impedindo que ele movesse os ombros e as pernas. O peso de outros corpos pressionando com força sua cabeça, seu quadril e seus braços.

Ele mal podia respirar e se mover. Mal podia pensar racionalmente. De todos os lados se ouvia um gemido, depois dois, depois mais três. Ele ouvia sons de sofrimento tão horríveis que soavam desumanos, como o barulho de um vento gélido uivando entre vigas velhas, ou o miado sombrio de felinos selvagens. O mero som deles o fazia estremecer violentamente.

Um clímax obscuro de terror, de medo insondável, parecia pairar ao redor de sua consciência, como uma tempestade que se aproxima em um triste horizonte. Ele achava quase impossível fazer qualquer coisa além de lutar contra seu fim iminente a fim de evitá-lo.

Então, uma impressão específica veio à sua mente. Ele se esforçou para processá-la claramente.

Alan sentiu o objeto, depois reconheceu o formato, localizado entre sua orelha esquerda e seu ombro. Um *pé calçando uma sandália de couro*. Sua própria perna direita estava caída sobre o colo de alguém. Ele se esticou para ver quem era através da escuridão, e então reconheceu Carrie Knowles. Ele tentou não olhar diretamente para a cena terrível ao seu redor, mas até mesmo sua visão periférica lhe mostrava um emaranhado de membros e torsos que o fazia se lembrar estranhamente e perversamente daquelas paisagens do inferno pintadas por aquele pintor alemão... *Bosch, não era esse o nome? Hieronymus Bosch?* Centenas de corpos empilhados uns sobre os outros em uma massa retorcida de miséria humana toda emaranhada.

Alan fechou os olhos, tentando não se lembrar de todos os noticiários trágicos que havia visto em sua vida. *Acidente de ônibus mata família em viagem missionária... Estudantes afogados em balsa naufragada... Missionários esfaqueados até a morte...* Ele nunca dava muita atenção a essas notícias porque elas confirmavam uma dura verdade: às vezes, o povo de Deus sofre mortes agonizantes. Até mesmo pessoas boas — aquelas que fazem boas ações e se envolvem em causas nobres.

Acontece o tempo todo, ele pensou, tentando ser racional em meio ao terror. O mundo não iria parar de girar; aliás, a maioria de seus colegas cristãos mal faria uma pausa além de poucos minutos. Talvez uma oração rápida. Talvez abaixariam a cabeça e pensariam: *Graças a Deus que não foi comigo. Mas pelo menos eles estão no Céu agora.*

Algo dentro dele queria gritar: "Eu não posso morrer agora, Senhor Jesus! Não hoje! Eu só tenho quarenta e sete anos de idade! Finalmente sou feliz. Sou o pai de dois filhos que precisam de mim, o esposo da minha amada Jenny, o pastor de seis mil pessoas que precisam de mim também. Não, esse não pode ser o fim!"

Simplesmente não podia ser hoje, não dessa forma. Não era assim que deveria acontecer, a história de sua vida que ele havia imaginado inúmeras vezes em sua cabeça. Em sua versão, ele viveria — viveria até se tornar um homem velho e vibrante, íntimo de seus filhos e netos, ainda ativo no ministério, pregando e escrevendo, ainda romântico...

Não, ele disse a si mesmo novamente. *Eu não deixarei que seja hoje.*

Ele sacudiu a cabeça, concentrando sua atenção de volta ao desastre diante dele. O interior do submarino estava agora silencioso com exceção dos gemidos, uma voz feminina soluçando, o barulho de bolhas de ar se derramando sobre eles.

Jenny! Onde ela está?

Ele olhou para baixo e, apesar da fraca iluminação, viu o topo da cabeça dela.

— Querida! Você está ferida?

— Sim — ela sussurrou. — Estou ferida... mas não muito. Você consegue me alcançar e tirar daqui?

— Não sei. Irei tentar.

Ele levantou o pé o máximo que a janela que o pressionava permitia — cerca de vinte centímetros. Ele tentou levantar o outro, mas percebeu que não conseguia. Seu braço esquerdo estava preso debaixo de um torso pesado, e o direito preso contra a parede por seu próprio peso.

Ele respirou profundamente, tentando lutar contra outra onda de pânico e claustrofobia, e olhou em volta. Corpos mutilados e ensanguentados, irreconhecíveis, estavam fazendo o mesmo que ele — lentamente se desprendendo, um centímetro, um membro de cada vez.

Por fim, Alan sentiu que havia espaço suficiente para libertar seus braços. Ele os esticou para cima, agarrou algo e se levantou. Em seguida, Carrie se moveu, Jenny se afastou, e todo o emaranhado pareceu se soltar de uma vez. Ele suspirou de alívio. Ao lado dele, viu Hal deslizar de volta para seu assento, com Audrey agarrada a ele. Ao lado deles, estava Carrie, endireitando-se com um gemido profundo quase masculino. Parecia que as vítimas haviam encontrado seus próprios lugares novamente e estavam se ajustando em algum tipo de ordem desconexa.

— O que aconteceu? — uma moça perguntou. — Algum tipo de explosão?

— Pareceu mais uma colisão — outra pessoa respondeu. — Eu vi um rastro de barco e um casco. Um barco nos atingiu.

— Onde está o capitão?

Todos se voltaram em direção à parte da frente da embarcação. Em vez do compartimento esférico aberto que haviam visto ao entrar, uma parede branca agora bloqueava a passagem.

— Deve ser o fechamento de emergência — Hal disse — para selar a parte da frente de qualquer vazamento ou qualquer coisa que estiver acontecendo aqui atrás.

— Pessoal — Alan disse, tentando soar tranquilizador —, tenho certeza de que eles têm uma série de rotinas de resgate preparadas. Se pudermos simplesmente esperar, ficaremos bem.

O marido de Carrie olhou para Alan e disse:

— Isso se o oxigênio durar. Esse som borbulhante acima de nós é o submarino perdendo ar. E estamos perdendo-o rapidamente.

A colisão do *S.S. Aqua Libre* com o submarino instantaneamente transformou o submarino, uma moderna embarcação totalmente funcional, equipada com uma variedade de sistemas de segurança, em uma massa de doze toneladas de aço amassado, borracha e carga humana se assentando na areia do mar.

Quando atingiu o solo do oceano, seus dois sistemas elétricos excedentes ficaram desabilitados, deixando todos os sistemas de comunicação a bordo sem funcionamento. A antena de popa que transmitia dados de voz para o barco de apoio agora se encontrava retorcida, como se fosse um pequeno polvo. Ainda pior era o estado dos tanques de oxigênio do submarino, que ficavam acima do compartimento da cabine. Eles haviam sido cortados com o impacto e metros cúbicos de ar vazavam deles a cada segundo.

Consequentemente, a casca do submarino, que minutos antes havia prometido um passeio seguro e divertido, era agora uma pequena prisão cuja capacidade de abrigar vida humana podia ser calculada por minutos.

CAIS DE EMBARQUE PARA EXCURSÕES SUBAQUÁTICAS — NA SUPERFÍCIE

— Não sei muito bem o que aconteceu — Jeff suspirou no telefone de satélite — porque o cais onde estou foi lançado por uma... uma onda que veio e me arremessou para o outro lado do deque. Mas eu ouvi algo — um impacto. E agora a água está tão agitada que não consigo ver o submarino. Simplesmente...

— Jeff? — Era a voz de Larry Collins, soando distante e confusa através do fone. — Sei que esse é um momento incrivelmente difícil para você...

— Eu não sei o que fazer! Eu não posso simplesmente ficar parado aqui, mas o que eu faço? Pulo na água e nado procurando por algo que não consigo ver? O operador do cais está prestes a mergulhar com seu equipamento de mergulho. Talvez eu possa ajudá-lo...

—Jeff, você poderia, estaria disposto a pegar a câmera e gravar o que está acontecendo para nós aqui em Denver? Você não faz ideia do estado das pessoas aqui agora.

Jeff olhou em volta e viu sua câmera a alguns metros de distância caída no chão do cais. Aparentemente ela havia deslizado até ali quando o deque foi sacudido. A superfície do deque ao redor dela parecia estar seca.

— Sim, se estiver funcionando — Jeff respondeu. — Irei filmar debaixo do telhado, fora do sol. A imagem ficará melhor também.

Ele pegou a câmera, caminhou para debaixo do telhado de lata que havia no cais, aberto de todos os lados com exceção de um, e ligou a câmera. Tudo parecia estar funcionando direito. Uma luz laranja no visor indicava a transmissão em micro-ondas da câmera, que emitia um sinal de volta para o campo de alcance do navio e sua poderosa conexão de satélite.

— Está bem, então — disse Jeff. — Estamos ao vivo!

DENVER — TEMPLO DA SUMMIT CHAPEL

O auditório se encheu de uma luz azul, seu grande telão mais uma vez repleto de uma imagem trêmula, porém vívida, da costa de Barbados.

— Eles estão em algum lugar ali embaixo, debaixo do barco que os atingiu — Jeff disse, com a tensão claramente audível em sua voz enquanto ele focava a lente. — Talvez vocês consigam ver algo que eu não estou conseguindo ver.

A imagem mudava de direção com uma rapidez nauseante no sentido oposto, através da expansão da água, finalmente parando quando um navio entrou em foco: cinza, brilhante, navegando rápido, levando uma variedade de bandeiras em seus mastros dianteiros.

— Parece que conseguimos ajuda! — Jeff disse. Acho que é a Guarda Costeira de Barbados.

A BORDO DO H.M.B.S. TRIUNFANTE

O capitão Ronald Soares estava examinando a cena do acidente através de seu binóculo quando seu celular começou a apitar. Sem abaixar o binóculo, ele abriu o celular e o levou até a orelha.

— Soares.

— Ronnie, aqui é Johnny Stillman. Lembra-se de mim?

— É claro que me lembro de você, mas estou um pouco ocupado agora. Ligarei para você depois.

— Eu sei. Você está ocupado com um naufrágio na costa de Bridgetown. Algum iate perdeu o controle.

— Isso mesmo.

—Bem, é exatamente por isso que eu liguei para você. Estou ligando em nome dos donos do iate. E eles... eles precisam da ajuda de um amigo bem relacionado. Eles ficariam muito gratos.

— Quão gratos?

— Meio milhão de vezes mais, em dólares. Mais aquela sua dívida de aposta pendente — ela seria perdoada. Eles expressariam a gratidão deles imediatamente. Em uma das melhores instituições das Índias Ocidentais. No seu nome, é claro.

— O que eles querem?

— O iate ainda está flutuando?

— Sim. Estou olhando para ele agora mesmo.

— Bem, eles o querem no fundo. Bem simples, na verdade. Há mais alguma testemunha ao redor?

— Há um cais aqui perto. Deixe-me verificar. — Ele examinou o cais de embarque com um breve passar do binóculo. As superfícies expostas estavam vazias; o abrigo estava coberto por uma sombra. Ele piscou os olhos, olhou novamente e esperou um instante e, sem ver nenhum sinal de atividade, disse no celular — Não, não vejo nenhuma testemunha. — Nós passamos pelo barco de apoio do submarino há mais de dois quilômetros, voltando para o cruzeiro. A essa altura já deve estar lá. Então há somente eu e a minha equipe aqui.

— Que bom — disse Stillman. — Agora, precisamos que você soe o alarme de que flagrou armas pesadas sendo preparadas a bordo do iate, apontadas para a cidade. Traficantes de drogas tentando salvar a pele a qualquer custo. Dê umas rachadas debaixo da proa, bem rápido. Afunde o barco.

— E qual é a *verdadeira* história? — perguntou Soares.

— O barco estava sendo transportado e o capitão caiu morto ou pulou do barco. Ninguém sabe ao certo. Porém, o sistema de segurança do piloto automático também falhou. Eles não têm a menor intenção de enfrentar a responsabilidade. É isso. Se você inventar uma história de que ele foi tomado por narcotraficantes, salvará a pele deles. E a água salvará a mentira.

— Está bem. Eu quero outra ligação e o número da conta dentro de trinta minutos. Entendido?

Stillman desligou.

Soares olhou ao redor da cena. A única coisa em seu campo de visão era um cais vazio. Nenhum outro barco significava nenhuma outra testemunha — com exceção de sua própria equipe, e ele lidaria com o pessoal.

Ele apontou para cima e gritou:

— Traficantes de droga a bordo! Armando-se para atacar! Preparem para atirar na proa!

Imediatamente, o único canhão de cinquenta calibres do *Triunfante* entrou em posição, centrado na proa do *Aqua Libre*, e esperou pelo sinal.

RESGATADO

10

Ainda segurando a câmera, Jeff, que estava agachado, levantou-se no canto onde estava abrigado e chutou a única parede do abrigo. A força do golpe fez com que a câmera apoiada sobre seu ombro tremesse. Ele estremeceu, lembrando-se da igreja cheia de espectadores ansiosos.

— Desculpa, pessoal — ele disse no microfone — mas eu quero fazer algo! Não posso ficar aqui parado somente observando!

— Apesar de estarmos longe aqui em Denver, estamos todos com você — disse Larry Collins em seu fone. — E estamos todos orando. Isso é algo que você poderia fazer conosco.

— Eu não quero orar! — Jeff respondeu com raiva. — Eu quero entrar na água e *fazer* algo! É que... eu não sei o que eu conseguiria fazer. — Ele se virou rapidamente para conseguir a atenção do operador do cais, que agora estava vestido da cabeça aos pés com a roupa de mergulho, no momento em que o homem pulava dentro do mar.

— Bem, tenho certeza de que ele pode fazer mais do que eu — Jeff disse para Larry e os outros que estavam assistindo. — Eu o estava ouvindo gritar em seu celular e parece que todos os tipos de procedimentos de emergência já começaram a ser feitos. O operador do cais acabou de pular, a caminho de salvar todos no submarino.

Jeff apontou a câmera para a profundidade das águas, ajustando o zoom, quase sem conseguir alcançar o perfil do mergulhador à medida que ele nadava em direção a onde o iate destruído estava, o objeto recuava e misturava-se com um remendo mais claro de...

— Ali está o submarino! — Jeff gritou. — Eu achava que era um banco de areia ou algo do tipo, mas é o submarino! Logo abaixo de onde está o barco.

Mais uma vez, ele ajustou as lentes, dessa vez dando zoom até não ver nada além de um objeto pálido comprido cintilando debaixo das ondas.

DENTRO DO SUBMARINO

Com uma sensação crescente de desespero no coração, Alan olhou para o círculo de olhos arregalados e rostos traumatizados e manchados de sangue que rodeavam o interior escuro do submarino.

— Eu só acho... — ele começou, com sua voz quase sumindo. Ele se deu conta de que não era capaz de encarar a tarefa que o confrontava; sentia uma enorme falta de coragem, de sabedoria. *Fala sério*, ele admoestou a si mesmo, *não falhe agora...*

— Acho que essa pode ser a nossa melhor hora — ele finalmente disse, agora capaz de ouvir o som de sua própria voz. — Vamos fazer disso um tributo a quem nós somos. Vamos... — Ele trincou os dentes para lutar contra uma tremedeira repentina dentro de si. — Vamos mostrar ao mundo do que somos feitos.

— Eu concordo — disse Carrie Knowles. — Por que não oramos?

Alan confirmou com a cabeça. Ele tentou engolir o choro ao ver Hal e a passageira ao lado de Hal, quem ele não conhecia, ferida demais para abaixar a cabeça como normalmente se faz, meramente fechando os olhos.

— Senhor — Alan orou — em um momento como este nós não sabemos o que fazer a não ser vir a Ti. Pedimos que o Senhor entre neste lugar. — Ele respirou fundo mais uma vez — Imploramos que o Senhor abençoe o nosso resgate desse... desse *terror*. Por favor, unja e ajude aquelas pessoas que estão tentando nos salvar. Por favor, torne tudo isso que aconteceu hoje um testemunho que glorifique o Teu nome, algo que atraia pessoas a Ti. Pedimos isso em nome de Jesus, amém.

Alan soltou um forte suspiro.

Todos abriram os olhos.

— Olha! — Um homem exclamou.

Todas as cabeças se viraram rapidamente para a direção de onde havia vindo a fala.

Um membro da igreja que Alan não conhecia estava virado de costas em seu assento, acenando para fora de uma das janelas esféricas. Juntamente com a maioria dos outros, Alan foi forçado a esticar o pescoço para o lado para um rápido vislumbre, mas foi uma visão suficiente para lhe dizer tudo que precisava saber.

Um mergulhador!

Uma visão absurda — um corpo coberto por uma borracha azul clara, com máscara e barbatanas, com um tanque de metal nas costas, uma mão coberta por uma luva acenando descontroladamente na janela. Talvez não um salvador com a aparência mais humana, mas mesmo assim, a visão mais bem-vinda que Alan já havia visto. Por todos os lados ouviu-se barulhos de celebração, choro, gritos sinceros de alívio.

—O que ele está fazendo? — Jenny disse. De onde ela estava, era difícil ver o que estava acontecendo.

— Ele está escrevendo algo! — disse o homem que estava na janela onde se podia ver o mergulhador. — Ele tem um daqueles blocos magnéticos de escrever e está rabiscando uma mensagem.

— O que é? — Carrie disse.

— Só um segundo... — o homem disse. Após uma breve pausa, ele disse: — Pronto! A mensagem diz: "Aguentem firme. Ajuda a caminho!"

Deram outro grito de alegria dentro do submarino. Apesar de seu sentimento de desespero, Alan não pôde evitar se alegrar com os outros.

Ele virou-se para trás a fim de olhar nos olhos de Jenny e não ficou surpreso ao ver lágrimas. Ela levantou a mão e franziu os lábios para ele como se fosse lhe mandar um beijo.

— Tem mais! — o homem perto da janela anunciou. — O mergulhador apagou a primeira mensagem e está escrevendo outra. Aqui está: "Resgate a caminho. Fiquem calmos. Respirem devagar".

O marido de Carrie se inclinou para frente, e deu um olhar de "eu não falei?" para Alan.

— Viu? Eu disse que estávamos perdendo oxigênio — ele sussurrou. Alan concordou com a cabeça.

Mas talvez não importasse. Alan bateu palmas, da forma como fazia para colocar ordem na reunião dos líderes, e disse: "Deus não é bom?"

Alguns "améns" enfáticos confirmaram sua declaração. Ele finalmente estava chegando lá.

— Obrigado, Senhor — disse uma mulher mais velha que estava no canto. Alan olhou em direção a ela e se permitiu ter o sorriso e o contato visual mais longos que havia trocado com aquela mulher em anos. Ele odiava essa parte — ali estava um daqueles membros cuja presença na Summit Chapel durava décadas. Um dos rostos mais familiares de sua vida, sempre ali, sorrindo, irradiando aquele brilho etéreo cristão.

O único problema era que ele não conseguia lembrar o nome dela.

Ele odiava até mesmo pensar naquilo, imaginar o que ela devia pensar dele, um pastor que não conseguia lembrar-se do nome de um dos membros mais antigos e fiéis de sua igreja.

Ele lembrava que o nome dela era algo antiquado. *Ethel? Viola? Thelma?* Ela *tinha* de estar ali, naquela viagem. Ela sorriu para ele em quatro encontros no deque e em uma dúzia de filas do bufê. No pensamento culpado de Alan, ela parecia estar zombando da tolice, da falta de memória e das prioridades fora de ordem dele. Afinal, memorizar os nomes dos membros não era uma das principais tarefas do pastor? Ele não havia lido isso em algum lugar?

Ele prometeu a si mesmo que quando chegasse em casa iria procurar o nome dela e gravá-lo na memória. Talvez confessar-lhe sua ignorância e explicar-lhe que a reserva dele sempre havia sido culpa dele, não...

Logo ali do outro lado da janela diante dele, a menos de um metro de distância, estavam os olhos ampliados do mergulhador atrás de sua máscara. Ele não estava mais espiando e acenando, estava agora tentando alcançar algo debaixo do submarino, que quase não dava para ver.

— Acho que ele está abrindo algum tipo de válvula — Alan disse. — Tomara que seja um tanque reserva de oxigênio.

— Agora não vai demorar muito! — Hal Newman declarou.

— Isso mesmo — Alan concordou enquanto sentia um arrependimento por sua falta de fé anteriormente. — A qualquer instante a partir de agora seremos resgatados. — Desde o início desse terror, ele deveria ter acreditado que tudo iria terminar bem. — Deus ouviu a nossa oração.

CAIS DE EMBARQUE PARA EXCURSÕES SUBAQUÁTICAS — NA SUPERFÍCIE

BOOM!

A primeira explosão deu um susto tão grande em Jeff que ele tropeçou para trás, quase caindo do cais em direção à água. O barulho estrondoso veio do canhão do *Triunfante* com a rapidez ensurdecedora de um trovão retumbando em um céu azul.

Jeff quase derrubou sua câmera, mas em seguida a recuperou rapidamente. Ele queria ver. *Tinha de ver.* Ele se deu conta de que queria que *eles* vissem também — os membros da igreja em sua cidade.

— Vocês ouviram isso? — ele gritou no microfone da câmera.

— Sim, mas o que foi isso? — Collins respondeu.

— Veio do navio da Guarda Costeira e...

BOOM!

Mais um! Dessa vez Jeff capturou em vídeo o canhão recuando e ejetando uma fumaça branca no vento. Ele girou a câmera para seguir a provável trajetória do canhão...

...e aterrissou no iate assim que o segundo disparo causou um grande buraco em frente à linha d'água do barco que estava afundando.

— Eles estão atirando no iate! — Jeff gritou. — Não estou entendendo. Não há ninguém lá. Vejam — estou dando *zoom*. Vocês mesmos podem ver. A ponte de comando, o compartimento do piloto, todos os deques estão vazios. Parece um navio fantasma. Então por que é uma ameaça tão...

BOOM!

O terceiro disparo explodiu, e outra ruptura se abriu no casco do iate apenas a poucos metros de distância dos anteriores. O iate se inclinou para o lado na água e em seguida começou a mergulhar visivelmente para a frente.

— Eles estão tentando *afundá-lo*!

Jeff direcionou a lente para a proa do *Aqua Libre* provando que estava certo. Sim, era verdade, mas ele não conseguia se convencer a pensar naquilo, menos ainda narrar o que estava acontecendo para os espectadores que estavam assistindo a tudo através de sua câmera.

BOOM!

Esse foi o disparo da morte, formando um triângulo perfeito no ponto mais vulnerável do casco. O iate se inclinou bruscamente para o fundo, sua destruição era certa.

—Não! — Jeff gritou. — Não! Vocês não podem fazer isso! Olhem lá para baixo! Olhem lá para *baixo*!

Ele girou a câmera, dando *zoom* no deque frontal do navio de ataque, focando em alguém que estava segurando um binóculo voltado em direção a Jeff e depois parou — olhando diretamente para ele!

O homem que estava segurando o binóculo o largou sobre o peito e fez gestos furiosos para um marinheiro perto dele, que entrou em ação, obviamente respondendo a uma ordem.

Jeff levou a câmera de volta à terrível visão do iate que estava afundando e que, mesmo antes do ataque, já estava severamente avariado pelo impacto com o submarino. Ele observava enquanto o iate se partia em três grandes pedaços.

Jeff permaneceu chocado em silêncio.

— Ai meu... — Ele parou, lembrando-se do grande grupo que o escutava.

Como se estivessem sendo separadas por cabos invisíveis, as três partes do iate então desmoronaram na água com fortes pancadas, despedaçando-se ainda mais e lançando um monte de destroços nas profundezas.

Jeff gritou assustado:

— Afundaram o barco! Bem em cima deles!

— Como assim, Jeff? — Collins perguntou no fone.

— Você não viu, Larry? Vocês não estavam assistindo nem ouvindo? Era por isso que eu estava gritando!

— O que era?

— Eles estão lá embaixo! Bem embaixo do barco! O iate está se quebrando bem em cima do submarino!

Alan mal teve tempo de ver o mergulhador virar a cabeça, aparentemente alarmado por um repentino ofuscamento da luz na superfície. Ambos viram aquilo ao mesmo tempo — o mergulhador de resgate destinado a morrer e o passageiro aterrorizado, ambos de olhos arregalados de cada lado do vidro de segurança — uma floresta de destroços, esvoaçando lá fora e descendo rapidamente sobre eles.

Alan gritou novamente alarmado.

Os rostos se voltaram rapidamente para ele e para a vista que enchia a janela esférica.

— O que foi? — vários gritaram ao mesmo tempo.

— É... — Alan começou a explicar, quando foi interrompido por um soco na janela. O redemoinho de destroços esvoaçantes havia engolido o mergulhador, que parecia estar clamando por ajuda bem diante do rosto de Alan, esticando-se para a janela desesperadamente.

O homem desapareceu de vista, deixando apenas um braço, depois uma mão riscando uma faixa de sangue pelo vidro — uma visão macabra que imediatamente sumiu na água escura.

O submarino sacudiu violentamente, como se estivesse sendo segurado por uma mão grande e furiosa. Começou a rodar, não uma vez, não duas vezes...

E a confusão de corpos humanos, mais uma vez jogados para lá e para cá como iscas na mão de um pescador, agravou-se e tornou-se um pesadelo infernal.

RESGATADO 11

DENVER — SUMMIT CHAPEL

Os mil e quinhentos adoradores, que uma hora antes formavam uma amostra tão feliz da sociedade norte-americana, agora se encontravam prostrados e dispersos pelas fileiras e corredores do templo da Summit Chapel como sobreviventes de algum grande desastre. A imagem iminente no telão gigante — do *Aqua Libre* sendo despedaçado e afundando nas profundezas do mar — lançou outra onda de choque terrível sobre os espectadores aterrorizados. Outro suspiro coletivo de terror foi arrancado de dezenas de gargantas, levando seu clamor angustiado a ecoar nas vigas espessas do teto.

De alguma forma, a imagem enorme no telão da igreja lhes mostrava o que o pequeno visor da câmera de Jeff havia misericordiosamente escondido dele...

...um grande manto escuro da matéria dizimada do iate havia acabado de cair sobre o submarino atingido. Seu casco agora não podia mais ser visto na superfície, estava completamente enterrado sob uma montanha de fragmentos de aço, fibra de vidro e madeira.

E, como uma raia mortal, uma enorme faixa de óleo de combustível marinho ondulava sobre a cena.

— Jeff, você pode me ouvir? — Larry Collins gritou em seu fone, seu brado ao jovem Rockaway também foi ampliado pelas caixas de som do templo. — Jeff! Por favor, fale conosco!

A imagem do telão permaneceu fixa no trecho de água agitada. Apenas os sons das gaivotas e da estática do telefone de satélite alcançavam seus ouvidos.

— Vocês acabaram de ver — disse Jeff finalmente, agora com tom de voz exausto. — Acabaram de vê-los morrer. Não há escapatória... Quem irá resgatá-los agora?

DENTRO DO SUBMARINO

A embarcação não foi apenas engolida pela avalanche submarina de detritos, mas seu contato inicial com aquela nuvem a lançou para o fundo do mar tão imprevisivelmente como um brinquedo chutado por uma criança impulsiva.

Enquanto aguentava firme com toda sua força, toda sensação de morte e pensamentos aterrorizantes que Alan havia acabado de descartar foram arremessados de volta para ele. A câmara de morte que o aprisionava havia rolado completamente para o fundo. Ele ouviu barulhos altos de metal sendo triturado e vidro sendo quebrado, o que causou ondas de choque através da camada exterior do submarino. Seus ouvidos se encheram de gritos de terror e agonia.

De morte.

Suas mãos se perderam das de Jenny exatamente quando seu espírito perdeu a esperança.

Mais uma vez, todo o episódio durou apenas alguns segundos em tempo real, apesar de parecer uma eternidade de tormento para os desesperados passageiros presos ali dentro.

Finalmente, o submarino voltou a se assentar, a aproximadamente doze metros de distância de sua posição anterior.

Esticando o pescoço para ver um raio de luz por menor que fosse, ele olhou para fora da janela esférica mais próxima para tentar enxergar a superfície. Seu esforço de se esticar foi, de fato, recompensado por um traço distante de luz solar refletida. Porém, suspensa naquela luz, flutuando lentamente, afundava a cabeça decepada do operador do cais de embarque, sua máscara arrancada fora, seu rosto exposto congelado em pânico.

A poucos metros de distância, Alan pôde ver Hal Newman apertar o peito e ouvi-lo gemer de dor aos berros. Audrey, agarrada a ele, começou a gritar incontrolavelmente. O velho homem se golpeava violentamente tentando respirar com todas as forças, e então seu corpo de repente ficou inerte. Sua esposa de quarenta e nove anos o puxou para o peito e segurou sua cabeça. Ao ver os olhos dele se virarem, ela soltou um gemido tão doloroso que Alan teve certeza de que era o som mais triste que ele já ouvira.

Cais De Embarque Para Excursões Subaquáticas — Na Superfície

— Assassinos! Malditos assassinos! — Jeff gritou. — Eu irei mostrar tudo! Irei mostrar para o mundo o que eles fizeram!

Jeff havia perdido toda a capacidade de se conter. Sozinho no cais, suando ao sol de meio-dia, enfurecido pela indiferença do *Triunfante* ao destino do submarino, ele se entregou à fúria. Em seguida, ao perceber que sua transmissão de vídeo enviada para os Estados Unidos era sua maior arma, o jovem agarrou a câmera com firmeza desesperada e começou a gravar ininterruptamente o que estava acontecendo. Pois, mesmo agora, coberto de raiva, ele podia vê-los — pessoas desconhecidas em uniformes estrangeiros — recuando diante da clara incriminação que sua câmera ameaçava.

Controle-se! Ele admoestou a si mesmo. *Talvez eles ainda estejam vivos...* Jeff sabia que precisava entrar em ação. *Faça alguma coisa.* Talvez ele pudesse ir até lá embaixo. Mas e o monte de destroços? E a metade do iate bem em cima do submarino?

Ele secou o suor do rosto com o punho. Ele iria enfrentar os perigos quando chegasse lá embaixo. Correu em direção a local em que o operador do cais guardava seus suprimentos na casa do leme, onde mantinha uma pilha de manuais e pranchetas. Jeff estendeu a mão e pegou a pilha que havia visto o homem folhear freneticamente antes de vestir sua roupa de mergulho.

Sistemas de Emergência. Procedimentos de Emergência. Guia de Resgate Marítimo.

Ele havia ouvido o operador gritar essas palavras em seu próprio aparelho de rádio. Jeff se deu conta de que o homem estava provavelmente morto. Ninguém poderia ter sobrevivido à chuva mortal de combustível tóxico e esmagamento de detritos que havia caído sobre o submarino de seu pai.

O barulho de helicópteros ficava mais alto, certamente transmitindo a notícia para o mundo. E a patrulha da Guarda Costeira com quem ele poderia ter contado para assistência havia acabado de se tornar seu maior obstáculo.

Cabia a ele agora fazer algo. Talvez ele pudesse terminar o que o operador do cais havia começado em seu mergulho. Seu pai estava contando com ele; Jeff simplesmente sabia.

— Larry, eu tenho de deixar a câmera por um momento — Jeff disse no microfone. — Acho que talvez tenha achado uma forma de ajudá-los.

— Tudo bem, Jeff — Larry Collins respondeu. — Você já deve saber disso, mas nós estamos agora buscando outras formas de acompanhar o que está acontecendo.

— O que você quer dizer?

— Olhe em volta. Você está vendo aeronaves? Helicópteros?

— Sim, eles acabaram de chegar.

— Bem, eles têm câmeras também. Os canais de televisão estão transmitindo ao vivo nas últimas notícias. Então vá em frente e faça o que você tiver de fazer, mas, por favor, mantenha contato conosco. Avise-nos sobre o que você está fazendo. Sinto que a maioria de nós aqui na Summit Chapel não vai a lugar nenhum.

— Ótimo. Continuem orando, e eu manterei contato.

Jeff deixou a câmera no deque, fechou a maleta de transmissão e voltou ao manual de segurança.

Foi quando ele notou, em sua visão periférica, a aproximação da proa do *H.M.B.S. Triunfante*. De repente, observando o crescimento do tamanho e da largura ameaçadora do navio, sua raiva foi atingida por uma pontada de medo. Será que seus gritos e gestos haviam sido notados? Será que ele havia provocado a ira de algum comandante? Ele podia ver um par de cabeças de marinheiros acima do parapeito. A atenção deles ainda parecia estar presa no local do naufrágio do iate, não nele.

O navio deu a volta no último minuto, evitando uma colisão com o cais onde Jeff estava, e depois parou ao lado. Rapidamente, um oficial alto e negro apareceu no parapeito segurando um megafone.

— Olá! — ele exclamou. — Você precisa de alguma assistência?

Jeff negou sacudindo a cabeça vigorosamente.

— Você é membro da tripulação do submarino? — o oficial perguntou.

Ele negou sacudindo a cabeça novamente.

— Você é da imprensa? Nós vimos a sua câmera.

— Eu não sou jornalista — Jeff explicou em alta voz. — Apenas um cidadão gravando o que eu vejo. Mas você já deve saber que tudo está sendo transmitido ao vivo para os Estados Unidos via satélite.

— Então se prepare para embarcar. Nós iremos escoltá-lo a um local seguro.

Jeff fez uma pausa. Ele não iria a lugar nenhum, mas a voz do oficial não parecia estar perguntando, mas informando. A raiva dele voltou.

— O meu pai está lá embaixo! Havia um submarino bem abaixo do barco que você explodiu! Afundou em cima dele, então eu não irei a lugar nenhum!

Houve uma longa pausa. Ele podia ver os olhos do oficial o analisando atrás do megafone.

— Volto a repetir — disse o oficial —, por favor, nos permita escoltá-lo a um local de segurança. Nós temos de proteger esta área para que as operações de resgate comecem. Você certamente pode ver isso.

Pela primeira vez em sua vida, Jeff sentiu a força de uma decisão inabalável surgir dentro de si. Ele olhou para baixo. A câmera. Sua testemunha.

Ele pegou a câmera, abriu a maleta de transmissão, colocou a câmera sobre o ombro e ligou o equipamento.

— Eu ficarei bem aqui!

DENVER — SUMMIT CHAPEL

Os membros da igreja estavam observando a cena se desenrolar a partir da perspectiva aérea gravada por um helicóptero da *Global News Network* que circulava o local. Jeff era uma figura solitária e distante gesticulando do outro lado do mar para um navio cheio de marinheiros de uniforme cinza.

Então outra imagem surgiu no telão.

Trêmula e com baixa definição, essa cena estava sendo filmada a partir da superfície. Era inconfundível quem estava segurando a câmera. O tom da voz de Jeff soava mais alto e mais desesperado do que havia soado durante toda a manhã.

— Estou filmando ao vivo direto para os Estados Unidos! — ele gritou. — Eu tenho uma conexão de transmissão bem aqui, e mil e quinhentas pessoas estão assistindo você neste exato momento! Eu filmei você atirando em um iate desarmado e o afundando sobre setenta e cinco passageiros inocentes.

— Senhor, por favor, entenda... — O tom do oficial havia mudado — mais amigável, talvez amigável *demais*. O *S.S. Aqua Libre* estava sendo comandado por traficantes preparados para atacar. Eles precisavam ser impedidos!

— Isso é mentira! — Jeff gritou. — Eu estava aqui o tempo todo, e não havia nenhuma arma naquele barco! Não vi nenhuma pessoa sequer no convés.

O visor da câmera deu *zoom* no rosto do oficial, enquadrando-o em um close instável. O homem abaixou o megafone e olhou diretamente para a lente, parecendo contemplar uma difícil decisão.

Ele levantou o megafone novamente.

— Senhor, eu repito. Você só está colocando-se em perigo e atrasando a nossa operação de resgate ao permanecer aqui. Por favor, permita-nos levá-lo a um local seguro!

A câmera tremeu com a resposta de Jeff.

— Há setenta e cinco cidadãos norte-americanos debaixo da superfície. Eu sou a única testemunha deles. Se você me tirar daqui, terá de lidar com o governo norte-americano!

O oficial deu meia-volta e começou a falar no celular.

DEQUE FRONTAL DO H.M.B.S. TRIUNFANTE

— Soares falando. Estou no meio de uma situação aqui. Há um espectador que não vimos antes de ser tarde demais. Acho que ele filmou o iate afundando.

— Sério, Ronnie? Eu estou assistindo a você na TV. No noticiário internacional, não o local. Ainda bem que eles acabaram de chegar aí e não estavam por perto cinco minutos atrás. Olha, estou ligando para lhe dizer que você fez a sua parte. O meu pessoal está satisfeito, e o iate está lá no fundo do mar. A água já fez seu trabalho. Seja lá o que esse garoto filmou não irá causar repercussão a menos que você continue pressionando. Então deixa para lá. A operação terminou.

— Roger, você pegou a minha senha?

— Está chegando. Em dez minutos.

— É melhor mesmo, ou eu enviarei um mergulhador lá embaixo para confirmar que cometemos um erro.

O tenente abaixou o telefone e se afastou do parapeito, acenando com desgosto para o cais de embarque. Ele tinha problemas maiores para enfrentar, como setenta e cinco norte-americanos morrendo em seu plantão.

A treze metros de distância, na casa do leme do cais de embarque, Jeff prestava atenção ao manual de segurança e à tela de LED do painel de instrumentos à sua frente.

Ele se assustou ao olhar para as letras minúsculas acima do contador maior. NÍVEL DE OXIGÊNIO NA CABINE. E, ao lado, as palavras MARGEM DE SOBREVIVÊNCIA DE PASSAGEIROS. Os dígitos do primeiro contador estavam girando rapidamente, como um altímetro durante uma queda livre. A segunda leitura era mais rápida do que a contagem regressiva de um cronômetro.

Jeff pegou a câmera e apontou a lente para o segundo número.

— Pessoal — ele disse no microfone —, vocês sabem o que isso significa? Significa que vocês precisam orar como nunca oraram antes!

O contador dizia *44 minutos e 38 segundos*.

12

RESGATADO

SUBMARINO DE EXCURSÕES SUBAQUÁTICAS — FUNDO DO MAR, PERTO DA COSTA DE BARBADOS

O interior do submarino agora havia se deteriorado de um naufrágio desconfortável para uma câmara de morte escura. Em vez de gritos aterrorizados, Alan agora ouvia gemidos guturais profundos, de todos os lados, sons tão diversos que ele não sabia se algum deles vinha de Jenny. Ele não podia vê-la nem decifrar sua voz. Nem mesmo sentir sua presença. De alguma forma, saber daquilo o assustava mais do que qualquer outra coisa.

Um mundo sem ela...

— Jenny! — ele gritou, mas sua voz saiu apenas como um gemido rouco, um som preso em meio aos corpos amontoados.

Algo sobre os gemidos ao seu redor encravavam nele a certeza de que as pessoas que ele não podia ver — muito possivelmente pessoas que ele conhecia e amava — estavam morrendo. No entanto, ele mal podia se mover para fazer algo a respeito. Dessa vez, a tempestade de pânico se aproximava, muito mais perto. Agora ele podia sentir o cheiro dela, assim como havia sentido o cheiro de peixe da brisa do mar no passeio de barco. Estava tão próxima que ele conseguia sentir que não era de fato uma tempestade, mas um abismo sem fundo, que o chamava para o terror com a implacável força da correnteza do Pacífico.

— Jenny — ele chamou novamente — onde você está? *Eu preciso desesperadamente da sua calma. Por favor, não me deixe agora...*

Pura.

Foi a primeira e única palavra que veio à sua mente quando ele viu o rosto de Jenny pela primeira vez, brilhante e vibrante, em cima do palco cantando com todo o coração. Pura, não como outro termo para "linda", apesar de Jenny certamente ter essa característica — uma beleza loira de olhos penetrantes com uma pele brilhante — mas pura no sentido de autêntica, vivaz, *cheia de vida.*

Aquela primeira visão dela havia sido completamente inocente, desprovida de qualquer desejo carnal ou má intenção. Ele era nada mais do que um observador imparcial, admirando o esplendor da Criação de Deus. Alan havia inclusive se enchido de orgulho enquanto se afastava, notando as nuances de admirar a beleza de uma mulher sem chegar ao ponto de imaginar algo inapropriado. Ser pastor de uma igreja grande lhe oferecia muitas ocasiões para observar essas nuances.

Entretanto, encontros posteriores iriam começar a despertar comparações desfavoráveis em sua mente. Como, por exemplo, o fato de Jenny parecer ser tudo que sua esposa não era.

Tudo que certa vez havia sido juvenil e inspirador em Terri, sua namorada da faculdade, havia se tornado na mente de Alan uma casca frágil de opiniões e habilidades endurecendo ao seu redor dia após dia. Anos sendo esposa de pastor poderiam ter concedido a Terri uma sabedoria conquistada com muito suor, esperteza e sagacidade. Ele tinha que admitir isso. Entretanto, não haviam beneficiado muito sua atração como esposa.

A conclusão é que ele sabia que Terri não o enxergava através da mesma áurea translúcida com a qual todos os outros em sua vida o enxergavam. E ele sabia que ela tinha direito de fazer isso; afinal de contas, ela havia caminhado com ele desde a época de seminarista deslumbrado até o pastor célebre que ele era hoje. Ela havia testemunhado sua ascensão em primeira mão, então seu destino grandioso não lhe causava tanta admiração. No entanto, isso não tornava mais fácil suportar o que Alan interpretava como comentários corrosivos dela, seu sarcasmo pouco camuflado, e a visão ressentida que ela tinha da igreja e seus pontos mais fracos. Não tornava Terri o tipo de esposa que ele sempre havia sonhado que Deus lhe daria ao chegar ao topo de sua carreira.

No dia em que viu Jenny pela terceira vez, Alan se aventurou a fazer uma avaliação rápida de sua esposa. E a reação que ele teve foi de arrependimento. Ele lamentou que tanto sucesso, a maternidade e a experiência de vida não haviam dado a Terri mais da "beleza interior" sobre a qual ele pregava tantas vezes e agora via no palco quando Jenny entrava em seu campo de visão.

Ela estava de pé atrás de uma mesa de teclado, tocando e cantando com os olhos fechados, parecendo tão absorvida e entregue que ele se sentiu transportado de volta para os primeiros dias de sua vida cristã. Alan havia começado como um ministro para a geração pós-cristã, para os refugiados do fervor evangélico que estavam feridos e sem fé, então ele estava muito mais familiarizado com a desilusão e o esgotamento do que com o tipo de beleza imaculada que florescia em torno de Jenny.

Dez segundos após vê-la pela terceira vez, Alan Rockaway havia sido transformado. Ele havia visto nada menos do que um vislumbre do Céu em seu sorriso natural, sua graça descontraída, em sua... pureza.

Entretanto, mesmo apaixonado como estava, assim como a maioria dos homens, ele estava familiarizado com romances sem palavras, mais vívidos na mente do que qualquer outra coisa. Ainda assim, Alan não fazia ideia de que a terceira vez que viu Jenny seria o passo inicial de uma jornada que mudaria sua vida para sempre.

— Jenny?

Agora Alan ouviu um gemido que soava vagamente como ela, e ele sabia. Ela estava gravemente ferida. Estava provavelmente a um metro de distância dele, mas ele não conseguia alcançá-la, não sabia sua localização precisa.

Ele sentiu um líquido gotejando em sua testa escorrendo por seu rosto. Sabia que era sangue. Flexionou os braços e empurrou a aglomeração, então sentiu uma pontinha de culpa por empurrar com tanta força, tão impiedosamente. *São pessoas*, ele lembrou. Corpos caídos sobre ele que o aprisionavam, alguns deles talvez mortos ou feridos, das pessoas preciosas que ele pastoreava.

— Por favor, pessoal — ele disse mais alto dessa vez. — Nós temos de trabalhar em equipe, dar uns aos outros espaço para respirar. Tenho certeza de que agora o submarino parou de vez de rolar.

Em seguida, em um tom mais suave e alto, ele disse:

— Jenny, estou tentando, querida. Eu estou indo até você.

Aquele gemido novamente.

— Aguente firme, querida, por favor?

Mais uma vez, veio o processo agonizante e interminável de desembaraçar os membros. Dessa vez, Alan sentiu um peso em cima dele e percebeu que não estava se movendo. Ele queria afastá-lo com toda a força, mas alguma coisa, ele não sabia o quê, o estava bloqueando.

Ele tocou ao redor e sentiu uma pele lisa e um contorno que revelavam um nariz e uma boca. Pele lisa, um nariz delicado. Uma mulher. Em seguida, ele estremeceu, pois ocorreu-lhe que ela não havia se esquivado nem sequer reagido à intrusão de seus dedos.

Com um susto, ele percebeu que os traços e o cabelo eram de Jenny.

Naquele momento, ele a puxou sem ter consideração com ninguém ao lado ou acima. Ele a havia encontrado, e não estava disposto a perdê-la. Ele abraçou o pescoço dela e a deslizou para o seu lado. Ao segurá-la, sua cabeça caiu para a frente contra o ombro dele.

Alan se inclinou para trás e então percebeu por que havia demorado tanto para desembaraçar os corpos dessa vez.

O submarino havia caído de cabeça para baixo.

Os assentos, que anteriormente estavam organizados em duas fileiras voltadas para direções opostas, agora estavam pendurados sobre eles, entortados e retorcidos. O único lugar para sentarem era o teto curvado do submarino, forrado com dutos elétricos e painéis de luz.

Com seu ombro ainda cobrindo Jenny, ele afastou um corpo inerte para longe deles e se acomodou em uma posição estreita, mas que lhe permitia ficar sentado.

Uma pequena chama iluminou a escuridão; alguém por perto tinha um isqueiro. Na escuridão, Alan não reconheceu o dono do isqueiro, mas parecia ser uma mulher de uns vinte anos de idade.

Ele olhou para o lado, inspirou profundamente, e quase saltou para longe de seu lugar. O corpo murcho ao seu lado possuía os traços escarpados e os membros magros de Hal Newman.

— Hal! — ele disse abruptamente. — Pessoal, não tem um kit de primeiros socorros em algum lugar por aqui? Acho que eu vi um. É o Hal. Nós temos que agir rápido!

Ele viu alguém se mover lentamente até ele. A esposa de Hal, Audrey, com o rosto devastado de medo e o corpo tremendo, continuava indo em direção a Alan, engatinhando sobre as pernas e os pés dos outros.

— Venha aqui, querida. Faremos tudo que estiver ao nosso alcance — Alan ouviu a si mesmo dizer. Jenny estava começando a se mexer ao lado dele, voltando à consciência sob a luz fraca e trêmula. Ele se esticou e abraçou o rosto dela. — Querida, por favor, acorde...

No entanto, ao mover os dedos, ele viu que havia manchado a bochecha dela com sangue. O próprio sangue dela, ele sabia.

De repente, um objeto quadrado de plástico caiu em seu colo. Ele pegou o objeto, virou-o de cabeça para baixo e leu as palavras *Desfibrilador Portátil*.

— Ótimo — Alan disse com os dentes trincados.

Agora tudo que ele tinha de fazer era descobrir como usá-lo — em um local quase escuro com condições aterrorizantes e desconfortáveis.

Não importa, ele disse a si mesmo. *Eu vou conseguir fazer isso, pois tem de ser feito.* Abrir o estojo fez com que a luz da bateria ficasse vermelha. Ele arrancou as duas pás dos bolsos de espuma. Ele havia assistido seriados de emergências médicas o suficiente na TV para saber que nunca deveria deixar as pás se tocarem, pelo menos não enquanto estivessem carregados. Um zumbido encheu seus ouvidos.

— Alguém pode remover a camisa de Hal?

Ele viu uma mulher achegar-se à frente em resposta a seu pedido e reconheceu que era Carrie Knowles.

— Eu já recebi algum treinamento médico, pastor — ela disse. — Deixe-me ajudá-lo.

Sem hesitar, Alan lhe deu as pás. Carrie as pegou e olhou para baixo.

— Deve haver um tubo de gel condutor em algum lugar nesse estojo. Sem o gel, há uma grande chance de queimarmos o peitoral dele.

— Aqui — ele disse, e passou o estojo para ela.

Carrie rasgou a camisa de Hal e passou duas porções do gel azul sobre a parte superior do tórax dele.

Um bipe soou.

— Esse é o sinal de carga completa — Carrie sussurrou. Ela colocou as pás cuidadosamente de lado e em seguida deu um soco no peito de Hal com ambos os punhos.

— Por que você fez isso? — Alan perguntou bruscamente.

— Isso é o que os cirurgiões fazem para preparar o coração para a carga — ela respondeu. — Agora é a sua vez. — Ela pegou as pás, posicionou-os perto do peito de Hal na posição correta, e em seguida virou-se para Alan. — Está bem, agora você pega as pás e segure-as com bastante firmeza — ela instruiu. — Tudo que você tem de fazer é empurrar e apertar os botões de cada lado com os dedos, está vendo?

Alan fez como ela havia dito. Um alto som de travamento soou, e as pás pareceram pular para trás, levando o peito de Hal junto com elas.

— Solte! — Carrie gritou.

Alan largou os botões e o torso de Hal caiu de volta ao chão.

Depois, mesmo sem as pás por perto, seu corpo voltou a se enrijecer! O rosto de Hal, a menos de cinco centímetros de distância, se contorceu em terror. Os olhos do homem se arregalaram.

— Não! Não! — ele exclamou. — Não! Por favor!

A boca de Hal havia se movido junto com as palavras, mas sua voz era praticamente irreconhecível. Soava alta, estranhamente estrondosa e encharcada de medo. Audrey afastou-se alarmada e bateu a cabeça na parede do submarino. Ela gemeu, estendendo a mão para o marido, mas ele não estava em condições de sequer reconhecê-la.

Os olhos esbugalhados e o rosto contorcido de Hal revelavam um estado de terror tão opressivo que seus traços mal pareciam humanos. Seus dedos gelados apertaram a parte superior do braço de Alan e o espremeram, *com força.*

— Não! — ele gritou novamente. Logo em seguida desabou nos braços de Audrey e caiu mais uma vez inconsciente.

— Aqui — Carrie disse à medida que esticava a mão para pegar o estojo e apertava o botão para uma configuração mais alta. — Vamos tentar a próxima voltagem.

Audrey colocou Hal deitado novamente para outra tentativa. Alan pegou as pás e as abaixou em direção ao peitoral do marido dela. Ele olhou para Carrie, e ela consentiu com a cabeça. Ele os pressionou para baixo e apertou os botões. Mais uma vez, o corpo recebeu um puxão para cima e caiu de costas.

Nada aconteceu no primeiro momento, até que, segundos depois, Hal se inclinou para frente violentamente.

— Não! Não! — ele gritou.

Audrey virou-se para Alan.

— Por favor, não o torture! — ela implorou. Soluçando, os olhos dela estavam cheios de pavor. — Por favor, deixe-o ir em paz! Ele está pedindo para você parar!

— Mas eu achei que você queria que eu... — Alan disse, com a voz falhando.

— Por quê? Só para ele voltar à vida e sufocar aqui embaixo com o restante de nós? Não. Assim não.

— Pastor, você não pode simplesmente deixá-lo morrer — Carrie disse com um tom baixo, mas determinado.

Alan deu as costas confuso. Ao seu lado, os olhos de Jenny abriam mais a cada segundo. Ela estava voltando a si, pelo menos em etapas.

— Não! Não! — Hal gritou novamente, dessa vez ainda mais alto.

— Ele está em arritmia! — disse Carrie. — Ele não irá parar até que você o ressuscite completamente!

— Não... — Audrey disse. — Por favor, não faça isso!

O estojo do desfibrilador bipou novamente, carregado para o próximo nível.

— Agora! — Carrie gritou.

— Por favor... — Audrey implorou.

Alan virou-se para Audrey.

— Mas você não acha que ele está nos pedindo para salvá-lo?

— Não, não acho! — ela insistiu. — Eu acho que ele está pedindo para você *parar*! Você o está torturando!

— Se você não fizer agora, a carga será perdida! — Carrie exclamou. — Você tem de fazer agora!

— Por favor! — disse Audrey.

Os dedos de Hal apertaram mais forte o braço de Alan.

— Não! — ele exclamou por entre os dentes, como se estivesse acompanhando a discórdia deles e declarando sua posição. Exausto, Alan entregou os eletrodos para Carrie.

Depois a ficha de Alan caiu. Algo na voz de Hal lhe dizia que ele estava reagindo a outra coisa, algo longe dali. Os "nãos" não eram dirigidos a eles. Eram suspiros de pavor de algo ou alguém *lá* — do outro lado.

Ele fez uma afirmação com a cabeça para Carrie.

— Vá em frente. Faça de novo. Carrie imediatamente abaixou as pás e apertou os botões, sentiu o corpo se elevar com a carga elétrica, depois relaxou os dedos e sentiu o corpo cair novamente.

— Não... — A voz estava se esgotando.

— Eu amo você — Audrey disse na escuridão. — Adeus, querido. Até breve.

Um barulho de chocalho veio do corpo, e em seguida o som de um suspiro desvanecido.

Cheio de pavor, Alan ficou imaginando se as palavras de Audrey não eram mais verdadeiras do que ela imaginava — para todos eles.

RESGATADO 13

BARBADOS — CAIS DE EMBARQUE PARA EXCURSÕES SUBAQUÁTICAS

Os dígitos continuavam a diminuir diante de Jeff Rockaway, no visor de sua câmera, e também no grande telão de uma igreja cheia de adoradores desesperados há quase cinco mil quilômetros de distância.

37 min. 16 s.

Sem aviso, os números desapareceram da transmissão de vídeo, que havia se deslocado para uma porção de água, agora calma, onde o submarino havia sido visto pela última vez.

— Desculpe, pessoal — disse Jeff — mas eu não sei mais o que lhes mostrar. Nem o que posso fazer. Mesmo que eu pudesse mergulhar lá embaixo sem oxigênio, teria que cavar através de todos aqueles destroços. E, ainda assim, eu não saberia por onde começar...

— Ore — Larry sugeriu. — Ore por um milagre.

— Existe alguma forma de subir lá, pegar Deus pelo pescoço e sacudi-Lo para Ele fazer alguma coisa? — A voz de Jeff estava cheia de total frustração.

— Claro que existe — Larry disse. — Mas é melhor você estar preparado quando Ele fizer algo, pois Ele pode simplesmente sacudir você ao mesmo tempo. Em toda adversidade, Jeff, Deus é por nós, não contra nós. Há poder na oração!

— Estou pronto — Jeff declarou. — Tudo menos ficar sentado aqui esperando. Falo com você depois, cara. Já não tenho mais o que falar.

Com isso, o rapaz caiu de joelhos no chão áspero do deque. Um observador desconhecido poderia pensar que ele estava meramente exausto, mas a forma como ele batia os punhos nas pernas teria sido muito mais difícil de interpretar.

Seu clamor a Deus, entretanto, era impossível de ser mal interpretado.

DENTRO DO SUBMARINO

Demorou um pouco para que os outros passageiros do submarino reconhecessem os sons que haviam acabado de ouvir e se dessem conta do fato de que Hal Newman, membro fundador e pilar da Summit Chapel, havia acabado de morrer.

Um coral de gemidos, sons de desespero e angústia ergueram-se na escuridão.

Alan, que havia passado o momento anterior sussurrando suavemente no ouvido de Jenny, agora se voltou para o tumulto.

— Sabem de uma coisa? — ele começou a dizer. — Pouco antes de descer, eu pensei em ter uma breve conversa com vocês, para encorajá-los a pensar sobre o nosso tempo debaixo d'água como uma metáfora do batismo, um tempo de reflexão e reavaliação, para avaliarmos a nós mesmos e a vida que nos espera na superfície. Eu nunca tive a chance de fazer isso.

— Nunca é tarde demais, pastor. — A voz baixa e trêmula foi dita pela mulher santa cujo nome Alan nunca conseguia lembrar.

— Bem, ouçam meus amigos — ele disse após um longo momento. — Todos nós sabemos que a situação é terrível. Antes do último incidente, nós tínhamos razões de sobra para esperar sermos resgatados em questão de minutos. Agora...

Ele sentiu que não tinha mais nada encorajador para dizer, então simplesmente deixou a última frase esvair-se no silêncio.

— Mas a questão é que — ele finalmente continuou — se esses realmente são os nossos últimos minutos aqui na Terra, como queremos passá-los? Em pânico? Reclamando? Ou mostrando uns aos outros o respeito de um pouco de amor e graça? Ou até mesmo deixando o nosso adeus para as pessoas que amamos? — Ele parou abruptamente e colocou a mão em seu bolso. — Acabei de me lembrar *disso* — ele disse. — A minha mini câmera de vídeo. Eu ia usá-la para acrescentar imagens às sequências de Jeff para o documentário depois. O que vocês acham de fazermos um pequeno documentário nós mesmos? Um vídeo de recordação para aqueles que deixarmos para trás?

Ele levantou a câmera e ligou-a. Um pequeno feixe de luz refulgiu da extremidade da câmera. Ele havia se esquecido da iluminação embutida.

— Aqui. Eles irão inclusive poder nos ver. Pelo menos um pouco. Quem quer ir primeiro?

— Eu.

Era a voz de uma jovem moça, desconhecida. A fim de ver melhor, Alan moveu a câmera e apontou a luz em direção à voz, que acabou sendo da dona do isqueiro.

— Desculpe, mas já nos conhecemos? — Alan perguntou.

Ela balançou a cabeça, olhando para baixo.

— Não, eu não estou com o grupo da sua igreja. Sou simplesmente uma turista, na realidade. Ainda posso dizer algo mesmo assim?

— É claro — Alan disse. Ele se sentiu incômodo, percebendo que tinha um tempo limitado antes de a bateria da câmera acabar, apesar de todos eles terem um tempo limitado. Mesmo assim, parecia errado reservar esse privilégio apenas para os membros de sua igreja.

A moça continuou:

— Eu tenho sido rebelde desde que me conheço por gente, então há pessoas demais a quem eu devo pedir perdão. Ou fazer as pazes, uma dessas duas coisas.

Em seguida, sua voz mudou.

— Em vez disso, quero deixar uma palavra para... o meu único filho, onde ele ou ela estiver. Querido — ela continuou rapidamente —, eles me disseram que você era o bebê mais perfeito que os médicos já haviam visto. Foi culpa minha apenas. E eu sinto muito, muito mesmo. Eu estava no pior estado que já chegara em toda a minha vida, alterada com um monte de drogas diferentes até mesmo quando você estava dentro de mim. Eu sei que muitas pessoas pensam que uma mulher grávida que é idiota o bastante para ter uma overdose no nono mês de gestação não se importa com seu bebê. Mas eu me importei, meu amor. Eu me importei. Eu estava apenas muito perdida e aprisionada para tomar alguma atitude quanto àquilo. Não sei se isso faz algum sentido. Porém, talvez, quem sabe, nós possamos conversar sobre isso juntos, em algum momento em breve. Eu... eu sei que isso parece tolice, mas eu fiz uma oração junto com o pregador via satélite ontem à noite. Foi para entregar a minha vida a Jesus Cristo. Quando eu me rendi a Ele, senti algo tão maravilhoso, como nunca havia experimentado antes. Eu soube que Deus havia me salvado da minha vida patética. Então, quem sabe, talvez eu veja você em breve. De qualquer forma, me perdoe, meu amor. E, Jesus, eu sinto muito. Sinto muito mesmo. Está bem?

Na última palavra, a voz dela falhou de vez, e Alan percebeu que ela havia terminado.

Ele desligou a luz e imediatamente sentiu um puxão em seu ombro.

— Eu quero ser a próxima. — A voz pertencia a Audrey Newman. Em vez do choro melancólico de alguns minutos antes, ela agora soava mais apática. — Eu temo isso mais do que qualquer coisa, mas aposto que também preciso disso mais do que qualquer um de vocês.

Alan apertou o botão de gravação, ajustando a luz da câmera para centrá-la nos traços lacrimejados de Audrey. Ela enxugou os olhos, e em seguida uma expressão serena e determinada cobriu seu rosto de setenta anos de idade.

— Laurie, aqui é sua mãe. Eu não quero dizer isso da forma como sempre costumava dizer — *aqui é sua mãe* — pouco antes de repreender você. Quero dizer isso como... adeus. Perdão... — sua voz travou. — Quero dizer, eu tenho coisas mais sérias sobre as quais tenho de pedir o seu perdão, mas perdoe o meu *estado*. Seu pai acabou de morrer há alguns instantes, e eu ainda... Mesmo assim, eu preciso dizer isso. Você pode me perdoar, por favor? — Audrey deu um longo e trêmulo suspiro. — Estou tão envergonhada pela forma como falhei em proteger você, minha preciosa. Você sabe do que estou falando.

Audrey fez uma pausa, e exceto pelo ligeiro tremor de seus lábios e pelo piscar de suas pálpebras, alguém poderia ter pensado que ela havia simplesmente congelado em seu lugar.

— Eu olhava para o outro lado naquelas noites — ela resumiu — quando... quando o irmão do papai, o seu tio, entrava no seu quarto e... — A voz dela esmoreceu em uma pausa. — Gostaria de lhe dizer quanto tempo e o tanto que me torturei, dizendo a mim mesma que eu não era digna de ser sua mãe. Eu sabia o que estava acontecendo, Laurie. Eu menti naquela vez em que você veio até mim, com tanta coragem, e me contou o que eu já sabia. Sinto muito por não tomar uma posição a seu favor. Estou tão envergonhada de ter encorajado você a deixar isso de lado. Eu sei que você não entende. Isso não é justificativa, mas a única coisa que posso dizer é que eu estava muito assustada. Tinha pavor de seu pai descontar a raiva dele em mim. Talvez até matar o irmão dele.

Alan lembrou a si mesmo de respirar. O choque das palavras de Audrey foi tão forte que ele, na realidade, sentiu como se estivesse sido socado no peito por algum objeto pesado.

— E, Ted, meu filho amado, eu peço perdão a você também. Eu me afastei quando você decidiu nos deixar para se tornar missionário. É claro que eu sabia que era algo bom, inclusive algo ótimo, para você fazer com a sua vida. Porém, pensei somente em mim mesma e em como eu sentiria saudade de ver os meus netos crescendo, e você envelhecendo, meu filho amado. Então, em vez de simplesmente lidar com a dor, eu recuei. E, é claro, lhe causei uma dor infinita em meio a isso tudo. Eu sinto muito, Ted.

Ela fez uma pausa novamente e enxugou os olhos.

— Eu não mereço o perdão de vocês, meus queridos, mas aqui, na minha última hora na Terra, eu peço mesmo assim. Pelo bem de vocês, não o meu, espero que vocês possam perdoar a minha fraqueza. Meu fracasso de me posicionar a favor das coisas mais preciosas que Deus me deu. Eu amo muito vocês...

Alan apertou o botão de pausa, e a luz se apagou.

No momento seguinte, Alan se sentiu ainda mais preso do que antes — sentado ali naquela escuridão morna e úmida, antecipando a morte, ouvindo palavras e declarações que nunca haviam sido ditas antes.

Por que agora? Alan pensou. *Este desastre tinha que se tornar ainda mais difícil?*

Ele era pastor. Ele respirou fundo e decidiu abordar a situação.

— Audrey — ele disse — você já pediu perdão por todas essas coisas?

— Ah, sim, pedi — ela disse. — Já implorei para Deus me perdoar provavelmente um milhão de vezes.

— Então elas estão perdoadas, Audrey. Foram lançadas no fundo do oceano há muito tempo. Ele percebeu a ironia, mas ninguém comentou. Ele olhou ao redor, pronto para o próximo confessor. — Jenny?

Ele se virou para ela, mas não se surpreendeu ao vê-la negar com a cabeça — ainda não. Ela ainda estava lutando contra a tontura de seu ferimento.

— Alguém?

O choque da confissão de Audrey ainda pairava sobre os passageiros. Eles estavam chocados demais para falar. Então ele sentiu um puxão hesitante em seu braço.

Jenny queria falar sim.

RESGATADO 14

A voz de Jenny soava tímida, como a de uma menina do colegial. Os que estavam ao seu redor dentro daquele submarino destruído sabiam que era toda a força que ela pôde reunir naquele momento. Eles já haviam ouvido sua voz erguer um coro de louvor como uma mulher três vezes o seu tamanho; sabiam do poder que ela geralmente carregava dentro de sua forma delicada.

— Eu não tenho filhos para os quais falar — ela suspirou — mas tenho pais com os quais não tenho falado, e que não têm falado comigo há anos. Gostaria de explicar algumas coisas a eles, sobre as quais eu tenho sido orgulhosa demais para falar até agora.

Na escuridão, ela apertou o braço de Alan e começou a abrir o jogo, ganhando força à medida que prosseguia.

— A primeira vez que vi Alan Rockaway não foi como a experiência de muitas pessoas — sentadas no banco da igreja, assistindo a um cara alto e bonito iluminado pelos holofotes. Eu vi um homem em um estacionamento, curvado no banco do passageiro de seu carro, sendo bombardeado por palavras. Até hoje não sei sobre o quê ele e Terri estavam discutindo ou, melhor dizendo, do que Terri estava com tanta raiva, pois era ela quem estava falando, e ele estava praticamente o tempo todo com a cabeça baixa. Eu precisava passar por eles para ir em direção ao escritório da igreja, mas não consegui. Seria embaraçoso demais. Fiquei sentada esperando por muito tempo depois que eles terminaram, até ambos irem embora, separadamente.

— O que eu estou querendo dizer, mãe e pai, é que eu vi um homem sofrendo. Um homem bom, com tanto para oferecer ao mundo que deixaria qualquer um maravilhado. Porém, um homem lutando contra tudo dentro de si, acerca do que fazer com um casamento que lhe estava custando um alto preço.

DENVER — CINCO ANOS ANTES

Apesar de saber o quanto o casamento dele era problemático, Jenny Rodeham nunca teve a intenção de buscar um relacionamento romântico com Alan Rockaway. Ela olhou para Alan e concluiu que ele não era um homem que precisava de romance e carinho, mas de coisas muito mais básicas: respeito, afirmação e apoio. E ela não achava que era necessário ser sua esposa para ajudá-lo a ter um pouco dessas coisas em sua vida.

Apenas sua amiga.

Então, certo dia, durante o ensaio da equipe de louvor, ela foi até ele e se apresentou a seu pastor, da forma acanhada e hesitante, como muitas pessoas em igrejas grandes e impessoais se apresentam a seus líderes espirituais.

Pastores inevitavelmente desenvolvem a habilidade de avaliar possíveis "pessoas problemáticas", e Alan precisava apenas dar uma olhada breve e abrangente naquela pele suave e naqueles olhos profundos para saber que a opção mais segura seria ficar bem longe de Jenny.

Contudo, não devido aos evidentes problemas dela, mas aos problemas *dele*.

Jenny, por sua vez, não sabia de nada. Não fazia ideia de como sua discrição e seu constrangimento óbvio poderiam ser sedutores. E ela podia ser perdoada por essa ignorância, pois Jenny possuía uma das personalidades mais simples e naturalmente humildes já dadas a alguém, sem dizer que era uma linda mulher. Infelizmente, vários homens haviam tentado usar essa doçura contra ela. Para a decepção deles, todos haviam descoberto que além de tudo isso, ela, paradoxalmente, também sabia discernir o caráter humano com exatidão.

Assim, quando ela disse a Alan como sua recente série sobre o livro de Romanos havia mudado a vida dela, Alan já estava encantado, mesmo sem querer. A visão de Jenny cantando no palco já havia sido o bastante. Porém, agora, de perto e pessoalmente, por sempre ter sido um pastor cuidadoso, ele reagiu ao encantamento que sentia por ela na direção oposta, na tentativa de compensar aquele sentimento agindo de forma totalmente contrária a como costumava agir. Ele rejeitou até mesmo suas ofertas mais simples de amizade. Ele terminou a primeira conversa deles virando a cabeça para trás, com um olhar fixo sobre os ombros dela, balançando a cabeça uma única vez, fingindo que havia acabado de ser chamado para resolver uma questão urgente. Após um sorriso superficial de dois segundos e um rápido: "Obrigado. Foi um prazer conhecê-la", ele foi embora.

Em algumas ocasiões posteriores, quando ele a via caminhando por um longo corredor sozinha, Alan mudava de rota e desaparecia ao entrar em outra sala, no quarto do zelador ou, em uma ocasião memorável, na classe bíblica das mulheres — felizmente no fundo da sala.

Jenny ficava confusa, é claro. Já que sua natureza observadora continuava a sussurrar em seus ouvidos os dons pastorais de Alan, ela se recusava a acreditar na pior interpretação — que ele era simplesmente um grosso. Ela sabia que não era aquilo. E, como quase todos os mais de seis mil membros da Summit Chapel teriam lhe dito, não havia nada de grosseiro ou frio em Alan Rockaway.

Entretanto, como ele era um homem casado e um pastor respeitado, ela não conseguiu admitir o que provavelmente teria percebido em um piscar de olhos: que a conduta fria dele significava exatamente o contrário. Como não tinha a intenção de violar os votos de casamento de Alan, Jenny não adivinhou o verdadeiro conflito que ele enfrentava em momento algum.

Ela não percebeu o que Alan havia visto nela no primeiro instante que eles se conheceram. Uma contradição viva a cada defeito que ele identificava em sua esposa.

E, na opinião de Alan, os defeitos de Terri Rockaway já tinham passado do limite.

O Submarino

— Então, mãe e pai — disse Jenny à medida que se esforçava para respirar — eu simplesmente lhes imploro para aceitar o que estou dizendo. Eu não fui atrás de um homem casado. E não destruí um casamento. Apesar de tudo isso, o que eu *realmente* fiz foi orar por semanas. Meses até. Porém, vocês têm que entender que Deus deixou claro, através de uma série de eventos, que Ele planejou que eu e Alan ficássemos juntos. Ele nos criou para sermos parceiros um do outro. Vocês sabem que não somos perfeitos. Alan ensinou a mim e a muitos outros, que cristãos não são perfeitos. Nós somos apenas perdoados, com todas as mesmas fraquezas e falhas que os não cristãos. Eu gostaria de ter mais tempo para lhes contar a história toda do que realmente aconteceu. Alan e eu lutamos contra essa constatação por tanto tempo que em dado momento eu pensei em me mudar ou ir para outra igreja simplesmente para poupá-lo da aflição de lutar contra esse sentimento o tempo todo.

As últimas cinco palavras desvaneceram em um sussurro ofegante. Alan lentamente fechou seus olhos conformado. Ela estava claramente atingindo algum tipo de limite. Um fim à sua força.

Ele se esticou para acariciar o rosto dela e a abraçou mais forte, só um pouco, o mais forte que podia ousar.

— Jenny, está tudo bem. Você não precisa mais que fazer isso. Nós não temos de fazer isso. Você só precisa aguentar firme. Aguente firme por mim, querida? Você consegue?

Os olhos dela se abriram levemente, e seus lábios pareciam formar a leve sugestão de um sorriso.

— Seus pais sabem que tipo de garota eles criaram — ele disse. — O tipo de mulher que você se tornou. No fundo do coração, eles sabem. E Deus sabe.

Ela afirmou com a cabeça devagar.

— Jenny, pense nas coisas boas — ele sussurrou no ouvido dela. — Pense em como começamos. No Cairo. Lembra-se do Egito?

— Nós sempre teremos o Cairo — ela sussurrou de volta, e Alan pensou ter ouvido um som que, se não fosse a fraqueza do pulmão que a impedia, poderia ter sido uma risada.

Ele ecoou a risada dela uma vez, bem alto, para ela. Era a piada interna deles, a sua alusão secreta à famosa fala do filme *Casablanca*.

A cidade onde eles haviam se apaixonado não era tão romântica, mas era deles. E era uma lembrança impossível de esquecer.

— É isso mesmo, querida — Alan disse com um sorriso. — Nós sempre teremos o Cairo.

RESGATADO

15

Cairo, Egito — Cinco Anos Antes

— Isso não é incrível?

Virado em direção a Alan envolvido em um esplendor de glória que o iluminava, Michael East gritou de volta com um sorriso de canto a canto. Mal dava para escutar sua voz em meio a um trovão de vozes. E era incrível mesmo — a noite foi um triunfo. O Estádio Memorial Nasser de Futebol vibrava com rostos exuberantes e mãos levantadas que se aglomeravam em volta do palco, o ar brilhava iluminado, vibrando com o estrondo de um coro de louvor de cinquenta mil vozes cantando em uníssono.

Realmente há cristãos no Egito!

Alan sacudiu a cabeça em admiração e repetiu a declaração para si mesmo, olhando dos bastidores para um horizonte de cabeças rendidas em total adoração. Ele sabia que a declaração era verdadeira, mas aquela era uma confirmação espetacular.

Na verdade, ele estava respondendo à pergunta cínica e irreverente que havia feito meses antes quando considerou pela primeira vez a possibilidade de comparecer ao Terceiro Rali Anual de Cristãos Egípcios. *"Há mesmo cristãos no Egito? Somos permitidos lá?"* Inicialmente, ele havia planejado que fossem perguntas retóricas, pois é claro que ele sabia que existiam cristãos egípcios em grande número, principalmente os do ramo copto etíope. Entretanto, devido a tudo que ele ouvira sobre as tensões religiosas e a perseguição muçulmana no país, a possibilidade sempre lhe havia parecido improvável. Ele nunca havia imaginado ter irmãos e irmãs espirituais no Egito, e tinha dificuldade de visualizar isso até pouco antes de pisar naquele palco.

Sim, havia cristãos no Egito; ele havia acabado de pregar para eles por meia hora e, durante todos os trinta minutos, a vasta multidão permanecera fascinada, cada rosto arrebatadamente fixo no dele à medida que ele pregava com o auxílio de um intérprete sobre a incrível graça de Jesus Cristo.

Agora ele estava nos bastidores, quase sem poder se mover enquanto o véu de suor e admiração escorria de seu corpo. Mais do que o som, mais do que as luzes resplandecentes ou o calor abafado, ele sentia um sentimento avassalador de família e unidade fluindo sobre ele.

E lá estava ela, lá em cima cantando ao lado de Michael. Jenny, a participante contínua de seus sonhos, protagonista tentadora de toda sua fantasia acordada, mais etérea e linda do que ele já vira. A parte superior de seu corpo estava inclinada para trás à medida que ela sustentava uma nota longa e alta, com seu cabelo loiro jogado em uma áurea de esplendor iluminado por trás. Ele mal podia aguentar olhar para ela. A simples silhueta dela queimava os olhos dele como um relâmpago. E ele jurava para si mesmo que a atração que sentia era muito mais do que visual. Era a paixão dela, sua sinceridade absoluta em lançar suas preocupações ao vento, erguendo seu louvor diante daqueles rostos estrangeiros e escuros.

Ele tentou voltar seus pensamentos para uma direção mais digna, mas então o simples ato de imaginar sua esposa feriu sua alegria como um gongo fazendo soar uma nota intrusivamente triste e obscura.

DENVER — SETE MESES ANTES DO CAIRO

— Terri, você não me disse há um tempo que sempre quis ver as pirâmides?

Era nove e meia da noite na residência dos Rockaway, um pouco tarde para os dois meninos terem acabado de ir para a cama. Entretanto, era o "momento de paz" deles, o período tranquilo antes de irem se deitar. Era também o tempo em que eles geralmente tinham grande parte de suas conversas.

Terri tirou os olhos da pia, onde estava enxaguando os pratos do jantar a fim de colocá-los na máquina de lavar louça.

Cansada, sem humor e agora curiosa, Terri sabia que as perguntas dele raramente eram vagas assim, a menos que tivessem a ver com algo bem importante. Nas outras vezes, seu marido era direto como um relâmpago.

— Acho que sim — ela respondeu. — Pelo menos até ouvir sobre todos aqueles turistas sendo massacrados lá.

— Isso foi há uma década. Eles reforçaram um pouco mais a segurança desde então.

Secando as mãos, ela se virou para continuar a conversa.

— Posso perguntar como você sabe disso? Andou estudando?

— Sim — ele admitiu, indo até Terri e parando atrás dela. Em anos passados, ele teria andado de mansinho por trás dela, colocado os braços ao seu redor e a segurado junto a ele, beijando-a no pescoço, na esperança de começar algo, enquanto ela ficava rindo e fazendo falsos protestos, ambos torcendo para que nenhum dos meninos descesse silenciosamente as escadas.

Mas isso não acontecia mais. Não recentemente.

Ele não conseguia sequer imaginar como tal gesto teria sido recebido. Certamente não muito bem. Há quanto tempo ela não mostrava, mesmo que de maneira remota, um interesse em relações conjugais? A imagem da última vez pairava em sua mente, algum momento entre o último Natal e o Dia de Ação de Graças. E, ainda assim, havia sido um ritual superficial, um cumprimento de responsabilidade.

— Então? Você vai me contar o porquê? — Terri perguntou, agora olhando para ele e dobrando a toalha.

— Por que nós iremos lá, por isso.

— Nós iremos para o Egito?

— Claro.

— E quanto a Yellowstone? Estávamos planejando ir para lá nesse verão.

— Ainda podemos ir para Yellowstone — ele disse — porque não estou falando de férias. Estou falando de um convite para pregar por três dias que recebi de um grupo de pastores no Egito, marcado para abril. Nós vamos para o exterior!

Terri respirou fundo e balançou a cabeça, tentando tirar alguns segundos para entender por que a declaração dele havia provocado apenas um profundo sentimento de reserva.

— Você quer dizer que você vai para o exterior — ela disse por fim.

— Se você for comigo, será *nós* — ele insistiu.

— Há alguma boa razão para eu ir até lá? — ela perguntou.

— Bem, sim. Será a primeira vez que um grupo estrangeiro me conhece o bastante para me fazer um convite. Eu serei o preletor principal, e será o início de um salto enorme na minha visibilidade.

Terri suspirou e fechou os olhos.

— Não, estou perguntando se há um bom motivo para os *crentes* de lá. Há alguma causa, alguma necessidade específica do Reino?

— Oh — Alan disse, percebendo imediatamente o quanto a correção dela havia feito com que ele soasse superficial e ambicioso. — Bem, eu acho que a necessidade no Egito é uma constante. Eles têm sofrido perseguição e, apesar disso, as igrejas secretas têm crescido por décadas.

— Certo.

Terri sabia que ele odiava o sarcasmo dela, mas em momentos como esses, ela não se sentia capaz de evitá-lo.

— Há minorias oprimidas e lugares perigosos para pregar bem aqui em Denver — ela comentou. — Você não precisa viajar a metade do mundo e gastar dezenas de milhares de dólares para achar isso especificamente no Egito.

— Sim, mas eles me pediram. Foi ideia *deles*, não minha.

— Mas e a minha tese? Logo o comitê de avaliação estará se reunindo e marcando a minha defesa.

Ele suspirou e deu as costas frustrado. Era verdade — Terri havia investido quatro anos de trabalho duro, dirigindo para casa tarde da noite e fritando o cérebro aos sábados na biblioteca se dedicando ao seu mestrado. Sua passagem só de ida para o quê — significância?

Significância sem ele. Alan nunca havia dito a ela — apesar de ter quase certeza de que ela sentia — mas ele tinha certo ressentimento da busca de Terri por significância separada dele e de seu ministério.

Ou até mesmo, por sinal, separada do Deus deles. Toda aquela história de mestrado era para *ela* e para sua emancipação emocional, ele pensava.

Nós poderíamos ser parceiros, ele murmurou internamente. *Avançando juntos, não separados.*

— Olhe. Eu realmente preciso que você vá comigo, Terri. Irá parecer estranho se você não for.

Ela riu amargamente e desviou o olhar para as ruas da cidade que podiam ser vistas através das grandes janelas

— Você quase me ganhou, Alan. Antes de dizer a última frase. Sabe, houve uma época em que você primeiramente me perguntaria se eu achava que você deveria ir. Você teria pedido o meu conselho. Teríamos orado sobre isso juntos. E depois você teria me pedido para ir porque *queria* que eu fosse. Porque precisava de mim com você durante um período desafiador. Agora você apenas diz que vai parecer estranho se eu não for com você. Você costumava se envergonhar e rir escondido de pregadores que diziam coisas como essa.

Alan sacudiu a cabeça de um lado para o outro enquanto passava os dedos entre o cabelo.

— Por favor, Terri, nós dois poderíamos dizer coisas sobre como nenhum de nós é tão bom ou puro de coração como costumava ser. Mas não vamos entrar nesse assunto, está bem? Eu só estou perguntando se você irá comigo para o Egito.

— Então já é negócio fechado?

— Sim, eu já aceitei. Sequer me ocorreu que você iria se opor a isso.

— Bem, o estranho é que — ela sacudiu a cabeça e parecia procurar o teto com os olhos — eu não sei por que, mas isso parece muito errado por alguma razão. Eu realmente acho que eu não deveria ir e você também não. De alguma forma, eu não sinto que seja seguro. Estou falando sério. Não vá.

— Não é seguro? Como? Fisicamente ou em algum outro aspecto?

— Talvez em *todos* os aspectos.

— Recebemos garantia total do governo egípcio de que seremos mantidos em segurança total durante todo o show — quer dizer, todo o culto.

— Talvez eu não esteja me referindo a nós ou à sua equipe. Talvez eu esteja...

— O quê?

— Por favor, não me faça dizer — ela falou com uma pontada de súplica em sua voz.

— Bem, então como posso responder a você?

— Eu — ela sussurrou. — Estou me referindo a *mim*. Segura. Emocionalmente.

— Ah, então agora eu sou algum tipo de agressor emocional? Quando *isso* aconteceu?

— Não me ataque, Alan. É só um sentimento que eu tenho. Mais forte do que qualquer coisa que eu já senti em muito tempo.

— É porque faz muito tempo que eu não desejava alguma coisa tanto assim.

— Alan, agora isso está indo longe demais — ela disse, levantando seu tom de voz. — Eu nunca desejei mal a você, nem impedi você por maldade.

— Não, mas você nunca apoiou o meu ministério também. Eu tenho zeladores no escritório que acreditam no que eu faço cem vezes mais do que você!

Uma certeza começou a crescer nela — esse foi o momento em que um simples momento ruim no casamento deles poderia muito bem explodir e se transformar em uma crise devastadora.

Ela fechou os olhos, desejando que toda a conversa simplesmente desaparecesse. De repente, tornou-se óbvio para ela que seu marido a estava provocando verbalmente, levando-a a dizer algo do qual eles, como um casal, nunca mais poderiam se recuperar. A sensação física era tão alarmante como se o que ela temia realmente estivesse acontecendo.

E ainda mais urgente do que qualquer um de seus outros sentimentos, era o de que somente perigo os aguardava no Egito. Ela sentia como se uma sucessão de sirenes estivessem soando dentro dela. A primeira era a ameaça física, o fato de que o Egito fervilhava com militantes armados comprometidos a assassinar um simples cristão que colocasse os pés em seu solo, quanto mais uma grande conferência. Em seguida, havia as vagas ameaças que, juntamente com o ego de Alan, sua ambição e a resposta que ele havia acabado de dar à objeção dela, causaram um desconforto marcante em seu espírito.

No entanto, a pior ameaça para ela, na qual ela mal ousava pensar, era certamente o estado do casamento deles. De alguma forma, ele parecia delicado demais, frágil demais para sobreviver às tensões da viagem. Do jeito que as coisas andavam, levaria muitos meses de cirurgia complexa para consertar o seu casamento com Alan. E o Egito parecia exatamente o total oposto de um lugar seguro.

Ela abriu os olhos e foi confrontada com a expressão de Alan, fechada e fixa com uma irritação tão palpável que quase parecia ódio.

Ele queria uma resposta para sua última provocação, e de alguma forma ela foi esmagada por um impulso de partir para o ataque.

— Sua equipe só está interessada em venerar a sua personalidade, Alan — ela se ouviu dizer, horrorizada com a sua própria aspereza. — E a coisa mais assustadora é que você está envolvido também.

Era isso. Eles haviam virado a página. *Acabei de fazer um inimigo*, ela pensou.

A expressão de Alan agora havia se transformado em plena raiva.

— Você inventa esses nomes para isso porque é algo completamente estranho para você — ele disse contrariado. — Mas aqui no mundo real, isso é chamado de apoio. É chamado de *lealdade*.

Ele foi para a porta da frente, e depois se virou.

— Fique aqui em casa com o que é importante para você — disse ele em um tom monótono, sem emoção. — Não espere receber um cartão postal.

RESGATADO 16

BEM ACIMA DE WYOMING — SETE MESES ANTES DO CAIRO

Um jato executivo Citation Excel, cruzando o céu a trinta e cinco mil pés sobre a cadeia de montanhas Wind River de Wyoming, rompeu uma fina camada de nuvem com seu nariz apontado para o sudeste a caminho de Denver.

Dentro de sua cabine cinza claro, forrada com couro e acabamento polido, havia apenas dois passageiros. Jenny, que estava sentada segurando um caderno de estenografia e, do outro lado, Martin Dexter, de quarenta e oito anos de idade, um famoso advogado com suas pernas esparramadas de forma desajeitada em desacordo com a elegância de suas calças de marca feitas sob medida.

— Cansei — disse Dexter. — Chega de tanto escrever. Por acaso, pareço um escritor? — ele brincou rindo de seu próprio humor. — Continue escrevendo se quiser, mas eu estou fora.

— Eu não ousaria escrever mais nenhuma palavra sem você — Jenny respondeu, fechando seu caderno.

— Ah, por favor. Você irá se sair bem sem mim. Aliás, a redação inclusive provavelmente melhoraria se você assumisse o comando.

— Obrigada — disse Jenny, desviando o olhar e orando interiormente para que a bajulação do homem não estivesse prestes a se tornar mais intencional. Ela bocejou e esticou os braços e, em seguida, se deu conta de que aquele gesto havia apenas acentuado seu corpo diante dos olhos observadores de seu chefe notoriamente libertino. Ela se abaixou sobre o apoio para os braços e colocou os ombros para frente.

— Encoste, Jenny. Relaxe — ele disse, inclinando-se ainda mais em seu assento. — Vamos lá. Solte o seu cabelo.

Apesar de não gostar da direção das sugestões dele, Jenny tinha de admitir que após um depoimento que durara cinco horas entre mais cinco horas de voo, ela realmente queria soltar o cabelo daquele grampo apertado e colado na cabeça. Após pensar por um instante, ela levantou as mãos, removeu o grampo e soltou as tranças.

— Acho que nunca vi você com o cabelo solto — Dexter disse. — Acho que o pessoal da empresa também não.

— Ah, então quer dizer que o meu penteado tem sido assunto de discussão?

— Para alguns de nós, claro — ele apoiou o queixo no punho, brincando ser tímido. — Pelo menos meia dúzia que quebraram a cara tentando convidar você para sair, ou até mesmo chegar um pouco mais perto de você. Acho que eles a consideram um pouco fechada demais.

— Martin, você está me dizendo isso como meu supervisor? — ela sentiu seu tom de voz se intensificar juntamente com seu desconforto. — Minha conduta está se tornando um problema no trabalho?

Ele se esticou e gentilmente tocou o antebraço dela.

— Não, Jenny. Nada disso. Estou apenas batendo um papo, só isso. Para nos conhecermos em um nível mais pessoal, e eu não estou dizendo isso como um eufemismo para outra coisa. Mas você tem a fama de ser um pouco fria.

Ela expirou lentamente, olhando para a curva da fuselagem do avião.

— Eu não sou assim de propósito. Realmente não é a minha intenção.

— Que pena, pois muitas pessoas acham que você deve ser alguém interessante de conhecer. Inclusive eu. Se me permite perguntar, você está namorando alguém no momento?

— Sim, pode perguntar — ela esperou um pouco antes de dar uma resposta. — Não estou compromissada, e não estou procurando ninguém. Pelo menos não da forma comum e desesperada com a qual as pessoas associam mulheres acima dos trinta. Quero dizer, não irei dizer "não" para o homem ideal se ele por acaso aparecer na minha vida, mas também não estou ansiosa.

— Eu entendo.

— Sério? — ela disse duvidosamente. — Pois a sua reputação é de alguém com um pouco menos...

Dexter deixou escapar uma risada ruidosa e constrangida.

— Estamos sem palavras? Bem, não fale mais nada, Jenny. Eu sei muito bem da minha reputação.

— E, se me permite perguntar, ela é merecida?

— Provavelmente — ele disse. — E a sua? É merecida?

— Com certeza. Eu simplesmente não sou uma daquelas mulheres que fica sentada ansiando por um homem.

— O que desperta a paixão em você, então? — Não quero dizer em um sentido inapropriado; quero dizer que você não me parece ser alguém que não tenha um fogo interior. Não parece uma pessoa passiva.

Ela sacudiu a cabeça de um lado para o outro e depois olhou nos olhos dele.

— Você quer saber mesmo?

— Sim. Eu quero.

— A minha paixão é a minha fé. A igreja. Especialmente cantar com a equipe de louvor e adoração, quase todo domingo pela manhã.

— Ah... — ele soltou a palavra com uma sílaba longa e ascendente de surpresa genuína. — Agora eu realmente entendo.

— Por favor. Prefiro não ser tratada como simplesmente mais uma.

— Não, tudo bem. Não posso afirmar pessoalmente, mas conheço outras pessoas que ficaram verdadeiramente conectadas com uma religião, e isso fez muito bem a elas. Eu não posso negar.

— Você gostaria de talvez vir ao culto uma vez? Na Summit Chapel? Você já deve ter ouvido falar dela — é uma das maiores e mais progressivas igrejas no Colorado. Eu acho que você irá gostar.

— Isso é um encontro ou somente algum tipo de convite santo?

— Nenhum dos dois. Eu sinceramente acho que você iria gostar.

Ele fez uma cara que indicava que consideraria a proposta e voltou sua atenção para a janela do avião.

Jenny se lembrou de que precisava verificar as mensagens que havia recebido em seu celular após partir de Seattle. Ela pegou o aparelho em sua bolsa, apertou alguns botões e leu por um momento. Em seguida, ela deu um daqueles sorrisos e franzidas de sobrancelha que revelavam a chegada de uma surpresa agradável.

— O que foi? — Dexter perguntou. — O homem da sua vida finalmente apareceu?

— Não, não é isso — ela disse, com os olhos ainda vidrados na pequena tela do celular. — Acabei de ser convidada para ir ao Egito.

— Ah? Então talvez ele tenha aparecido afinal de contas? Eu ouvi dizer que o Nilo pode ser muito romântico.

— Dificilmente — ela disse, com o olhar distante, processando. — O convite veio do meu pastor.

CAIRO

Ali estava Alan, na noite de seu maior triunfo espiritual — quatrocentas pessoas haviam ido até a frente, fazendo profissões de fé apenas poucos minutos antes de serem levadas para uma ampla sala subterrânea para oração e aconselhamento — e ele estava sozinho. Com uma tentação constante diante de si.

Ele estava olhando adiante, admirando o corpo esguio de Jenny, um testemunho não apenas de adoração extravagante, mas de juventude livre, simplicidade, liberdade dos fardos e responsabilidades da idade.

Oficialmente, a decisão de levar Jenny para o Egito junto com a equipe de louvor havia sido de Michael. Pelo menos, era isso que qualquer investigação sensata revelaria. Porém, a concretização havia ficado completamente por conta de Alan. Três ou quatro comentários indiretos e uma ampla recomendação para seu comitê de orçamento, e tudo estava arranjado. Apesar de não ter se incomodado de examinar suas motivações muito de perto, ele sabia que não havia feito aquilo a partir de um desejo absoluto de trair sua esposa.

Talvez apenas uma represália invisível de sua parte. Um gesto de provocação, lançado diante da atitude irritante dela. Afinal de contas, ele disse a si mesmo, Jenny era capaz de edificá-lo mais com sua mera proximidade do que Terri podia fazer em um ano de dedicação ao casamento.

Ele conseguia sentir o perigo como um formigamento de cima a baixo em sua espinha. Ao ter a presença dela ali, em seu estado de espírito atual, ele havia acabado de chegar de mansinho à beira do desastre conjugal — ele sabia disso mesmo enquanto brincava com a realidade de suas ações como uma luz que podia acender e apagar.

Ele franziu o rosto e se inclinou para a frente — algum tipo de projétil transparente estava voando em direção a ela. Estava se movendo rapidamente e horizontalmente, como se tivesse sido lançado por uma mão forte e irada. De alguma forma, seu trajeto deixou um rastro de fumaça sobre as cabeças dos espectadores.

Ele não viu o objeto atingir Jenny, mas a viu recuar violentamente e cair no palco. O objeto então deslizou por alguns metros, girando até parar em um facho de luz.

Vendo Jenny caída ali sem se mover, Alan ficou atônito e sentiu seus joelhos começarem a fraquejar.

O objeto era uma garrafa de refrigerante. Do tipo pequeno, que ele bebia quando era criança. A diferença é que estava cheia de um líquido viscoso, com um pedaço de pano imundo tampando a boca da garrafa, arrastando uma faixa de pano.

A faixa de pano estava pegando fogo...

Um coquetel molotov!

O mundo se tornou cinza, lento e nublado. Uma série de alarmes o atingiu de uma só vez. Gritos indistintos, inclusive berros, ecoavam à longa distância do estádio à frente. Gritos roucos detrás do palco ressoavam à sua volta, seguidos pelo barulho de passos em pânico. Ele olhou adiante para a multidão e viu algo que o assombraria para sempre: uma onda de braços, pernas e torsos humanos que se aproximava, levantando-se e saltando na parte de trás da multidão.

Ele se voltou para o corpo inerte no palco e percebeu que Jenny estava inconsciente. A garrafa de Coca-Cola não havia quebrado, mas espalhado seu conteúdo mortal no chão ao redor dela. O detonador de pano alimentava inflexivelmente sua chama flamejante. Dentro de segundos, poderia queimar até o topo da garrafa e explodir! E o pior, Jenny em breve seria pisoteada por espectadores correndo desesperadamente.

Alguém atrás dele gritou: Muçulmanos! Os homens do facão! *Os homens do facão!*

O caos se tornava esmagador, e Alan percebeu que estava diante de uma crescente maré humana violenta. Logo quando ele estava prestes a correr para o palco em direção a Jenny, ele sentiu mãos agarrando seus braços. Um homem egípcio vestindo um terno preto que ele havia conhecido anteriormente naquela noite, um dos muitos seguranças que havia escoltado o grupo desde sua chegada, falou rapidamente:

— Você deve vir comigo, pastor! — sua voz estava cheia de medo. — Agora! Um ataque está começando!

— Mas eu não posso — não sem a Jenny! — Alan disse, apontando para trás deles.

— Quem? — O homem virou, seguindo o olhar de Alan.

— Jenny. Ela está lá no palco, inconsciente. Eu não irei sem ela!

— O molotov! — O homem gritou. — Vai explodir!

— Não importa!

O egípcio acenou com a cabeça rapidamente, com determinação nos olhos. Um segundo depois, ambos estavam abrindo caminho ombro a ombro contra a multidão. Os quinze metros até onde Jenny estava pareciam um trajeto interminável e perigoso.

Por fim, eles chegaram até ela. Jenny não estava completamente inconsciente, mas tonta, aturdida e desorientada. Ignorando o egípcio, Alan imediatamente se abaixou para pegá-la no colo. O egípcio virou-se para ele, com uma pistola nas mãos, e lhe disse para segui-lo *rapidamente*. Antes mesmo de mal ter levantado Jenny, Alan seguiu atrás de seu protetor, tentando não pensar sobre a sensação de segurá-la estremecendo cada centímetro de seu corpo.

Eles estavam correndo com a multidão agora, mas a ameaça havia se intensificado. Os gritos haviam se tornado mais altos, mais próximos e mais aterrorizantes. Alan se recusava a olhar para trás, mas podia ouvir os rosnados e grunhidos de homens atacando pessoas inocentes na plateia.

E sons de partir o coração, de pessoas morrendo — com os cânticos de louvor ainda queimando em seus lábios e corações.

RESGATADO 17

CAIRO, EGITO

O mundo de Alan se restringiu à imagem distorcida de uma corrida frenética e furiosa, com corpos fugindo apressados por todos os lados. Jenny se tornou um fardo em seus braços, mas ele suportou o peso não somente com determinação, mas com gratidão. Ele trincou os dentes e focou em seguir logo atrás do segurança egípcio à sua frente.

Mesmo com uma tempestade de terror em erupção ao redor deles, Alan não podia negar o sentimento ardente de finalmente tocá-la, de segurá-la. E de ser o único ali para protegê-la, abraçá-la contra seu próprio corpo e mantê-la segura.

Ele olhou para cima, atrás das costas do segurança, e viu que eles agora estavam descendo degraus de concreto, em direção a uma saída para a rua. Falando no celular, o homem gritou palavras em árabe. Os degraus terminaram e os levaram a uma cena de rua enlouquecida logo à frente. O segurança não hesitou em se lançar na multidão de corpos que aglomerava a calçada. Alan o seguia bem de perto, carregando Jenny e observando desamparado, quando um homem árabe vestindo um terno parecido com o do egípcio começou a pular alto e acenar sobre a multidão. Alan ouviu um barulho de freios. A van preta que o havia levado para o estádio encostou no meio-fio e parou. A porta lateral se abriu, escoltada pelo motorista que acenava para eles. À medida que Alan se apressava para carregar Jenny para a van e colocá-la lá dentro cuidadosamente, ele percebeu que aquele homem também estava balançando um revólver, como se fosse uma bandeira, enquanto os apressava. Ele rapidamente sentou-se ao lado de Jenny, cujo corpo inerte repousava pesadamente sobre seu ombro e, em seguida, os dois seguranças egípcios entraram na parte da frente do veículo, batendo as portas enquanto a van disparava correndo.

Uma sirene portátil de polícia, com uma luz vermelha piscando, foi entregue pelo motorista ao segurança, que a colocou no topo do carro através da janela do carona.

Ele olhou para a janela lateral e viu uma mulher, mais ou menos da idade de Jenny, espiando dentro da van com uma expressão de medo mortal retorcendo suas feições. Ao lado dela, bem perto, estava o rosto de um homem declamando furiosamente uma maldição inaudível. Alan parou de olhar para aquele quadro de pânico. A van ia cortando os carros em alta velocidade, então, sem avisar, pisou no freio em uma tentativa enlouquecedora de fuga. O motorista, um jovem árabe cujo corpo estava engajado demais no furor do momento para sentar em seu assento, estava agora pisando no freio e gritando pelo para-brisa palavras que Alan não conseguia entender.

Eles fizeram uma curva acentuada, e diante deles surgiu uma visão que Alan jamais esqueceria. Uma fileira de sete homens encapuzados vestidos de preto com um facão nas mãos. Os assassinos imediatamente fecharam as fileiras para bloquear a passagem da van.

O egípcio pôs o revólver para fora da janela da van, e a arma deu um impulso para trás, soltando uma chama de fogo. Após o segundo tiro, a van acelerou e avançou. Um dos homens com facão que estava perto do centro da fileira caiu deitado na rua. Os outros saíram correndo para os lados para não serem atropelados.

À medida que eles passavam depressa pelo grupo, alguns facões acertaram a van com baques ocos. Alan viu um par de olhos enfurecidos, depois outro, e olhou para Jenny.

Dando as costas para aqueles olhares cheios de ódio, Alan sentiu falta de ar à medida que a van acelerava, deixando a cena para trás. Ele não podia acreditar que havia acabado de testemunhar um homem ser assassinado a menos de dez metros de distância!

Em pouco tempo, eles estavam a caminho do trânsito pesado do centro do Cairo. Alan se inclinou para a frente para enxergar através do para-brisa. Não havia nenhuma pista visível diante deles, apenas um fluxo livre e entrelaçado de anarquia automotiva. A van entrou na confusão. Ele perdeu o fôlego quando uma criança de menos de dez anos de idade, vestindo trapos, atirou-se na frente deles. O motorista não desacelerou, mas desviou e deu uma buzinada forte. A ira das buzinas dos motoristas parecia substituir sinais de trânsito como o único meio de evitar que os veículos colidissem uns com os outros. Uma mulher segurando um bebê correu na frente deles, dando-lhes um olhar penetrante, mas habituado àquele frenesi. Eles passaram por um senhor levantando um cordão de maços de cigarro com um braço só. O idoso grisalho parecia não notar o barulho ou o perigo — ele permanecia concentrado em oferecer seu comércio.

— Por que todas essas pessoas estão na rua? — Alan perguntou.

— Não existem calçadas no Egito — o motorista respondeu falando por cima do ombro. — Você simplesmente se joga e continua andando, com o pé pronto para pisar no freio.

Ele fez outra curva rápida, e em seguida disse:

— A propósito, acabei de saber que os outros membros do grupo de vocês estão seguros. Porém, vocês são líderes. Iremos levá-los para um local muito seguro. Muitos estão morrendo, e muitos mais irão morrer dentro da próxima hora. Isso não é um motim; é um massacre organizado. E os assassinos estarão procurando por vocês dois.

Alan concordou com a cabeça. Jenny, aparentemente motivada pelos tiros, começou a se mexer e levantou a cabeça com dificuldade.

— Sou eu, o Alan — ele sussurrou em meio ao cabelo despenteado dela.

Ela olhou para cima e deu um sorriso vago, sem sequer parecer estar surpresa de vê-lo ali ao lado dela.

— Eles atiraram aquilo em mim — ela sussurrou. — Eu não reconheci de primeira.

— Eu sei, Jenny. Eu sei. Eu vi também.

Eles viraram para a direita, com força, empurrando Alan para o braço de seu assento, fazendo ele se flexionar para proteger Jenny da pressão. Eles estavam descendo uma rua estreita agora, vazia e escura por causa das crescentes sombras da noite. A van acelerou com um rangido furioso, fazendo mais uma curva abruptamente, dessa vez para a esquerda. Alan estremeceu e apertou seus braços ao redor de Jenny mais uma vez.

Uma voz metálica soou através do celular do egípcio, que funcionava como um rádio transmissor. O homem a ignorou e apontou para outra rua lateral. Eles desviaram e seguiram adiante, e então, de repente, diminuíram a velocidade no meio de uma pista rodeada por edifícios genéricos. O egípcio resmungou algo em seu rádio e pulou para fora. A van parou e a porta lateral se abriu.

— Por favor, venham! — ele disse, olhando com tensão para os lados, com a pistola engatilhada.

Alan ajudou Jenny a sair do veículo o mais rápido que podia.

— Venham comigo — o egípcio repetiu.

Com Alan ainda carregando Jenny, os três atravessaram a rua e entraram em um edifício. Do lado de dentro, a entrada escura e baixa os levou a um corredor surpreendentemente elegante com piso de mármore que abrigava as grades ornamentadas de um elevador antigo. O egípcio apertou o botão para chamar o elevador, depois virou-se para Alan e levou o dedo indicador até os lábios, com a outra mão segurando sua arma apontada para o teto.

A porta do elevador se abriu e eles se comprimiram em seu interior apertado. Enquanto subiam, Alan sentiu uma sensação de alívio, como se ganhar altitude oferecesse mais segurança do que quaisquer paredes ao nível do solo.

— Você está ferida? — Alan perguntou a Jenny enquanto continuavam subindo no elevador.

Ela negou sacudindo a cabeça.

— Um pouco. Foi tão... — ela olhou inexpressiva, tentando encontrar as palavras — repentino, tão chocante. Do nada. Eu vi o objeto por uma fração de segundo e em seguida caí e tudo ficou preto. Ah, Alan — ela sussurrou — nunca tive tanto medo...

— Vai ficar tudo bem, Jenny, eu prometo. Já deixamos tudo aquilo para trás.

O elevador parou e as portas se abriram. Eles andaram rapidamente por mais um corredor, onde se aproximaram de uma grande porta preta. O egípcio pegou uma chave, e logo todos já estavam do lado dentro, com a porta trancada. O homem apontou para um sofá de couro no centro de uma sala de estar escura. As luzes foram mantidas apagadas, apesar de uma porta de vidro da varanda do outro lado da sala oferecer luz suficiente para conseguirem enxergar por causa da iluminação da cidade do lado de fora e da proximidade da lua quase cheia.

— Esse é um dos esconderijos de *Mukhabarat* — o egípcio disse.

— *Mukh* o quê? — Alan perguntou enquanto ajudava Jenny a se sentar no sofá.

— A nossa polícia secreta. É para quem eu trabalho. Mas entenda, vocês não estão fora de perigo. Eu sou um copta, um companheiro cristão. Existem apenas alguns na nossa condição, e lutamos muito para sermos designados para proteger vocês. Outros que trabalham para Mukhabarat estão cooperando com os militantes islâmicos. Inclusive se tornaram assassinos ao lado deles. Então, ninguém sabe que vocês estão aqui, exceto eu e o que ajudou a escoltá-los ao edifício, e ele é confiável. Ainda assim, não abram a porta para ninguém além de mim. Há um olho-mágico na porta. Não acendam as luzes, nem falem alto, nem chamem atenção para si mesmos. Eu informarei à Embaixada dos Estados Unidos, e virei buscá-los quando tudo estiver seguro. É o máximo que eu posso fazer. Vocês precisam entender que a cidade inteira está agitada com isso. Todo cuidado é pouco.

— Obrigado, meu amigo — Alan respondeu. — E qual é o seu nome? Ou como posso chamá-lo?

O homem fez uma pausa de seus olhares cuidadosos ao redor da sala e olhou diretamente para Alan.

— Meu nome é Ahmir. Se algo acontecer comigo, e o meu colega copta tiver de vir em meu lugar, ele se apresentará como meu amigo, e não como um segurança. Agora, a sua esposa requer cuidado médico?

Alan inspirou bruscamente, pensando se corrigia o homem ou não. Ele percebeu que sua imensa preocupação com Jenny, sua insistência em salvá-la, talvez até sua maneira de segurá-la, haviam contribuído para a suposição de que eles eram marido e mulher.

Em um instante, ele decidiu não corrigir o homem. Talvez aquela impressão fosse a única razão de o egípcio deixar os dois sozinhos em um esconderijo como aquele. Alan não sabia dizer. No entanto, algo mais profundo e mais forte também havia surgido dentro dele e o compelido a não falar nada.

De alguma forma, parecia correto pensar naquilo dessa forma. Natural e confortável.

— Acho que vou ficar bem, obrigada — Jenny respondeu.

Alan não tinha certeza se ela sentia o mesmo que ele ou se simplesmente não havia ouvido as palavras *sua esposa*.

Ahmir balançou a cabeça.

— Acho que tem frutas e água na geladeira. Além disso, minhas sinceras desculpas pelo que aconteceu hoje. Eu preciso ir agora. Que Deus os guarde. Estarei orando por vocês.

Ele deu passos largos da sala até a porta de saída, e depois se virou e trancou-a com sua chave antes de ir embora.

RESGATADO

18

CAIRO

Um silêncio profundo tomou conta da sala. Alan ficou parado por um longo momento, deleitando-se naquela paz e tudo que ela representava. Eles estavam seguros por enquanto. Seguros, escondidos e anônimos em um local afastado que ele mesmo não poderia encontrar de novo se tivesse de procurar. Ele fechou os olhos e deu um suspiro, tentando ignorar as imagens latentes de violência e terror que ainda passavam por sua mente.

Ele soprou lentamente, e depois inspirou. O apartamento tinha o ar abafado de uma sala deixada vazia por meses. Ele olhou ao redor e foi até a janela.

— Acho que não teria problema abrirmos isso — Alan disse. Ele levantou o trinco e puxou o vidro para o lado. Uma brisa quente soprou dentro da sala, carregando uma infusão de aromas estrangeiros.

— Você está sentindo isso? — ele disse. — O aroma único do Cairo.

— O motorista do nosso ônibus me disse hoje de manhã ao entrarmos — ela disse, com uma voz fraca e rouca — que é uma combinação de lixo estragado, várias especiarias, fumaça dos carros e daqueles cachimbos tipo narguilé.

Alan riu, talvez de um modo um pouco entusiasmado demais, mas de repente ficou extremamente feliz de ouvi-la falar. E ela tinha razão; sua lista havia descrito o cheiro perfeitamente.

Ele virou-se para ela, e depois olhou para baixo. Jenny estava deitada no sofá, nem dormindo nem totalmente acordada, com os braços em torno de si mesma. Ele percebeu que ela precisava de um cobertor. Encontrar um não foi difícil no apartamento ocidentalizado. Ele descobriu uma manta leve em um armário lateral, retornou e a cobriu.

Ironicamente, ele se deu conta — havia coberto Jenny dos pés à cabeça para protegê-la da brisa que soprava da janela e, apesar de ela precisar daquele aquecimento extra, na verdade ele precisava do cobertor para poupá-lo da visão do corpo esguio dela.

— É uma bela vista — ela disse.

— Sim, é verdade. Apesar de não podermos ver muito daqui.

— Eu estou bem.

— Você gostaria que eu movesse o sofá para mais perto da janela? Ela encolheu os ombros brevemente.

— Claro, por que não?

Ele se abaixou e, com ela ainda deitada, empurrou cuidadosamente cada ponta do sofá pelo chão diretamente até a janela.

— Uau, obrigada — ela disse, olhando para a vasta paisagem urbana do centro de Cairo.

— De nada.

Ele apontou para um longo corpo de água brilhante formando uma curva em meio a um aglomerado de edifícios de vidro.

— Olhe, ali está o Nilo.

— A cidade é muito mais moderna do que eu esperava — ela disse. — Eu estava imaginando nada além de minaretes e cúpulas.

— Eu também — ele disse, sorrindo. — E não esperava ser tão grande.

— Nem tão bonita. As luzes se espalham até o horizonte, não é verdade?

— Sim, se espalham sim.

— Obrigada, Alan — ela disse, depois de uma longa pausa, com um tom mais suave.

— Você já me agradeceu...

— Não, não por isso — ela interrompeu. — Obrigada por salvar a minha vida. Você voltou por mim. Eu lembro. Eu estava caída naquele palco, sentindo-me mais vulnerável do que nunca em toda a minha vida, tentando sacudir a cabeça para me livrar daquele...

— Eu sei.

— E então você veio. Eu não reconheci o primeiro rosto que se abaixou na minha direção. Mas quando o seu apareceu, bem, eu não consigo expressar o alívio que senti.

Alan não respondeu, simplesmente balançou a cabeça e sentou-se no carpete, inclinando-se contra o sofá próximo a onde ela estava descansando a cabeça. Olhando em direção às inúmeras luzes dispostas abaixo da janela, ele suspirou profundamente.

— Eu já estava cansado — ele disse sem emoção.

— Cansado de quê?

— Cansado de evitar você. De tratar você como se eu fosse indiferente. Como se você não significasse nada para mim.

— Então não era apenas imaginação minha — ela suspirou, quase que para si mesma.

— É claro que não. Eu não tenho sido muito sutil.

— Por quê? — ela perguntou. — Por que você tem agido assim? Eu realmente ficava pensando se você me achava... chata ou repulsiva de alguma forma.

— Ah, por favor — ele disse. — Você com certeza sabe.

— Não. Acho que não me dei conta.

Alan olhou para a janela em direção à cidade, incomodado por ser forçado a falar.

— Eu não sei se estou pronto para falar isso em voz alta, Jenny. Existe muita coisa em jogo.

Os dois observavam em silêncio enquanto as cortinas esvoaçavam com uma repentina rajada de vento.

— Por agora, vamos simplesmente dizer — ele continuou — que é o oposto de incômodo e repulsão.

Houve um silêncio absoluto por um ou dois minutos. Finalmente, a voz dela retornou.

— Ah... — Ela balançou a cabeça lentamente, um franzido de perplexidade marcou suas feições. — Que estranho... eu nunca pensei *nisso*.

— Provavelmente porque você pensava que eu era melhor que isso.

— É verdade — ela respondeu. — Talvez sim.

— Então talvez seja melhor pararmos de conversar e aproveitarmos a paisagem.

Ambos concordaram com a cabeça e voltaram para a cidade estrangeira do outro lado da janela.

O Cairo parecia vivo àquela hora da noite. Avenidas distantes estavam cheias de luzes de freio, veículos apressados e pequenos corpos andando para lá e para cá.

— O motorista disse que é por conta do calor — ela comentou. — Todo mundo sai de casa à noite.

— Sim, inclusive os assassinos.

Ela estendeu a mão impulsivamente e a colocou em cima da dele — a mão direita dele, que descansava na almofada de couro do sofá.

— Não é culpa sua, você sabe. Você foi incrível esta noite. O Espírito de Deus estava Se movendo naquele lugar.

— Sim, mas eles vieram para ouvir Alan Rockaway e, em vez disso, alguns deles ganharam uma morte horrível.

— Eles receberam uma palavra do Senhor, e depois uma eternidade com Ele — ela contrariou.

— Você certamente não está querendo dizer que o que aconteceu esta noite foi algo bom, não é?

— Claro que não — ela disse, levantando-se para uma posição meio sentada. — Mas eu realmente acho que, de modo geral, esta noite foi uma... uma vitória sobre o mal. E eu acho que você foi a razão disso. A razão terrena, pelo menos. Você e a palavra que Deus lhe deu para falar. Você foi magnífico. Nunca ouvi você falar com tanta ousadia, com tanto foco, com tanta inspiração.

— Obrigado — ele disse, sorrindo sem jeito, como se fosse um esforço aceitar tamanho elogio.

— Diga-me, Alan — ela disse, obviamente recuperando as forças — onde está Terri? Qual é a verdadeira história por trás da ausência dela aqui?

— Ela estava...

— E eu não quero a história pública — Jenny interrompeu.

Alan riu e fechou os olhos.

— Eu já imaginava isso — ele suspirou. — Por onde começo? Faculdade? Cerimônia de ordenação? Semana passada?

— Comece pela razão para ela tratar você daquela forma — em seguida, vendo a reação surpresa dele, Jenny continuou. — Eu já a ouvi falar com você. Não é difícil de perceber, Alan. A voz da sua esposa não é exatamente tímida.

Ele riu novamente, mas depois uma expressão pesarosa tomou conta do divertimento.

— Terri me trata dessa forma porque ela não é a companheira que Deus tinha em mente para mim, é por isso.

Alan ficou surpreso assim que as palavras escaparam de seus lábios. Ele estava tão chocado quanto Jenny com o que havia acabado de dizer. Era como se algum *alter ego* tivesse falado através dele.

Ele se sentiu obrigado a se explicar.

— Veja bem, Terri e eu começamos a namorar no meu terceiro ano de faculdade. Eu era atraído por sua autoconfiança, seu equilíbrio e sua capacidade de ser independente. Por alguma razão, eu achava isso tão atraente quanto a parte física. Ela me desafiava. Ela esperava grandes coisas, e me fazia querer avançar.

— E você avançou, não foi?

— Eu acho que sim. Mas essa é questão: ela meio que esperava sucesso o tempo todo, mas agora que ele chegou para nós, ela não está satisfeita com nada. Nada parece agradá-la. Eu não consigo atender às expectativas dela. É engraçado, mas eu consigo desapontá-la da mesma forma, tanto quando deixo minhas meias jogadas no chão do quarto como quando falho em fazer crescer a terceira maior igreja do Colorado.

— E isso explica por que ela não está aqui esta noite?

— Na verdade, sim. Ela acha isso fútil. Para ela, não passa de uma massagem no ego que não faz parte do meu ministério. Ou seja, o meu *verdadeiro* ministério que, para ela, estende-se em um raio de cerca de oitenta quilômetros do estacionamento da nossa igreja. É por isso que, embora eu tivesse feito qualquer coisa para ela me ver liderar aquela multidão esta noite, lidando com barreiras linguísticas e culturais, mas ainda assim conseguindo transmitir o poder de Deus, ela não teria gostado de nada. Eu fui bom o bastante esta noite, mas...

Ele sentiu sua voz falhar, sentiu um tremor invadir sua fala e percebeu que estava começando a chorar. A emoção e as lágrimas eram totalmente inesperadas; ele não fazia ideia de onde haviam vindo. Sua surpresa era tão grande quanto sua tristeza.

Ele sentiu a mão dela sobre a sua novamente e estremeceu com a intimidade daquele toque.

— Não foi o suficiente — ele continuou. — Não seria algo que a agradaria. Foi uma aventura, uma emoção e uma tragédia, tudo misturado, e ela não iria curtir nada disso. Se ela pelo menos pudesse estar aqui comigo...

Mais uma vez, ele se encontrava incapaz de finalizar a frase. Provavelmente porque, próximo ao fim de suas palavras, ele estava transbordando de um sentimento importante e inegável demais para expressar em palavras. Na verdade, ele não queria que ela fosse. Não como a pessoa que ela era agora.

Acabou.

Sua longa tentativa desgastada de justificar sua existência, seu ministério, para Terri...

— Acabou.

Ele pronunciou as palavras com uma voz baixa e resoluta. E depois as repetiu.

— Acabou, Jenny. Estou cansado de tentar ser bom o bastante para ela. Deus sabe quem eu sou.

— Nós também sabemos, Alan. A sua igreja sabe.

— Sim.

— *Eu* sei.

De repente, as lágrimas fluíram livremente, rolando incontrolavelmente por seu rosto. Ele escondeu o rosto com as mãos enquanto dava para ver que seu peito se enchia com tremores fortes e soluçantes. Ele sentiu uma certeza absoluta de que a barreira de décadas havia acabado de ser rompida.

— Você está lutando uma batalha que tem consumido mais da sua força do que você imagina, Alan. Essa tem sido a forma de o inimigo desviar o verdadeiro poder de Deus de sua vida. Mantendo você distraído. Sempre envolvido pela metade em um conflito que poucos de nós conheciam. E você sabe como Deus sempre trabalha. Você já pregou sobre isso. Você ensinou isso para mim.

— Você quer dizer através de paradoxos — ele disse, secando os olhos.

— Força através da fraqueza.

— Exatamente. Vitória através de entrega.

— Eu *realmente* me rendo, Jenny. Eu rendo meu casamento a Deus. Rendo a minha guerra tola para vencer uma luta que não poderia ser vencida. Que nunca deveria ter começado.

— Simplesmente não consigo imaginar que Deus tenha escolhido uma companheira para você que deprecia você e o seu ministério dessa forma.

— Ele não faria isso. Ele não fez isso. Eu rendo o meu casamento, Jenny. Que Deus me ajude... Estou em uma situação arriscada, mas só sei que não posso continuar desta forma. Mesmo que seja errado, irei simplesmente descansar na graça Dele...

Alan se encolheu e, de repente, as posturas deles agora foram trocadas. Ele era a figura aflita e ferida em choque e tristeza, e ela era a forte. Forte o bastante para se esticar, segurar a mão e a dor dele em suas mãos, e consolá-lo.

RESGATADO 19

Dentro Do Submarino — 18 Min. 32S. E Contando...

Alan Rockaway abriu os olhos e foi instantaneamente transportado de volta do Cairo — a noite em que ele e Jenny descobriram pela primeira vez o sentimento que mudaria tudo — para o presente cruel: dentro de um submarino avariado, úmido e escuro que perdia aos poucos a capacidade de manter as pessoas vivas ali dentro.

Ocorreu-lhe que, apesar de a vida deles juntos ter começado com Jenny esticando-se para baixo para segurar a mão dele enquanto ele chorava, agora parecia destinada a terminar com ele esticando-se para baixo para segurá-la enquanto ela estava morrendo.

— Querida, por favor... você precisa aguentar firme — ele suplicou suavemente no ouvido dela. — Eu não posso enfrentar a vida sem você. Por favor...

Ele olhou para cima, para o círculo de rostos aflitos ao seu redor, e percebeu que o mais sensível dos momentos estava sendo exposto diante de muitos espectadores.

— O Cairo foi onde tudo começou — ele explicou. — Aquela noite no esconderijo da polícia secreta egípcia, onde Jenny e eu nos apegamos um ao outro para encontrar apoio, esperança. Talvez isso soe vulgar para alguns de vocês que lembram que eu era casado na época, mas o que aconteceu entre nós não foi de natureza física. Foi muito, muito mais profundo que isso — ele respirou profundamente, tanto para reprimir a emoção que crescia por dentro quanto para impulsionar as palavras seguintes. — Foi espiritual, estou dizendo a vocês. Foi ordenado. Até mesmo ungido. Eu chorei como nunca havia chorado antes, e contei a Jenny exatamente como eu me sentia vazio e exaurido. Como eu era completamente indigno de tudo que Deus havia colocado em meu caminho. Ali estava eu, o pastor de uma igreja, naquela época, de uns quatro mil membros, o centro de um redemoinho sem fim, e a minha esperança mais desejada era que a terra abrisse e me engolisse por inteiro. Mas Jenny não apenas me escutou dizer isso. Ela me curou. Ela segurou a minha mão e me disse palavras que alcançaram o mais íntimo da minha alma.

Ele parou e suspirou alto, como um atleta ao parar de correr após vencer a corrida. Ele não olhou nos olhos de seus espectadores para medir a reação deles. Ele parecia falar para si mesmo, para seus próprios propósitos.

— Depois, Jenny revelou seus pensamentos mais íntimos para mim. Ela compartilhou sobre como uma experiência horrível que aconteceu logo depois de sua formatura na faculdade, algo que ainda hoje ela não diria o nome, havia feito com que ela desconfiasse dos homens, mantendo-os à distância durante anos. Ela estava perdendo a esperança de algum dia vencer o medo de entrar em um relacionamento íntimo com um homem. É claro, à medida que ela me contava aquilo, isso já estava acontecendo...

CAIRO — MAIS TARDE NAQUELA NOITE

Apesar de ter começado com violência, terror e desorientação, aquela noite parecia, em suas horas mais profundas, se transformar e florescer na noite mais memorável das vidas de Alan e Jenny. Uma crisálida delicada de tempo, abrilhantada e extraordinária em parte por causa de seu início enlouquecido.

Na verdade, Alan e Jenny não expressaram seu amor florescente de nenhuma maneira física além de Jenny estender a mão do sofá, para alternadamente afagar o rosto de Alan ou segurar a mão dele durante suas confissões mais vulneráveis. Alan permaneceu no chão, exausto demais para se mexer, com muito medo do que poderia acontecer caso ele se juntasse a ela no sofá e, depois, eventualmente, enamorado demais da vista da janela deles e do afeto casual daquela posição para desejar se mover.

O apartamento escuro, que primeiramente lhes parecera hostil e vagamente ameaçador, com o passar do tempo parecia acalmá-los e protegê-los como uma cobertura particular, elevada bem acima do barulho noturno do Cairo. A intensidade da chegada frenética àquele lugar cedeu lugar a uma fadiga apática, uma vulnerabilidade à qual não estavam acostumados.

Ao longo das horas seguintes, ambos choraram, várias vezes. Eles riram ainda mais frequentemente. Contaram um ao outro suas histórias, de uma maneira muito mais íntima e reveladora do que normalmente se faz em um primeiro encontro. Permitiram que a brisa fresca da noite soprasse no apartamento livremente, fazendo com que uma cortina instável batesse em uma mesa de canto e quebrasse um vaso decorativo ao derrubá-lo no chão. Eles riram e deixaram os cacos permanecerem ali.

Eles especulavam quando o amigo egípcio retornaria e colocaria um fim naquele idílio arriscado. Alan inclusive inventou uma história bizarra sobre eles serem abandonados, incapazes de sair dali ou de fazer contato com qualquer pessoa do lado de fora por semanas.

Os dois riram daquilo, pois àquela altura, se qualquer um dos dois tivesse a energia ou a vivacidade para agir a favor dos sentimentos presentes entre os dois, uma intimidade muito maior teria acontecido.

Por fim, eles assistiram ao deslumbrante amanhecer egípcio compor o horizonte oriental e tingir as nuvens de lavanda e rosa.

Depois eles dormiram.

As batidas à porta do apartamento começaram às dez horas da manhã seguinte. Após um minuto fútil de golpes cada vez mais vigorosos, a chave girou na fechadura. A porta se abriu silenciosamente, entreaberta pela ponta de um silenciador de pistola. O indivíduo entrou de mansinho e foi até o centro da sala onde viu o casal — um deitado no sofá, e outro na frente, no chão. De repente, tomado por uma sensação de emergência, o homem se aproximou deles e, com sua mão livre, tocou no pescoço de Jenny para sentir sua pulsação.

Jenny imediatamente deu um pulo, quase derrubando a arma da outra mão do homem, por pouco fazendo com que disparasse acidentalmente. Também rapidamente, Alan se levantou, com os olhos bem abertos.

— Saudações no nome do nosso Senhor e Salvador Jesus Cristo — o homem disse com um forte sotaque. — Sinto muito em lhes informar que o meu amigo Ahmir foi estar com o Senhor na noite passada. Suas últimas palavras foram para me informar do paradeiro de vocês e me pedir para vir resgatá-los. Não tenham medo, está tudo calmo agora. Eu vim para escoltá-los para fora daqui.

— E ainda assim eu resisti — Alan continuou explicando para sua plateia cativa no submarino. — Eu estava preso à noção de que mudanças assim não podiam ser feitas, com certeza não por pastores. Não importa o que aconteça, o certo é permanecer com a pessoa com quem você se casou. E você certamente não esperaria que Deus simplesmente aparecesse e trouxesse a resposta do nada. Ao contrário, minha antiga forma de pensar me dizia que você deve permanecer com os seus erros, mesmo que eles acabem matando você, para mostrar o quanto você é perseverante e paciente. Você abraça os seus piores erros imaturos e se conforma com uma vida inferior, apenas sonhando em "como teria sido".

Ele fez uma pausa, e então disse:

— E Deus trouxe Jenny para mim.

Como se tivesse se lembrado dela ao falar seu nome, Alan puxou o corpo inerte de Jenny para mais perto de si, colocou as mãos ao redor da cintura dela, e a segurou firmemente. Ele não estava olhando para ela, mas as lágrimas em seus olhos e o tremor em sua voz diziam aos ouvintes que ele estava falando para atrasar o momento da constatação, a inevitável necessidade de admitir a verdade do que estava acontecendo.

Jenny Rockaway estava morrendo.

20

DENVER — SUMMIT CHAPEL

Cinco carros de noticiários de televisão — com seus números de canal, nomes e logos chamativos, suas antenas de transmissão estendidas bem alto como grandes braços de robô — haviam tomado suas posições do lado de fora do prédio da igreja. As equipes de câmera e os rostos dos âncoras olhavam pelos vidros das janelas com esperança de conseguir ver os adoradores de luto do lado de dentro.

Quando as tomadas ao vivo começaram, e cada vez mais luzes de câmeras e repórteres se aglomeravam na calçada da frente, Larry Collins ordenou que as persianas das janelas fossem fechadas.

Mas até mesmo aquela medida falhou em proteger as pessoas em estado de choque da invasão do mundo exterior.

Três minutos depois, o diretor da sala de controle acenou para Larry e apontou para um pequeno monitor encaixado entre os consoles. A imagem era familiar: oceano turquesa, brilhante luz do sol, partes despedaçadas de um iate. Porém, agora o acidente tinha seu próprio logotipo e título de noticiário.

CNN Últimas Notícias: Tragédia no Caribe!

Nervoso, Larry pesou os prós e os contras. Em seguida, ele balançou a cabeça para cima em direção ao telão. O técnico apertou o botão para transferir o sinal através do projetor principal.

A voz de uma mulher, pesarosa e urgente, de repente ecoou por todo o santuário:

— A cada minuto que passa, os sobreviventes dessa colisão marítima, se houver algum sobrevivente, estão perdendo quantidades alarmantes do oxigênio remanescente. Os destroços ao redor fazem com que seja impossível, até então, determinar quanto resta de oxigênio, ou a condição exata de quaisquer dos sobreviventes. As autoridades de Barbados estão trabalhando para trazer mergulhadores para tentar realizar um resgate. No entanto, mesmo que esses heróis cheguem em breve, eles terão de lutar contra todos os detritos traiçoeiros que cobrem a embarcação assolada, os restos do iate que a fizeram afundar primeiramente.

A câmera da CNN parou de filmar a mulher, e outra de suas câmeras deu um zoom em Jeff, que parecia estar da mesma forma como eles o haviam visto da última vez, só que agora de uma perspectiva aérea. Ele ainda estava ajoelhado sobre o deque inclinado, de frente para uma parte da água que estava cheia de destroços brancos flutuantes.

— Enquanto isso, uma triste história humana está surgindo aqui — a mulher continuou, com seu rosto de volta na tela. — A figura solitária que acabamos de ver no cais de embarque do submarino turístico é Jeff Rockaway, de Denver, cinegrafista e o filho de dezessete anos do pastor que está preso sob as ondas com algumas dezenas de seus fiéis. Espectadores relatam que o rapaz recusou todas as ofertas de ajuda ou evacuação e insiste em simplesmente permanecer no cais, assistindo e filmando a cena do acidente e, segundo alguns dizem, orando pelo retorno seguro de seu pai.

A brisa do mar de repente soprou o cabelo da correspondente sobre os olhos dela. Ela o colocou para trás com a mão que estava livre, segurou firme o microfone, e seguiu em frente com sua reportagem ao vivo.

— Essa comovente vigília — ela disse — é o único sinal tangível da carga humana ainda presa lá embaixo no oceano, e do número de vítimas que resultará do acidente se nenhum socorro chegar muito, muito em breve...

BARBADOS — DENTRO DO SUBMARINO

O monólogo desconexo de Alan Rockaway ficava cada vez mais desesperado e patético a cada segundo que passava.

— Depois que voltamos para casa — ele balbuciou, quase sem parar para respirar — nós não fizemos nada. Sabíamos que podíamos ignorar aquilo, porque ninguém realmente sabia que havíamos ficado juntos sozinhos naquela noite. Nós conversamos sobre isso em particular no voo de volta e decidimos que se o que havíamos sentido fosse real, se viesse de Deus e não fosse simplesmente o resultado de uma aventura altamente radical, então poderia sobreviver se ficássemos algum tempo separados. Então, voltamos às nossas vidas, apesar de ser difícil, para testar os nossos sentimentos. Eu tentei o meu melhor para redescobrir a chama que antigamente queimava entre Terri e mim. E Jenny voltou a ser a luz brilhante da equipe de louvor, assim como a melhor advogada de Denver.

— O problema era que Terri não tinha lidado muito bem com as minhas doze horas de desaparecimento inexplicado. Não tanto por causa de ciúme, mas por pânico e frustração porque ninguém sabia lhe dizer onde seu marido estava. Quando ficou sabendo do ataque e que eu estava desaparecido, ela começou a bombardear a Embaixada dos Estados Unidos com exigências. Estava prestes a chamar uma coletiva de imprensa para transmitir seu pânico e sua frustração quando finalmente recebeu uma ligação lhe informando que eu estava bem. O que complicou a questão foi quando ela soube que a polícia egípcia estava relutante em dar qualquer informação — eles tinham a impressão de que eu estava me escondendo com a minha esposa no Cairo. Como vocês podem imaginar, Terri estava esperando explicações quando eu cheguei em casa, e isso não colaborou para um reencontro carinhoso. Eu disse a ela...

Jenny deu um leve suspiro enquanto levava sua mão trêmula aos lábios de Alan. Seus olhos mal estavam abertos, porém o bastante para mostrar um olhar de carinho e compaixão.

— Eu disse a Terri a verdade sobre onde estivera durante aquelas doze horas, mas que nada aconteceu. Porém, eu não lhe contei tudo. Eu não lhe contei que Jenny Rodeham havia me trazido de volta à vida novamente.

EDIFÍCIO DO APARTAMENTO DE JENNY EM DENVER — LOGO APÓS VOLTAR DO CAIRO

A sensação de que alguém a estava observando — não apenas casualmente, mas *observando-a* intensamente — explodiu em alerta no sistema nervoso de Jenny enquanto ela dava o terceiro passo para o saguão de seu prédio.

Era a décima primeira noite após ter voltado do Egito.

A entrada estava cheia de pessoas naquela noite, como costumava ficar: avós brincando com criancinhas, um jovem casal trocando carícias em um canto, alguns homens de terno sentados na beira de seus assentos batendo papo e silhuetas indistinguíveis que passavam de um lado ao outro no fundo do saguão.

Muitas vezes, Jenny sentia um espectador arrastar os olhos pelo rosto e o corpo dela à medida que ela cruzava o saguão em direção aos elevadores.

Entretanto, aquela noite era diferente de alguma forma. Primeiro, ela sentiu uma leve cócega na nuca. Em seguida, sentiu que alguém a estava olhando por trás, uma atenção tanto intencional quanto intensa. Seu rosto começou a suar e seu coração a disparar. Jenny estreitou as pálpebras e tentou perceber se a natureza daquela observação era meramente curiosa ou maliciosa. Ela virou a esquina em direção à área do elevador com um ângulo fechado a fim de dar uma espiada no observador, mas viu apenas uma figura masculina vestida de preto prestes a se levantar.

Ele estava vindo em sua direção, ela tinha certeza. Porém, em seguida Jenny lembrou a si mesma de *cair na real*. Como uma mulher solteira, ela sabia que às vezes maquinava esses dramas mentais solitários simplesmente para ficar alerta, sem dizer também para repelir a solidão e o tédio.

E, então, de repente, ali estava a justificativa sinistra e sentida profundamente por Jenny para sua paranoia. Aquela que ela nunca havia analisado tão de perto, nem mesmo em sua mente. Ela baniu até mesmo a sugestão de seus pensamentos.

Mais recentemente, houve o trauma sofrido no Cairo. Aqueles poucos momentos eletrizantes no palco entre perceber que a morte estava vindo em sua direção e sentir-se despertar nos braços de Alan. Certamente, ela andava mais tensa desde que voltara para casa.

Ela apertou o botão do elevador com mais força que de costume e esperou impacientemente para que a porta se abrisse. Os passos se aproximavam, e alguém veio e parou perto dela. Seu medo mais uma vez entrou em erupção.

Ela se virou e deu um suspiro profundo, pois o sorriso que a cumprimentou veio da senhora bem vestida de uns cinquenta anos de idade a quem Jenny já havia visto pelo condomínio várias vezes. Ela sorriu e virou o rosto de volta para o elevador.

Depois, mais passos se aproximaram. Passos mais pesados. Uma sombra maior se moveu atrás das duas. *Será que devo me virar de novo?* ela se perguntou. Parecia que ela em breve compartilharia o elevador com quem quer que fosse. Um espaço pequeno e fechado. O mero pensamento a oprimia. Aquele era o último lugar onde ela queria ser pega enfrentando um potencial agressor!

Uma ideia lhe ocorreu. Ela sacudiu a cabeça, encolheu os ombros e deu um forte suspiro como se fosse para demonstrar que estava impaciente ao esperar pelo elevador. Então, virou-se abruptamente em direção às escadas. A luz do elevador soou atrás dela enquanto ela chegava perto da porta das escadas, mas ela decidiu ignorá-la.

Ela estava na quarta volta, subindo dois degraus de cada vez, parabenizando-se internamente por sua fuga inteligente e tentando fazer o seu melhor para esquecer tudo aquilo como uma boa desculpa para um pouco de exercício, quando uma porta se abriu no andar abaixo do dela. Ela olhou para baixo e viu alguém, e em seguida ouviu os mesmos passos sólidos.

Era ele! Ela sabia. E não era nenhuma coincidência.

Naquele momento, tudo voltou. O medo paralisante, mais forte do que ela havia sentido desde aquela noite abominável no passado. Sua mente buscava uma ação a tomar. Ela vasculhou sua bolsa e retirou seu celular, o abriu, e começou a falar em alta voz.

— Oi, amor! — ela gritou. — Estou aqui, chegando daqui a vinte segundos, nas escadas. Isso, venha me encontrar. Mal posso esperar para ver você!

Ela ouviu uma voz masculina dizer algo, mas não havia entendido as palavras durante sua ligação falsa.

— Claro. Vem descendo — ela continuou falando alto. — Eu não sei se consigo esperar tanto...

Ela fez uma careta pensando em como deveria parecer tola agindo assim, mas era o melhor que podia fazer. Estava grata até mesmo pela ideia de fazer ao menos aquilo.

Finalmente, ela chegou ao seu andar. Havia um longo corredor à frente. Ela decidiu correr em direção à última curva à esquerda antes que o homem que a seguia chegasse à porta do andar atrás dela. Enquanto saía correndo para seu apartamento, mais ou menos na metade do corredor ela já não sentia mais a atenção em suas costas, mas o próprio medo como um vento forte soprando-a para frente, levantando seus pés.

A porta da escadaria se abriu atrás de Jenny com um grasnido metálico assim que ela atingiu a parede, incapaz de diminuir sua velocidade. Ela então se lançou para o lado, sumindo de vista.

O que Jenny deveria fazer agora? Será que deveria correr para a porta de seu apartamento e tentar se trancar lá dentro? Ou será que isso lhe entregaria? Será que ela deveria se posicionar bem ali e tentar defender-se lá fora mesmo?

Ela teve dificuldade de analisar a situação da forma que havia sido ensinada. A probabilidade de ela conseguir destrancar sua porta e conseguir entrar sem ser vista por ele não era alta.

Jenny contraiu o maxilar e decidiu que lutaria bem ali — faria o idiota, quem quer que ele fosse, pagar por fazê-la passar por tudo aquilo.

Ela inspirou e tentou lembrar-se do que seu instrutor de autodefesa da faculdade lhe havia dito: *"Relaxe o corpo. Imagine o seu agressor e o que ele quer fazer com você. Canalize a sua raiva..."*

O momento seguinte explodiu como uma granada.

Jenny jogou sua bolsa no chão. Os passos se aproximavam cada vez mais. Ela viu uma sombra virar a esquina.

Jenny gritou o mais alto que seus pulmões permitiram. Seus olhos rastreavam descontroladamente o espaço além da interseção do corredor. Ela não via nada...

...até que, sempre muito cautelosamente, a pessoa começou a entrar em seu campo de visão.

Ela não esperou nem mais um segundo. Pulando dois passos para a frente, Jenny aproveitou que estava em pé para confrontar o assediador com um pontapé de tesoura, fazendo contato debaixo do queixo do homem. Seu pé acertou o osso. Ela viu o pescoço dele estalar para trás, seguido de um jorrar de sangue atravessando o ar. O corpo caiu desvanecido sobre o chão duro do corredor.

A adrenalina corria pelo seu corpo. Enfurecida por ter tido que agir de modo tão desesperado em seu próprio edifício residencial, ela passou o cutelo da mão no rosto encolhido do assediador. Ela apertou a carne macia.

— Não se mova, seu... — ela começou.

Mas as palavras eram desnecessárias. O assediador não estava prestes a se mover nem um centímetro. Ele estava inconsciente.

Então Jenny ficou completamente parada.

— Oh, não! — Foi mais um grito do que uma exclamação de reconhecimento.

O rosto familiar de Alan estava manchado de sangue.

RESGATADO

21

— O que eu fiz? — Jenny exclamou.

De joelhos, ela tentou abraçar a cabeça dele, que estava sem nenhuma firmeza. Ela checou seu pulso. Felizmente, ele estava respirando e seu coração estava batendo. Enquanto acariciava a bochecha dele, ela deu plena vazão à sua angústia.

— Deus, por favor, eu oro para que ele não esteja muito ferido — ela suplicou olhando para o teto do corredor. — Eu não poderia suportar. Simplesmente não poderia... — Ela olhou para baixo e viu que as pálpebras dele estavam se esforçando para abrir.

— Oh, Alan! Eu sinto muito. Eu pensei que você era...

Os olhos dele se abriram completamente, e depois seu rosto inteiro se distendeu com uma careta de dor.

— O que você fez comigo?

— Hum... aquilo foi um pontapé de tesoura — ela disse, encolhendo-se de vergonha.

— O quê? Você estava tentando me matar? — ele perguntou com a boca cheia de sangue.

— Eu sinto muito. Pensei que alguém estava me perseguindo. Você deveria saber que não se segue uma mulher solteira vulnerável.

— Vulnerável, o caramba — ele disse, segurando o queixo.

— Bem, por que você simplesmente não me chamou? Esqueça, deixe-me ajudar você a levantar.

Ela o carregou pela metade do corredor até sua porta. Chegando lá dentro, ela o levou até o sofá, onde o colocou em uma ponta.

— Isso foi porque eu não tenho ligado? — ele finalmente perguntou, franzindo o canto de um olho.

— Não. É porque eu fui estuprada.

Alan congelou, com os olhos arregalados. Então seus dedos se elevaram até onde os dela estavam limpando o sangue do queixo dele com um lenço de papel que ela retirou de sua bolsa. Ele pegou na mão dela e a apertou com força.

— Estou me referindo a anos atrás — ela disse. — Na verdade, foi há nove anos, quatro meses e sete dias atrás. Foi o que eu mencionei no Cairo. Eu... eu não queria contar dessa forma.

— E não é que eu não quis ligar.

— Chegamos do Cairo há quase duas semanas, e você voltou a me tratar da mesma forma de antes. Evitando olhar para mim, dando as costas, com silêncios desconfortáveis quando eu chego.

— Eu tentei, mas não consegui.

— Tentou o *quê*?

— Tentei esquecer o que aconteceu entre nós dois. Tentei viver sem você. Tentei retornar ao meu triste casamento e à minha vida infeliz e inferior. Lembra-se da nossa decisão? Que se Deus realmente nos quisesse juntos, Ele faria com que fosse impossível voltarmos para a nossa antiga vida. Bem, eu tentei o meu melhor. O preço a pagar é muito alto, por isso eu tinha de ter certeza.

— E a melhor forma como você podia me dar essa boa notícia era me perseguindo no meu prédio?

— Desculpe. Mas pense comigo, Jenny. Eu sou o pastor da terceira maior igreja do Colorado. Não existe um lugar onde pudéssemos nos encontrar que seja afastado o bastante para garantir que nenhum membro da igreja, alguém que nunca reconheceríamos, mas que me reconheceria em um piscar de olhos, nos visse. A menos que você considere, talvez, o topo do Monte Evans. E mesmo lá, não poderíamos apostar cem por cento.

— Por que você não se identificou nas escadas?

— Eu tentei, mas você estava falando tão alto no celular que não podia me escutar.

— Muito bem... Você está aqui. — Sua onda de adrenalina estava começando a passar, sendo substituída por certa franqueza mal-humorada.

— Sim, e podemos voltar um pouco? À palavra que começa com E?

— Prefiro que não. Olhe, Alan, isso não me define nem me domina. Eu tento não pensar nisso.

— Certo. Exceto quando você está subindo para o seu apartamento e sente a necessidade de mandar alguém para o hospital com um chute de kung-fu.

— Eu sinto muito, Alan. Mas eu fui raptada, levada de carro tarde da noite após sair do meu turno na cafeteria em que trabalhava. O cara já estava no meu carro, abaixado no banco de trás. Ele me obrigou a dirigir em direção ao interior. Eu estava desesperada por dentro, pois tinha certeza de que ele iria me matar depois. E, de acordo com todas as indicações, ele pretendia fazer exatamente isso. Eu esperei até, até seu momento de maior vulnerabilidade, depois dei um chute no rosto dele e consegui fugir. Nunca corri tão rápido na minha vida, e olhe que eu era boa de corrida na escola. Mais tarde, o cara foi capturado e eu fui testemunha no julgamento dele, que foi só um pouco menos assustador e traumático do que o próprio estupro. Desde então, eu tenho treinado a mim mesma. Fiz alguns cursos. Eu superei, com a ajuda do Senhor. Porém, um dos meus mecanismos de defesa é que eu estou sempre vigilante. Eu carrego uma arma que, assim como o meu sistema de alarme pessoal, está sempre travada e carregada.

— E aquele pequeno chute elegante no queixo?

— Jiu-jitsu. Dois anos de aulas. De qualquer forma, se a falsa ligação no celular nem o jiu-jitsu tivessem funcionado, a arma teria entrado em cena. Então, podemos mudar de assunto agora?

— Eu sinto muito. Mas se eu não tivesse perguntado, você não acharia que eu não me importo?

— Eu não quero que você se importe. Não com *isso*. Não quero que isso seja importante. Eu não quero que isso... — ela olhou para o nada, com os olhos brilhando com lágrimas.

— O que foi, Jenny? — ele perguntou em tom baixo.

— Não quero que isso mude a forma como você me vê. Como você se sente em relação a mim.

Ele respirou fundo.

—Bem, Jenny, você não tem de se preocupar quanto a isso. Porque a razão pela qual segui você e arrisquei não só o meu ministério, mas a minha família, para ver você novamente é precisamente *essa*. Eu realmente quero você. Eu quero você tanto como o meu próximo fôlego.

— Então?

— Então o problema é que querer é a parte fácil. Eu quero muitas coisas que não posso, e não deveria, ter. A maior pergunta ainda não foi respondida.

— E eu não posso respondê-la por você. Você sabe disso.

— Eu sei, Jenny — ele disse suavemente.

— Você tem certeza de que sou *eu* o que você quer, e não somente uma saída do seu casamento atribulado?

— Essa é uma pergunta justa — uma expressão tão melancólica tomou conta do seu rosto que Jenny pensou poder ver cada segundo triste e não realizado da última década passar pelos olhos dele. — No entanto, eu teria de dizer não. Não tenho certeza. Obviamente, não estaríamos conversando sobre isso se o meu casamento fosse feliz. Ainda assim, você não é a causa nem a saída desses problemas. Apenas a luz no fim do túnel.

— E você tem certeza de que isso não é uma crise de meia-idade com a qual você está lidando?

— Eu estou contente com a minha meia-idade. Exceto com o meu casamento.

— Você não está vendo o preço de Porsches ou Corvettes? Flertando com aeromoças? — ela perguntou com tom brincalhão.

— Dificilmente.

— Não é só por causa das minhas artimanhas femininas? — ela estava implicando agora, piscando os cílios e brincando com a ponta dos cachos de seu cabelo.

— Essa daí — ele disse dando uma piscadela, participando da brincadeira — é melhor eu não responder por mim mesmo.

— Então, de novo, o que é que você quer?

— Promete não rir?

— Não, não prometo. Mas prometo deixar você explicar.

— Quero o melhor de Deus para mim. Não as escórias das minhas piores escolhas adolescentes.

— Ah, por favor, Alan — ela disse, franzindo e sacudindo a cabeça.

— Viu, eu disse que você tiraria sarro disso.

— Mas parece uma fala ridícula de um antigo namorado da faculdade — ela disse, sorrindo.

Alan deu de ombros.

— É no que eu acredito. Você acreditaria mais em mim se eu fosse mais suave? Mais ensaiado?

— Tão bem ensaiado quanto um dos seus sermões?

— Desculpe. Demoro três dias para trabalhar em um deles.

— Sério? Você já tinha me convencido de que pregava de improviso. — Depois Jenny ficou séria. — O meu psicólogo lhe diria que tudo que todos nós queremos é um *sentimento*. Que tipo de sentimento você está buscando, Alan? E o que faz você pensar que o conseguirá comigo?

Ele suspirou profundamente, e então respondeu enquanto se concentrava olhando para o chão.

— Vou dizer como você faz com que eu me sinta. Quando penso em você, eu me sinto o herói de uma história épica, em vez de um qualquer que está simplesmente tentando manter a cabeça acima da água. Quando eu vejo você, sinto centenas de finais felizes passarem pela minha mente. Quando estou perto de você, sinto que sou o centro do universo — ele parou por um instante. — Sentimental, eu sei. Eu deveria ser mais eloquente do que isso, eu acho. Mas é exatamente assim que eu meu sinto.

Como eu *quero* me sentir. E, como o seu psicólogo disse, essa é a questão, não é?

Ela sorriu diante da imagem cortês de Alan e mergulhou os dedos no cabelo dele.

— Sim. Eu acho que sim.

— Você vem comigo? Quer me acompanhar nesta jornada?

Ela suspirou, com um olhar triste e apreensivo.

— Você sabe que isso será difícil. Tem certeza de que é a coisa certa?

— Não sei — ele disse. — Às vezes tenho cem por cento de certeza. Outras vezes, sou uma pilha de nervos. Mas a fé não é assim? O meu maior consolo é que, certo ou errado, estou coberto pela graça. Estou vivendo nela mais do que nunca. Graça e mais nada.

— Que bom, pois você irá precisar.

— Nós dois iremos, querida. Você está nessa comigo?

Ela se esticou, agarrou o queixo dele com ambas as mãos, e lhe deu um beijo longo e caloroso.

— Estou.

BARBADOS — DE VOLTA AO SUBMARINO

Dois, depois três dos dedos quase sem vida de Jenny traçaram uma linha nos lábios de Alan. Ele parou de falar. Olhou para ela e absorveu a significância de quem estava deitada no colo dele naquele lugar escuro e aflito.

— Não, eu não disse a Terri que Jenny havia restaurado o meu senso de admiração, o meu amor pela vida e toda a minha razão de viver... — ele continuou sua narração mais uma vez.

Jenny balbuciou algumas palavras, mas o preço daquele esforço sobre sua força minguante era agonizante de testemunhar. Era impossível ler o significado exato, mas a partir da expressão que passava entre eles, era claro o bastante o que queriam dizer.

— Eu também amo você, meu amor — ele sussurrou. — Mais do que nunca.

As pontas dos dedos pararam ali, tocando o contorno dos lábios dele por mais um segundo.

Logo em seguida caíram. E quando isso aconteceu, um grunhido veio da mulher que estava próxima. Depois outro, dessa vez muito mais alto, escapou da boca de Alan.

— Não — ele lamentou. — Não. Não. Deus, isso não pode ser...

Ele abaixou o rosto dela sobre a curva de seu braço, esticou sua mão livre e tirou um fio de cabelo ensanguentado da testa dela. Então, seus olhos se fecharam apertados, e ele deitou o rosto sobre o peito dela.

Os que estavam ao redor dele olharam para o outro lado. A mão de um homem se esticou da escuridão e tocou o ombro soluçante de Alan.

Após um longo e horrível momento, Norm Knowles se inclinou para ele, com o rosto pálido.

— Pastor, eu sei que o senhor está em uma situação terrível agora, mas talvez ainda queira dizer algo, sabe, para a câmera, deixar algo para a posteridade.

Alan olhou para cima, desorientado, e concordou com a cabeça. Ele passou a câmera para Norm. A luz se acendeu. Então, Alan falou, sem vida em seus olhos.

— Senhor e senhora Rodeham, ela se foi. Ela se foi — Alan fechou os olhos mais uma vez, visivelmente tentando reunir forças. — Eu posso lhes dizer o seguinte: ninguém poderia ter amado a sua preciosa filha mais do que eu. E ainda amo. Não seria possível. Eu sei que vocês dois têm uma interpretação diferente do que Deus fez nas nossas vidas. Eu luto com isso também, mas vamos deixar isso de lado por um momento. Por favor, isso é tudo que eu peço. Deem a si mesmo a misericórdia de nos perdoar, e pelo menos reconhecer o quanto eu a adorava. O quanto cada detalhe sobre ela, cada curva de seu rosto, cada tom de sua voz, sua maravilhosa...

A frase terminou.

Ele ficou perfeitamente imóvel.

Depois, sua força retornou bem lentamente. Seus olhos se abriram, sua cabeça se ergueu e seus músculos faciais retomaram suas formas.

— Agora, para os meus filhos. Eu tenho que começar pelo Jeff...

RESGATADO 22

BARBADOS — DENTRO DO SUBMARINO

— Jeff, meu primogênito... — Alan começou. — Meu garoto, você nunca saberá quanta alegria trouxe para mim e para sua mãe. E, Greg, meu caçula, com seu rosto amável e aquela adorável gagueira de quando você começou a aprender a falar. Meninos, vocês podem me perdoar algum dia?

Alan fez uma pausa e se inclinou para trás como se estivesse examinando o estado revirado do submarino. No entanto, era óbvio que ele estava simplesmente evitando o derramamento de mais lágrimas.

— Meninos, nunca me esquecerei da noite em que sua mãe e eu entramos no quarto de vocês para lhes dizer que mamãe e papai não iriam mais viver juntos. Greg, você olhou para mim com aqueles seus olhos grandes e me perguntou se iríamos enviá-lo para um orfanato. Você demorou um minuto inteiro para fazer a pergunta porque, de repente, após três anos, a sua gagueira havia voltado. E, Jeff, você começou a chorar e, em seguida, corrigiu o seu irmão. Você disse a ele que ninguém iria para orfanato nenhum; nós apenas não seríamos mais uma família. Depois você olhou para mim com uma expressão que dizia: "Por que isso tem de acontecer, pai?" Naquele momento, eu me senti o pior homem do mundo.

Alan olhou ao redor. Parecia que só agora ele havia percebido que havia outros ali com ele, escutando cada uma de suas palavras.

— Isso partiu o meu coração. E eu temo que tenha partido o de vocês também. Por favor, perdoem-me por causar tanta tristeza e confusão a vocês. Sabem de uma coisa, quando eu chegar ao Céu, terei uma conversa séria com Deus. Irei perguntar a Ele como algo que foi tão maravilhoso na minha própria vida teve de ser tão doloroso para os meus garotos.

Em seguida, uma expressão de espanto tomou seu rosto. Ele começou a falar novamente, só que agora com um tom completamente alterado. Uma voz mais baixa e mais sussurrada que os outros ali dentro do submarino não haviam ouvido antes.

— Terri, eu tenho de dizer algo. Preciso do seu perdão também, por muitas coisas. Para começar, por favor, me perdoe pelas coisas detestáveis que eu lhe disse durante o processo de divórcio. Eu achava que tudo deveria se manter calmo e civilizado, mas enfrentar a sua raiva me fez ficar furioso. Eu sei que não faz muito sentido, mas foi isso que me provocou. A verdade é que você nunca foi uma esposa ruim, desencorajadora ou abaixo do meu chamado. Você desafiava as minhas pregações, a minha teologia, e eu não aceitava isso de ninguém. Porém, em troca, eu lhe disse que você havia falhado como mãe e esposa. E isso é uma grande mentira. Quem falhou fui eu.

Ele fechou os olhos de cansaço.

— Quem falhou fui eu, Terri. E agora tudo que estou pedindo é o seu perdão.

Ele deu um olhar penetrante para Norm.

— Desligue, Norm. Por favor, desligue a câmera.

CAIS DE EMBARQUE — NA SUPERFÍCIE

Jeff olhou fixamente para um helicóptero que voava em círculos bem acima dele, contraindo as pálpebras contra a luz do sol que refletia nas lentes de uma câmera em sua direção, quando se virou abruptamente.

Seu celular estava tocando.

Ele franziu a testa, pois havia pedido a Larry e à igreja que o deixassem sozinho por um momento.

Porém, ao verificar o número que estava ligando no visor do celular, viu que teria de atender àquela ligação. Ele se enrijeceu de surpresa, abrindo rapidamente o celular.

— Mãe.

— Jeff, querido, você está bem?

— Não, não estou.

— Desculpe. Eu não sabia outra forma de começar...

— Ele não está aqui, mãe. Ele está debaixo d'água, eles estão ficando sem ar, e eu não sei se já aconteceu, mas...

— Eu sei. E me desculpe por não ter ligado até agora. Ninguém da igreja me informou. Eu vi na televisão, apenas um minuto atrás enquanto passava os canais, completamente sem querer. Um clique e ali estava o meu filho, para todo mundo ver, debaixo do cabeçalho colorido das últimas notícias. Eu quase tive um ataque cardíaco. Você tem certeza de que está bem? Não está machucado nem nada?

— Você não me ouviu? — ele gritou, transtornado por sua tristeza. — Eu não sou a vítima aqui! Não sou eu quem está lutando para sobreviver! É o *papai*!

— Jeff, por favor... — a voz dela começou a vacilar. — Eu amei o seu pai por dezenove anos. E ainda estaria casada com ele hoje se...

— Então por que você não pode reconhecer o que está acontecendo com ele?

— Eu posso, só que é estranho, já que não somos mais casados. Então, apesar de ele ser muito importante para mim, não fico preocupada com ele tanto quanto com o meu filho primogênito, que da última vez que verifiquei ainda fazia grande parte da minha vida. E é com *você* que eu estou falando, então estou ansiosa para saber se você está bem.

— Bem, obrigado por perguntar, mas não estou.

— Quero dizer machucado.

— Eu não estou fisicamente machucado de forma alguma, mãe. Está bem?

Uma longa pausa.

— Não, Jeff. *Não* está bem. Posso perceber que você está em um estado de espírito intolerável agora. Além disso, o homem que eu pensava que Deus havia escolhido para mim está à beira da morte. Eu não estou bem. Mas obrigada por perguntar.

— Desculpe — ele disse. — É que isso tudo é... um inferno. Não estou lidando com isso muito bem.

— Imagine, filho. Não há nada com o que lidar. Essa situação tiraria qualquer pessoa do sério. Você está se saindo melhor do que a maioria.

— Obrigado — ela o ouviu dizer e, com a imaginação de mãe, pensava se havia detectado um timbre rouco de choro na resposta dele. Fazia tanto tempo que ela não ouvia aquele som, então não podia ter certeza.

Outro silêncio surgiu entre eles. De certo modo, tornou-se aparente que Jeff estava tomando coragem para fazer uma pergunta. Enfim, ele falou.

— Mãe, você se lembra da noite em que você e o papai foram ao nosso quarto e disseram para mim e para o Greg que vocês estavam se separando?

— Claro que lembro. Nunca me esquecerei dessa noite enquanto eu viver.

— O papai disse que vocês dois concordavam que era o melhor. Que os dois achavam que precisavam viver separados. Que Deus havia guiado vocês juntos àquela decisão.

— Eu lembro.

— Mãe, você estava falando sério? Você concordou com o papai de que Deus queria vocês separados?

Ele pôde ouvi-la suspirar apesar da estática da linha, a partir de milhares de quilômetros de distância entre eles.

— Mãe? Você concordou mesmo?

— Não — ela respondeu, quase sussurrando. — Eu não concordei.

— Eu percebi, mãe. Eu nunca lhe disse, mas o seu rosto estava tão... Eu não sei, simplesmente não parecia certo. O seu rosto estava vermelho, e os seus olhos estavam tristes e vazios como sempre ficavam depois que vocês brigavam.

— Desculpe, filho. Eu posso lhe garantir que foi o momento mais difícil da minha vida.

— Então por que você fez aquilo? Por que você mentiu?

— Não tente me tornar a vilã, Jeff.

— Tudo que eu quero saber é *por quê*.

— É uma longa história.

— Bem, é só encurtar, mãe. Porque agora eu estou muito... — uma pausa abrupta em sua fala revelou que Jeff estava lutando contra as lágrimas — *confuso*. Estou lidando com a perda do meu pai, e eu não sei como me sentir em relação a ele. Eu não sei o que pensar dele.

— Honre-o, Jeff. Com cada osso do seu corpo, passe os próximos minutos honrando o seu pai. Honre-o com as suas ações, as suas palavras, com a forma como você se comporta. Sabia que agora mesmo quase todos os noticiários do mundo estão transmitindo imagens ao vivo de você conversando comigo? O que você escolher fazer agora ficará com você pelo resto da sua vida. Talvez até a eternidade.

— Como eu faço isso, mãe? Não tenho ideia do que fazer a não ser ficar aqui assistindo.

— Eu não sei. Realmente não sei, querido. Mas quando você souber, simplesmente vá e faça. Obedeça, não importa o que aconteça. Está bem?

— Está bem.

Ele se levantou de sua posição agachada e escondeu as lágrimas colocando a mão sobre os olhos e observando o horizonte.

— Mãe, eu ainda preciso saber. Por que você concordou com aquilo naquela noite? Você não vai me dizer?

Ele a ouviu respirar forte do outro lado da linha.

— Fiz isso por você e pelo Greg. Eu estava com raiva, ferida e devastada, mas sabia que, sendo adulta, eu tinha os recursos internos para me recuperar algum dia. Porém, você e o seu irmão eram apenas crianças. Crianças que amavam o pai. E o pai de vocês os amava também. Apesar das falhas dele, Alan sempre amou ser o seu pai. Ele ainda ama. Pude perceber que ele estava arrasado pelo que tinha que dizer a vocês. E nada importava mais para mim do que proteger vocês do máximo de dor e perda que eu pudesse. Preservar o máximo possível daquele relacionamento para vocês. Você pode achar isso brega ou sentimental, Jeff, mas é a verdade, eu fiz isso como um presente para você e o seu irmão.

— Um presente — ele repetiu.

— Você consegue compreender? Eu era a sua mãe. Eu poderia absorver um pouco da culpa sem prejudicar o relacionamento entre nós, mas seu pai era outra questão. Eu não conseguiria viver tendo feito alguma coisa para estragar esse vínculo.

Jeff começou a chorar com sinceridade. Ele havia se esquecido completamente da mídia mundial direcionada para sua figura desamparada no cais.

RESGATADO 23

NOVA JERUSALÉM

Os braços de um dos ouvintes acenaram no alto. O Narrador percebeu que havia esperado demais para permitir mais perguntas.

— Por que essas pessoas estão com tanto medo de passar para a eternidade? — o rapaz perguntou.

— Lembrem-se — ele disse, virando-se para incluir todos — nós temos todos os tipos de histórias de vida representados em nosso grupo aqui. Alguns de vocês que fizeram a travessia poderiam facilmente dar a resposta para essa pergunta, enquanto outros não passaram por isso. Alguns de vocês são tão jovens que nunca viram esses dias nem viveram momentos como esses. Então, para vocês, isso tudo é um pouco estranho. Mas isso também ajuda a entender o que o Abismo tem a nos mostrar.

Com a menção do Abismo, Lydia estremeceu. Ela virou a cabeça para olhar pela janela mais próxima.

— Eles temiam passar para a eternidade por muitas razões — o Narrador continuou. — Lembrem-se, os corpos naquela época eram sujeitos à dor, a sofrimento físico. É difícil descrever se você nunca sentiu, mas é o oposto de prazer, algo que as pessoas ficavam ansiosas para fazer parar assim que começava. Geralmente, o corpo passava por muita dor antes de entregar o seu espírito.

— O que é *ansiosas*? — o mesmo rapaz queria saber.

— Eu irei terminar, e depois respondo à sua pergunta. Agora, outra razão pela qual as pessoas tinham medo do que chamavam de morte é que confundiam o fim daquela vida com a verdadeira morte, que é espiritual e eterna. Não apenas isso, mas o resultado exato da travessia de suas vidas era desconhecido, e poucos sabiam com certeza o que lhes esperava.

— Mas eles não tinham a Palavra de Deus para lhes dizer o que esperar?

— Sim, mas mesmo assim, muitos deles a achavam confusa. A Palavra não dá detalhes sobre tudo, pois muitas coisas foram vistas em vislumbres, ou descritas em termos alegóricos, figuras de linguagem que desafiavam um entendimento preciso. Lembrem-se de que, naquela época, o mundo estava em um estado de guerra. E muitos dos aliados do nosso inimigo faziam com que as pessoas duvidassem da verdade da Palavra. Diziam às pessoas que talvez ela não significasse aquilo que dizia, que talvez estivesse contando histórias, inventando alegorias absurdas. Até mesmo alguns crentes não tinham certeza do que de fato enfrentariam quando morressem. Isso, a propósito, é o que *ansiedade* significa. Estar incerto de algo e sentir medo como consequência. Lembrem-se também de que a existência terrena era tudo que eles conheciam. Imagine escutar que dentro de poucos minutos você irá deixar o único mundo que você conhece. A ideia de deixá-lo para sempre, para viver em uma dimensão sobre a qual você somente leu em um livro do qual a maioria das pessoas ao seu redor tiravam sarro... Isso era aterrorizador para aqueles que não estavam firmemente fundamentados na fé.

— Isso é uma história de terror? — perguntou outro homem, que também parecia jovem.

— Acho que podemos chamar assim — disse o Narrador.

— Eu sei que tipo de história é essa! — uma moça gritou. Com seus brilhantes olhos azuis e um coque despenteado de cabelos loiríssimos, a moça olhava para o Narrador com expectativa. — É um suspense sobre resgate.

— Onde você ouviu isso? — perguntou o Narrador.

— De outra pessoa que viveu naquela época.

— Você sabe o que isso significa?

— Tem algo a ver com um resgate de última hora, e um final muito feliz.

— Bem, é quase isso, considerando o significado do que é um suspense sobre resgate. Porém, essa história pode terminar um pouco diferente do que aquela. Sim, é um resgate, mas, de novo, de um tipo diferente.

— É uma história *deus ex machina*! — disse uma jovem ouvinte que estava animada e sentada aos pés do Narrador.

— Muito bom. E o restante de vocês, sabem o que uma história *deus ex machina* tem de especial?

— Porque é uma história em que Deus desce do Céu bem no final e julga a todos, e resolve tudo?

— Isso mesmo, Jacob. Os antigos gregos, que inventaram os dramas teatrais, desciam seus "deuses" do alto do palco em uma maquineta elaborada. Porém, essa não é razão pela qual ela é tão especial.

— Por que então? — o adolescente perguntou.

Porque toda a história da Época Antiga é uma grande *deus ex machina*. Um grande drama de três atos em que Deus desce e conquista a vitória sozinho.

— Então essa era a resposta certa?

— Não.

— O que você quer dizer?

— A história que eu estou contando a vocês — o Narrador respondeu — não é como nenhuma outra que vocês já tenham ouvido.

— Ela tem um final feliz?

O Narrador fez uma pausa e franziu os lábios, considerando silenciosamente como responder.

— Eu lhes prometo o seguinte: vocês não terão nenhuma dificuldade de adivinhar qual tipo de final será quando chegar o momento.

DENTRO DO SUBMARINO

Carrie Knowles olhou para a lente da câmera, reunindo forças para dizer adeus a seus filhos. Alan olhou para o rosto dela que normalmente mostrava uma aparência de santidade, e viu que estava completamente alterado. Os olhos de Carrie, que sempre brilhavam acima dos sorrisos, agora carregavam o terror absoluto e seu semblante estava caído, sem esperança.

— Eu sou simplesmente grata — ela disse sem rodeios — por uma igreja que me deu um lugar para servir. Por um pastor como Alan que encorajava os voluntários, oferecendo-nos inclusive uma posição de reconhecimento.

Ela se voltou para seu marido, Norm, e lhe deu um sorriso fraco.

— Eu agradeço a Deus por um marido compreensivo que me permitiu ter tempo para dar aos menos afortunados, ou àqueles menos abençoados com tempo do que nós. Sou grata pelas oportunidades de servir que me tornaram uma pessoa melhor e me ensinaram tudo que eu precisava saber sobre como viver a vida cristã. E me tornaram uma mãe melhor e uma esposa melhor. Norm, você gostaria de dizer algo agora?

Norm piscou, como se não esperasse receber a oportunidade. Ele engoliu em seco, e seus olhos perdidos pareciam indicar que ele ainda não havia pensado no que poderia dizer.

— Tony e Tom — ele começou — eu quero que saibam que vocês foram a alegria da minha vida. Tenho orgulho de vocês dois. Eu irei sentir muitas saudades de vocês, caso a saudade seja permitida lá em cima. Acho que eu deveria agradecer à igreja também. Por me dar algumas horas de paz todos os dias, algumas horas enquanto a minha velha aqui ia servir a outros, perturbar outros.

Carrie sacudiu a cabeça, inclinou-se para a frente e deu um tapa no braço do marido, em uma fraca tentativa de acabar com a brincadeira dele.

— Posso dizer algo? — surgiu a voz sussurrada de uma mulher.

Alan pegou a câmera e apontou sua luz em direção à voz, que acabou sendo da senhora cujo nome ele nunca lembrava.

— Pastor, eu já disse o meu adeus, e aqueles que eu amo já sabem o quanto eu os amo. Sabe, o Senhor me disse que essa viagem seria o início de uma grande aventura para mim. Eu não entendi de início o que Ele quis dizer exatamente, mas agora entendo. Apenas quero dizer às pessoas da igreja que eu amo que, agora, nos meus últimos instantes, sou feliz com Jesus, meu Senhor. E eu imploro que todos os que estão assistindo isso se certifiquem e façam tudo que tiverem de fazer para saberem sem qualquer dúvida que sua alma está bem também.

Ela deu um sorriso delicado e depois parou de falar, e logo naquele momento exato, quase poeticamente, a luz da câmera enfraqueceu gradualmente e seu pequeno motor parou.

A bateria acabou.

RESGATADO 24

Com os olhos cansados e emocionalmente esgotado por assistir à CNN sem parar, Greg Rockaway, de catorze anos de idade, entrou no quarto de sua mãe. Estava tudo escuro, exceto pelo brilho da TV ao lado da cama, com sua mãe chorando em frente ao aparelho. Ele foi até ela e colocou os braços ao redor de seus ombros, inclinou-se para a frente, e se deparou com uma imagem tremida que nunca havia visto antes.

Banhado em um único feixe de luz dourada, seu pai parecia muito mais jovem, semelhante a uma versão ligeiramente mais velha de seu irmão, Jeff. Seu rosto não tinha rugas, seu cabelo castanho-claro cheio ostentando um corte despenteado e embaraçado que Greg havia visto apenas em filmes da década de 1970. Alan usava *shorts* largos de cós alto de um tecido brilhante e uma camisa azul escura da Adidas que se parecia muito com a monstruosidade desbotada e rasgada que seu pai gostava de usar durante a execução de tarefas domésticas, como lavar o carro ou limpar as calhas.

A câmera fez uma panorâmica e revelou pedras e pinheiros e, bem mais longe no fundo, uma vista arrebatadora de picos cobertos por uma floresta densa. Era o cume de uma montanha, perto da hora do pôr do sol. Uma dúzia de jovens vestidos de modo semelhante estava por perto em cima de troncos e pedras, sorrindo, acenando com a cabeça e ouvindo atentamente. Greg achou as palavras de seu pai difíceis de entender. Tendo ouvido seu pai falar por tanto tempo, o menino estava muito menos atento à mensagem do que à aparência dele.

A lente agora permanecia focada em uma mulher jovem e atraente, com cabelo castanho espesso puxado para trás em um rabo de cavalo, e um sorriso radiante que mostrava claramente que ela estava apaixonada pelo homem ao seu lado.

— Essa sou eu — Terri disse ao filho, apontando para a TV, fungando. — Em 1979. Bass Lake, Califórnia, em um dos melhores acampamentos do mundo. Seu pai havia me pedido em casamento na noite anterior. Eu estava nas nuvens.

— Ou você achava que estava — disse Greg com um tom compreensivo.

— Não, eu realmente estava. De muitas formas — ela disse. — Esse era o seu pai na melhor versão dele. Um homem bom, apaixonado pelo que ele acreditava. Não há nenhuma razão para atacá-lo. Nenhuma razão mesmo. Especialmente agora.

— Por que você não nos mostrou isso antes?

Ela virou-se para ele com um olhar ferido, então Greg percebeu que havia ultrapassado uma barreira. Sua mãe geralmente tolerava que ele falasse do pai com um leve nível de desdém mal disfarçado, apesar de o sarcasmo do menino ter permanecido estritamente dentro dos limites.

Ela olhou de volta para a tela. Ouvindo sua respiração agitada e vendo seu peito trepidar, Greg descobriu a resposta para sua pergunta. Ele sabia por que ela estava assistindo a coisas que não havia assistido, pelo menos na presença deles, há anos.

Ela estava dizendo adeus.

Sua mãe estava deixando partir o homem que ainda amava sob uma teia de emoções confusas. O homem que a havia feito sofrer muito tempo atrás, em outro contexto.

Por fim, ela levantou o controle remoto, apertando com o dedo o botão desligar. Pegando outra fita de vídeo, ela a segurou diante de seus olhos e ficou lendo a etiqueta por alguns segundos. Ele chegou mais perto para ler as palavras: *Summit Chapel — 12 de março de 2004.*

Greg hesitou. Ele conhecia aquela data muito bem. Era a manhã seguinte à terrível revelação de seu pai. O primeiro amanhecer do novo mundo mais cinza e triste em que ele ainda habitava.

Lentamente, relutantemente, Terri foi em direção à TV enquanto tirava a fita de dentro da capa.

— Esta aqui — ela disse hesitante, voltando-se para ele — eu nunca vi antes. E nem você.

— Eu sei — disse Greg.

Terri inseriu a fita no vídeo cassete e apertou o *play*, depois se sentou novamente na cama. Greg foi para mais perto de sua mãe, em solidariedade.

A imagem apareceu. Aquele era o Alan Rockaway que Greg conhecia, com seu cabelo agora mais ralo, o sorriso radiante em um rosto esguio e bronzeado, vestindo um terno impecável de estilo contemporâneo. O púlpito, o palco, o fundo profissionalmente iluminado diziam Summit Chapel — a maior e mais recente conquista de seu pai.

Entretanto, de algum modo, seu pai não parecia o mesmo. Seus ombros estavam muito tensos. Seus gestos geralmente à vontade e casuais estavam restringidos, seus braços praticamente grudados ao corpo. Seu rosto, sempre um reservatório transbordante de sorrisos e alegria amigável, agora parecia tenso e conturbado.

Aparentemente, o vídeo havia sido editado por alguém, cortado depois do momento de louvor para que o Pastor Alan já entrasse pregando sua mensagem.

Pela primeira vez, Greg sentou ali e prestou atenção, atentamente.

"Essa graça radical da qual eu sempre falo não significa muito se não nos ajudar a passar pelos golpes que a vida às vezes nos dá."

Greg quase revirou os olhos, pois era uma das frases mais manjadas de seu pai, que os membros da igreja frequentemente repetiam com risadas condescendentes. Mesmo com toda sua habilidade em pregar, o pastor ainda tinha alguns vícios verbais dos quais ele parecia não conseguir escapar.

"E apesar de essa mensagem não ser sobre mim", Alan continuou, na tela, *"devo confessar que estou no meio de um agora. Não irei explicar muito nem cansar vocês com os detalhes das minhas provações pessoais, porque elas dificilmente são mais pesadas ou mais sérias do que as de vocês. Tudo que irei pedir são as suas orações. Vocês poderiam orar... pela Terri e por mim durante este tempo difícil?"*

Ele fez uma pausa como se estivesse esperando algum tipo de resposta do público.

Gentilmente, embora talvez com um pouco de relutância, a câmera focou na reação de alguém no santuário. Era uma mulher de meia-idade, vestida com roupas caras. Ela estava franzindo a testa, com um olhar perplexo. O rosto parecia vagamente familiar para Greg.

— Phyllis North — sua mãe disse. Estou surpresa que ela ainda não soubesse.

Greg disparou um olhar questionador para sua mãe, mas Terri balançou a cabeça dizendo que não, respondendo com uma expressão que dizia: "Não vale a pena".

"Sou grato por muitas coisas", Alan continuou, *"apesar da extrema delicadeza e dificuldade das decisões diante de mim. Olhe, pode parecer um clichê, mas é verdade. Deus usa os tempos difíceis para nos aproximar Dele. Tornar-nos mais fortes. Para purificar os nossos corações e os propósitos deles."*

— Ah, por favor, você vai tirar proveito disso também? — Terri exclamou, e depois colocou a mão sobre a boca em um soluço.

— Ei, não adianta nada se não for material de sermão, certo? — Greg lamentou solidariamente. Aquela percepção poderia ter soado muito sutil para a maioria dos meninos de sua idade, mas foi uma lição que ele tinha aprendido muito tempo atrás, quando um de seus maus comportamentos inocentes da infância forneceu a seu pai material para uma série de sermões de três semanas intitulada *Pureza do Coração*.

"Entendo que a minha discrição, ou talvez a minha reticência, poderá provocar uma série de rumores nos próximos dias", disse Alan, com os olhos fixos no púlpito, mas claramente sem ler nenhum rascunho preparado. *"Sei que eu não posso impedir isso. E sei que muitos de vocês se importam com a Terri, comigo e com os nossos filhos, por isso, de certa forma, eu não gostaria de impedir todos vocês de se preocuparem. Tudo que eu peço é que, enquanto vocês filtrarem as coisas que ouvirem, reservem seu julgamento. Se você já está aqui nesta igreja há um tempo, eu confio que você deve conhecer um pouco do meu coração. Um homem não pode ficar aqui e falar por horas e horas, domingo após domingo, sem revelar a verdade nua e crua de que tipo de homem ele é. De seu verdadeiro coração. Portanto, se você formou uma opinião no mínimo decente sobre mim durante o seu tempo aqui na Summit Chapel, por favor, não se desfaça dela sem ouvir de mim primeiro. Em breve, muito em breve, chegará o tempo em que eu poderei ser muito mais franco sobre alguns dos detalhes. Aliás, vocês serão convidados, como igreja, a caminhar comigo através de algumas das passagens à frente. Mas, até que ouçam isso de mim, por favor, fermentem o que vocês ouvirem com uma dose elevada da maravilhosa graça com a qual temos nos deleitado no Senhor todos estes anos. Por favor, acabem com essa tendência arraigada que todos nós temos de julgar e de apontar o dedo, assim como já pedimos a Deus para não nos julgar e ter misericórdia. Está bem? Vocês podem fazer isso por mim?"*

Ele colocou as mãos atrás das orelhas e inclinou a cabeça, como sempre fazia quando esperava um "Bom dia!" ou "Olá!" de volta.

O "sim" que ele recebeu de volta foi muito mais moderado do que qualquer outro que ele já ouvira de sua congregação. Porém, em vez de repetir o que disse, ele acenou com a cabeça e deu um sorriso forçado.

"Está bem, então. Muito obrigado."

Alan agora olhava para a frente, para o espaço vazio entre ele e a enorme abóbada do santuário. Ele parecia estar segurando as lágrimas.

"Obrigado..." Ele disse de novo, e agora sua voz confirmava. Ele parecia se controlar corajosamente e perseverar emocionalmente.

A cena desapareceu, tragada em um ponto branco solitário contra uma imagem preta.

Terri havia desligado o vídeo.

— As poucas pessoas que se preocuparam em falar comigo depois daquele dia — disse ela, olhando para a caixa de lenços em seu colo — disseram que a minha ausência, e a sua e do Jeff, na fileira da frente era tudo que eles precisavam saber. Aquilo dizia tudo. E, claro, um punhado de pessoas saiu da igreja depois do que o Alan fez. Mas quando os líderes se aliaram a ele, o destino da maioria dos membros foi decidido. Aquilo determinou o lado em que a igreja iria ficar.

— Quanto tempo você acha que levou para que todos da igreja soubessem de *tudo*?

— Ah, eu imagino que cerca de quatro ou cinco horas. Para qualquer pessoa remotamente conectada.

— Por que assistir a isso, mãe? Não é uma tortura?

Ele sabia o porquê, mas estava mais do que pronto para que aquela provação acabasse.

— Querido, até aquele dia eu não havia perdido um culto mais de quatro vezes em toda a minha vida. Incluindo quando tive sarampo e o dia em que a minha avó morreu. Quase metade dessas manhãs de domingo haviam sido passadas assistindo ao seu pai. Sendo a esposa dele. Era quem eu era. Eu nunca tive de sequer imaginar ser qualquer outra pessoa. Mas depois daquela manhã, tudo se acabou para sempre. Em um instante. Eu sei que você me entende.

Greg concordou com a cabeça. Apesar de ser um adolescente desligado, ele podia sentir seu rosto contrair com o aperto do princípio das lágrimas.

— Sim. Foi a *minha* vida também.

— Agora, seu pai está enfrentando a perda de tudo isso também, filho — disse ela, lamentando imediatamente sua sinceridade enquanto os olhos de Greg finalmente deixavam cair um grande par de lágrimas.

— Sim — disse ele — junto com todo o resto.

RESGATADO
25

BARBADOS — CAIS DE EMBARQUE

De volta à casa do leme, Jeff olhou para o relógio e cambaleou para trás.

12 min. 32 s.

O tempo e o oxigênio estavam se esgotando, e rápido. Pensando em seu pai e nos outros lá embaixo no submarino destruído, ele queimava o cérebro tentando pensar no que fazer.

Vamos... pense!

Imagens disparadas corriam em sua mente corria através do deque inclinado — as páginas do manual de resgate do cais de embarque, as últimas palavras do operador, e até mesmo imagens do próprio naufrágio. O operador era um profissional, pelo menos supostamente, treinado com bons procedimentos de mergulho, apesar de Jeff ainda poder ver a perna do homem flutuando em uma piscina de sangue a menos de trinta metros de distância.

Então, como um amador como ele iria realizar o que o profissional não havia conseguido?

No entanto, algo dentro dele lhe dizia que ele não poderia apenas ficar ali sentado sem fazer nada.

Desesperado por uma ideia, Jeff ficou olhando fixamente para o painel de controle da casa do leme: o indicador do motor, dois reguladores de pressão iluminados, telas de radar e de sonar, e uma tela de canal de rádio.

Bingo. Os dígitos dos canais de rádio estavam piscando. Ele se lembrou de ter visto o operador digitar novos números pouco antes de pegar seu equipamento de mergulho. Será que aquilo significava alguma coisa?

Ele olhou para baixo. *Vamos, Jeff. Concentre-se. Qual foi a última coisa que o operador disse no telefone?*

O rádio... restabelecer... sinais...

Os olhos de Jeff se arregalaram. Será? Ele procurou no painel. Lá estava ele!

Sub Comlink. A luz de energia estava acesa em vermelho. A chave seletora estava entre duas configurações, Cabine do Piloto e Cabine Geral, e estava ajustada para a primeira opção. *Será que seria assim tão simples?* Ele apertou o botão para Cabine Geral, e fez uma rápida oração.

— Pai?

Na escuridão do submarino, o corpo inteiro de Alan Rockaway estremeceu em um espasmo de choque. De onde seu filho havia acabado de falar com ele?

Ele se inclinou para a frente e ergueu a cabeça. Será que já estava morto? Tendo alucinações? Entorpecido por algum produto químico que estava vazando?

— Pai, você consegue me ouvir?

Assim que a voz sumiu, um murmúrio de vozes atônitas inundou seus ouvidos, e ele sabia que não havia sido o único a ouvi-la.

Pasmo, ele perguntou:

— Filho... onde você está?

— Está vindo de um alto-falante aqui — disse um homem à direita de Alan — bem acima da minha cabeça.

— Pai, é o Jeff! Se você estiver conseguindo me ouvir, por favor, tente se conectar. Procure por algum tipo de aparelho. O manual que eu tenho aqui diz que há um no submarino, em algum lugar bem no meio.

No meio? Alan virou a cabeça de um lado ao outro na escuridão, tentando decidir para qual direção ele deveria virar.

— Quem está sentado bem no meio do submarino? — ele gritou.

— Eu, pastor — era a voz de Carrie Knowles.

— Você consegue sentir alguma coisa em torno de você, tipo um fio? Estaria ligado a um telefone.

— Sim. Aqui está. Alguém pode me ajudar?

Um baque alto anunciou que o aparelho havia sido derrubado contra o piso de vinil. Braços e mãos estavam se movendo, procurando por ele. Alan estendeu a mão, e tudo o que conseguiu dizer foi:

— Eu estou aqui, aqui!

Finalmente, um objeto duro e frio passou para sua mão esquerda. Ele o agarrou.

— Obrigado, eu consegui! — disse ele. Seu dedo indicador encontrou o botão de ligar do aparelho.

— Jeff...?

— Pai, é você? — uma inundação incompreensível de emoções se derramava através da voz de Alan.

— Sim, sou eu! Sou eu, filho!

— Você está ferido?

— Estou muito ferido, mas não da forma que você está perguntando, Jeff. A Jenny partiu. E também Hal Newman e cerca de meia dúzia de outros. Está muito escuro e frio aqui embaixo. Estamos ficando com um pouco de medo.

— Sinto muito, pai. Eu sinto muito. Mas, por favor, aguente firme; a ajuda está a caminho. Helicópteros estão sobrevoando há um tempo. Você está na TV em todo o mundo. Deve haver milhões de pessoas orando por você.

— Inclusive Denver?

— *Especialmente* Denver. O culto das onze da manhã se transformou em um grande comício de oração, e não terminou. Lembra, eu ainda tinha a minha câmera quando vocês foram atingidos — as palavras de Jeff tremeram através do alto-falante.

— Jeff, se... se eles não chegarem até aqui a tempo, lembre-se de salvar a minha câmera de vídeo. Nós gravamos algumas palavras.

— Ah, não. Por favor. Não fale assim. Além disso, você não tem oxigênio de sobra. Por favor, faça-me um favor, fiquem todos quietos e não falem mais do que o necessário. Porque a questão é que... bem, o oxigênio de vocês está quase acabando. Aguentem firme todos...

Na Superfície

Cortando as ondas em sua velocidade máxima de trinta nós, uma lancha Kodiak acelerava de forma imprudente em direção à cena do acidente, com seis mergulhadores totalmente equipados e prontos para mergulhar agachados nas bordas. À medida que se aproximava do local, o som agudo do acelerador reduziu, o barco desacelerou abruptamente e começou a traçar um círculo estreito para a zona-alvo.

— Eles estão aqui! Eles estão aqui! — Jeff gritou alegremente pelo rádio. Acenando descontroladamente, ele chamou a atenção do piloto do Kodiak e fez sinal para o local preciso da colisão.

— É bem ali! — ele gritou, apontando enfaticamente.

O piloto acenou com a cabeça e desligou o motor. Antes que o impulso do barco parasse por completo, os mergulhadores já haviam caído no mar em operação de emergência — eram os especialistas em ação.

Durante a descida inicial, os seis mergulhadores nadaram através de um paraíso ondulante azul e verde de água tropical mais clara do que qualquer outra na Terra. Mas, depois, o mergulhador chefe apontou para baixo. Quando os outros cinco o alcançaram, todos eles pararam de bater as pernas e pairaram em seu lugar, observando.

Se não estivessem usando máscaras e mordendo os reguladores, o que obrigava suas bocas a ficarem paralisadas, eles teriam ficado de queixos caídos e bocas abertas, chocados demais para dizer alguma palavra.

O que esperava por eles, apenas quinze metros abaixo, era uma grande sombra de composição indeterminada, diferente de tudo que já haviam visto debaixo d'água. O submarino, enterrado sob aquele manto de lodo, de destroços suspensos e bolhas de ar, era visível apenas como manchas ocasionais de branco rodeadas por uma penumbra tão profunda como a noite.

A massa parecia estar viva. As correntes costeiras e a maré de Barbados puxavam as bordas mais suaves da nuvem de massa, parecendo arrancar várias línguas e dedos de sua camada marrom como um vento no céu desfiando uma camada densa de nuvens.

Tanto para si como para seus companheiros da equipe de resgate, o mergulhador chefe deu de ombros e nadou adiante. Dentro de segundos, os últimos feixes de luz do sol desapareceram. A cor verde azulada das águas rasas rapidamente se transformou em braços e dedos de resina e ferrugem, acenando como se estivessem chamando os recém-chegados para um submundo tóxico. Mais uma vez, o mergulhador chefe fez uma pausa. Ele moveu as mãos perto da nuvem de detritos movediça para testar sua solidez. Suas bordas de fato flutuaram, transformando-se em uma pluma suave que ia perdendo a cor. Mas não se desfez. Na verdade, a camada esfumaçada que escapava parecia juntar-se à massa de origem apenas alguns segundos depois.

Já chega, o mergulhador chefe disse a si mesmo. Ele afastou a figura irritante e nadou corajosamente para o centro da massa. A sombra deu lugar a trevas quase totais, variando de marrom claro a escuridão, com pouca visibilidade em tons de opacidade densa. O mergulhador acendeu uma lanterna presa a seu cinto e a segurou diante de si. Seu potente feixe de luz iluminava apenas a extensão ridícula de um arco de um metro e meio à frente.

Ele girou para ver onde seus companheiros estavam. Apenas dois feixes de luz próximos brilhavam o bastante para alcançar sua máscara;

ele presumiu que os outros três não estavam longe, mas simplesmente escondidos na escuridão.

Sabendo que faltavam apenas alguns minutos para dezenas de pessoas morrerem de asfixia, ele continuou nadando, com uma parede de detritos aparecendo na luz de sua lanterna. Ele fez uma abertura na parede com a mão vestida com uma luva e nadou através dela.

Então algo atingiu seu ombro. Ele se virou, e sua lanterna revelou um grande pedaço de detrito de fibra de vidro enredado em um fio elétrico. Ele recuou e, em vez de água, sentiu algo prender-se a seu tornozelo. Ele percebeu que abanar a mão não estava mais melhorando sua visão. A mancha de combustível agora flutuava em todo espaço ao seu redor. Ele tentou abanar ainda mais vigorosamente, mas não adiantou nada além de um pequeno clarear na escuridão que o rodeava.

Ele puxou o tornozelo a fim de desprendê-lo, e descobriu que não conseguia alcançar a extremidade daquilo que o prendia. Deu um chute mais forte, mas ainda assim não conseguiu soltar a perna. Percebendo que um cabo de controle poderia se esticar mais do que a distância que lhe restava, ele desistiu de se desprender e continuou a nadar.

Foi um erro. O material viscoso apenas engrossava à medida que ele avançava. O mergulhador logo se deu conta de que não estava mais flutuando na água, mas afundando naquela massa. Sentiu o laço apertar em torno dele e então soube que estava em apuros.

Ele esbarrou em alguma coisa dura e larga. Estendeu o braço, limpou-a com a palma da mão, e viu, em breves feixes de luz, a fibra de vidro branca do casco do submarino. Ele passou a mão mais adiante e chegou a um ponto transparente. Uma janela.

O mergulhador recuou. Um rosto aterrorizado com olhos arregalados estava a apenas um metro de distância. Um sorriso surpreso enrugou suas feições, e uma mão acenou para ele.

Ele acenou de volta timidamente. Outra lanterna cruzou sua máscara, e ele se deu conta que pelo menos mais um de seus companheiros havia chegado ao local.

De repente, uma erupção soou alto em torno dele. Ele cambaleou para trás e balançou os braços tentando endireitar-se. Uma multidão de reflexos brilhantes o tragou e parecia atacá-lo, esbofeteando seu corpo violentamente de um lado para outro.

Em seguida, ele levantou a lanterna e descobriu o que estava acontecendo.

Eram bolhas de oxigênio — saindo por uma brecha em algum lugar do revestimento quebrado. Em seus muitos anos de mergulho, ele nunca vira nada tão violento e abundante debaixo d'água. De onde quer que aquele oxigênio estivesse vindo, ele percebeu que estava drenando um grande reservatório a uma velocidade surpreendente.

Ele nadou para longe, mas acabou batendo em uma pilha de tábuas do deque. Ele sentiu um puxão em seu pé e se lembrou de que o cabo permanecia preso ao redor dele. Depois de chutá-lo várias vezes, ele finalmente se livrou daquele fio teimoso. A agitação abriu um ângulo de visão maior, e ele viu, a apenas três metros à direita, uma parte do mastro e da hélice da embarcação.

A visão lhe deu uma ideia. *Talvez*, o mergulhador pensou, *um puxão forte o bastante poderia soltar o submarino de sua prisão sufocante, fazendo-o subir para a superfície.*

Então, ele agarrou o cabo que apenas alguns segundos antes estava preso ao seu tornozelo, nadou adiante e o amarrou ao redor da base da hélice, dando um nó meio frouxo.

Ele manteve o cabo solto em seus dedos e se afastou enquanto apontava a luz para os dois mergulhadores que agora estavam perto dele, chamando-os para ajudá-lo.

Todos os três agarraram pedaços do cabo e, nadando com todas as forças, começaram a puxar o mais forte que a condição de estar debaixo d'água permitia.

Algo finalmente se soltou, com uma força que fez com que o mergulhador chefe voasse para dentro da escuridão. Enquanto isso, a lanterna se virou em sua cintura, mostrando-lhe um par de mergulhadores também caindo no vazio.

Em seguida, ele viu a hélice. E, atrás dela, o casco do submarino, ainda no lugar.

Só que, em vez da triunfante subida à superfície que ele havia imaginado, ele testemunhou o submarino afundar precipitadamente, junto com um peso insustentável em seu meio. Uma enorme massa de água levantada pela embarcação afundando clareou a sujeira e ele viu claramente o que estava por baixo.

Ele se sentiu enterrado sob uma onda de horror. Ele havia feito o impensável; havia enviado o submarino para um perigo ainda maior.

CREQUE!

Ele gritou em seu regulador.

Onde a superfície mais próxima do submarino estava estendida apenas um instante antes, agora a borda superior de uma rocha marítima se projetava cruelmente. Em seguida, ele notou um rastro de sangue flutuando a partir de um pedaço de plástico duro.

Logo depois, uma enorme porção da mancha de combustível se afastou, e ele avistou todo o quadro. Um terço do casco do submarino havia acabado de ser pulverizado contra a enorme rocha.

O mergulhador chefe balançou a cabeça, admitindo interiormente a derrota, declarando que a tentativa de resgate fora um fracasso. Ele começou a nadar furiosamente para a superfície, com seus companheiros logo atrás dele.

RESGATADO 26

RESGATADO

A Superfície — Cais De Embarque

Jeff cambaleou em estado de choque enquanto ouvia os horrores agora chiando através de seus alto-falantes durante a última virada do submarino. Os gritos e gemidos de pessoas sendo separadas, morrendo de forma horrível, juntamente com os lamentos de outros, talvez sofrendo ainda mais, daqueles que amavam os que estavam morrendo e agora eram forçados a testemunhar sua agonia de perto, arrepiaram o íntimo do seu ser.

O que se ouviu em seguida foi uma trituração metálica ensurdecedora, e Jeff imaginou qual devia ser o terrível significado do barulho: os últimos segundos de seu pai na Terra.

Ele se viu gritando em seu aparelho.

— Pai! Pai! Você está bem? Ó Deus... Deus, faça alguma coisa!

Ele repetiu as palavras várias vezes por cerca de um minuto inteiro depois que os ruídos diminuíram.

Em pouco tempo, as cabeças dos mergulhadores atingiram a superfície da água. Os homens arrancaram suas máscaras e começaram a gritar uns com os outros sobre algum desastre na tentativa de resgate. Jeff mal conseguia entender o que eles estavam falando.

Um minuto depois, um estalido alto ecoou através dos alto falantes — o rádio do submarino estava sendo arrastado ao longo de uma superfície dura. Jeff podia ouvir tudo o que estava acontecendo porque o botão do aparelho do submarino havia ficado pressionado na opção "Falar".

— Jeff...

A voz estava sem ânimo e fraca, mas ele a reconheceu como a voz de seu pai!

— Pai, sou eu! Eu não posso acreditar que ainda consigo ouvir você! O que aconteceu?

— Jeff?

— Pai! Você pode me ouvir?

— Jeff... Eu acho que sou a única pessoa viva.

Em seguida, com muita tristeza e pesar, Jeff percebeu que o fone do rádio do submarino havia sido destruído. Seu pai não podia mais ouvi-lo.

Alan achava difícil dizer o que era mais sufocante: o peso do corpo de Jenny, e de muitos outros atrás do dela sobre as suas costas, ou o desespero e a solidão que esmagavam cruelmente seu espírito.

A perda da voz de Jeff partia sua alma profundamente, e com ela vinha a perda de todo consolo e conforto. Se ele ao menos soubesse que a conexão iria desaparecer tão rápido, o que teria dito? Ele queria desesperadamente outra chance de falar com seu filho, de dizer algo... antes que o fim chegasse.

Ele observava em meio à escuridão do submarino destruído, tentando ignorar os gemidos baixos e quase inaudíveis dos que estavam morrendo. Não havia nada que Alan pudesse fazer por eles. Naquele momento, ele mal podia acalmar-se ou pensar direito.

Um vislumbre mínimo de cor chamou a atenção de seus olhos, em algum lugar à sua esquerda. Sua falta de perspectiva tornou a visão confusa, pois ele não conseguia enxergar o suficiente o que estava ao seu redor para sequer focar seus olhos. Porém, era claro. Algo estava resplandecendo uma luz vermelha fraca.

Ele se esticou, com os dedos tremendo, tocando apenas o ar. Mas a luz que ele buscava estava bem adiante. Ele se inclinou para a frente. Mesmo assim, nada. Consumido pelo desejo de perseguir o único estímulo sensorial que restava em seu mundo, ele arriscou cair e se inclinou de forma ainda mais precária.

Por fim, ele tocou algo, uma textura inesperada, como um tecido. A camisa de alguém, talvez. Úmido, mas com qual líquido? Alan não quis adivinhar.

Então de onde vinha aquela luz? Ele deixou o pano de lado. Ali estava, agora mais próxima, pequena, redonda e vermelha... mas qual era o propósito daquela luz? Ele não conseguiu enxergar algo escrito por perto, mas notou um fio espiral preto que desaparecia para dentro de uma parede, e se lembrou.

O rádio, é claro.

Sua mente disparou. A voz de Jeff não conseguia mais alcançar os alto-falantes lá embaixo, que de algum modo haviam sido quebrados pela última virada. No entanto, por alguma razão, o rádio estava funcionando o bastante para deixar sua luz de energia ligada.

E se... e se Jeff pudesse ouvi-lo, mas não respondê-lo?

Será que ele aguentaria dizer o que precisava dizer sem ter a certeza de que estava sendo ouvido? A resposta o atingiu com um *sim* enfático. Derramar seu coração em um rádio, apesar de uma alta probabilidade de não ser ouvido, era de longe melhor do que a alternativa de ficar parado esperando a morte o levar.

Ele imaginou Jeff no cais, ouvindo o pai falar. Ele imaginou a emoção que Jeff sentiria sabendo que seu pai não fazia ideia de que suas palavras estavam sendo ouvidas, mas estava disposto a proferi-las mesmo assim.

A imagem lhe deu uma ideia.

Ele pegou o rádio.

— Jeff, eu não sei se você pode me ouvir. Eu vejo a luz de energia ligada aqui, então sei que existe uma pequena chance. E uma pequena chance é o suficiente. Ouça-me. Em poucos minutos, quando eu começar a falar, quero que você pegue o telefone do satélite e ligue para a igreja, e depois coloque o telefone no viva-voz. Eu preciso falar com eles. Está bem? Mas antes disso, muito mais importante é o que eu tenho para falar com você.

Pare! Jeff gritou por dentro para si mesmo. Pare com o choro ou você irá perder! Irá perder as últimas palavras dele...

Mas ele não conseguia parar. O som de seu pai falando de novo havia colocado Jeff em um estado emocional impossível de controlar. Desde a primeira sílaba de seu pai ouvida através dos alto-falantes, ele havia caído de joelhos, e seu corpo estremecia em soluços arrasadores.

— Jeff, você me deu tanta felicidade... Sempre tive muito orgulho de ser o seu pai. Eu amo você, filho...

— Pare — Jeff disse em um sussurro abafado, agora caído com o rosto contra o painel de instrumentos da casa do leme, tentando evitar as câmeras. — Por favor, pai, não...

— Você se lembra dos nossos momentos "só dos homens", Jeff? Como costumávamos sair só eu e você, para ir ao mercado, às vezes para fazer uma caminhada ou andar de bicicleta, ou simplesmente para jogar bola no quintal? "Vamos fazer coisas de homens", você dizia com aquele sorriso de seis anos de idade iluminando o seu rosto, com a alegria de deixar de lado um pouco toda a atenção maternal, de ser totalmente garoto. Você pegava a minha mão e olhava para o meu rosto com um sorriso largo que não tinha nenhum ressentimento, nenhuma provocação, nenhum constrangimento. Apenas a pura alegria de estar com o seu pai. Você pegava a minha mão e dependia só de mim soltá-la. Você se lembra disso, Jeff?

— Sim, pai — disse Jeff, secando as lágrimas.

— Faz muito tempo que não temos um dos nossos momentos só dos homens, não é, filho? E tudo isso é culpa minha. Nós paramos de chamá-los assim anos antes de eles se acabarem. Mas eu acabei de vez com eles na noite em que saí de casa. E foi exatamente isso o que eu fiz... Percebi isso na época, mas era tão avassalador que eu não conseguia admitir, mas eu deixei *você* quando deixei a sua mãe, não importa o quanto eu tentasse negar. Eu disse a você, e pensei comigo mesmo que passaríamos ainda mais tempo de qualidade juntos, você, o seu irmão e eu, agora que eu estava casado na vontade de Deus, livre da opressão do casamento errado. Mas isso nunca aconteceu, não é? Nunca tivemos os nossos momentos só dos homens de novo. Agora, eu trocaria qualquer coisa por um minuto com você. Eu trocaria, filho.

Jeff se levantou na casa do leme, deu um forte suspiro.

— Nós estamos tendo um dos nossos momentos só dos homens agora, pai — ele sussurrou. — O melhor que já tivemos.

RESGATADO **27**

DENVER — SUMMIT CHAPEL

Já era de tarde, mas poucos membros sequer haviam pensado em deixar o santuário. Se alguém tivesse entrado naquele momento, sem saber da crise que estava acontecendo, a pessoa provavelmente teria achado o culto mais confuso e desorganizado já realizado. A arrumação habitual dos corredores e das fileiras de cadeiras estava agora uma bagunça, com cerca de cinquenta grupos de pessoas prostradas e aflitas amontoadas em volta da sala de som, o epicentro. O amplo auditório soava com uma variedade bizarra de sons humanos — de pranto, lamúria, oração, canto e o sussurro rouco de pessoas para quem o trauma havia se tornado esmagador demais para suportar.

As Últimas Notícias da CNN ainda apareciam em mudo no telão, com a perspectiva do helicóptero que circulava lentamente acima do Caribe azul cristalino mostrando o cais de embarque, e agora os mergulhadores que estavam deixando a água abatidos e subindo a bordo da lancha Kodiak.

O primeiro sinal do que estava por vir foi um alto suspiro que veio da sala de controle.

Depois, uma voz através do sistema de alto-falantes do santuário.

— Minha amada igreja...

Milhares de rostos instantaneamente se voltaram para cima em direção ao telão com o som daquela voz rouca de emoção, mas mesmo assim reconhecível.

— Aqui é o Alan. Estou falando com vocês ao vivo, se vocês puderem me ouvir, aqui do interior do submarino. Como tenho certeza que vocês já sabem, nós sofremos um terrível acidente.

O som provocado pelas palavras de Alan começou como um suspiro em conjunto, depois logo cresceu, transformando-se em uma onda de choque humano que atingiu o teto do santuário. Rapidamente, todos se calaram para que pudessem ouvir o que seu pastor tinha a dizer.

— De alguma forma, o contato pelo rádio foi restaurado alguns minutos atrás, apesar de um contratempo recente ter cortado qualquer sinal de entrada. Eu não sei se vocês conseguem me ouvir, nem mesmo se Jeff consegue me ouvir, mas por via das dúvidas, eu pedi a ele que colocasse o telefone satélite perto do viva-voz do rádio. E estou confiando em Deus que vocês podem me ouvir, pois até mesmo a chance de vocês estarem me escutando faz toda a diferença para mim neste momento.

— Primeiramente, tenho certeza de que vocês têm orado comigo por um resgate. Eu não sei se alguém aqui comigo está vivo. Está completamente escuro aqui, e eu não tenho nenhuma forma de ajudar nem mesmo consolar ninguém. Eu sei que a Jenny partiu — sua voz falhou — juntamente com Audrey e Hal Newman. Sinto muito pelos familiares e os muitos amigos que devem estar ouvindo isto. De qualquer forma, eu não tenho nenhuma esperança real de ser resgatado a essa altura, pelo menos não por nenhuma mão humana. Então vocês poderiam orar? Eu vou ficar aqui sentado em silêncio e deixar vocês terem a honra.

Larry Collins foi até o microfone.

— Querido Senhor, enquanto o nosso irmão Alan, e talvez outros ao redor dele, ainda têm fôlego, suplicamos por um resgate bem-sucedido — Larry fez uma pausa para controlar suas emoções. — Nós precisamos do Alan, Senhor. Ele é o nosso pastor espiritual, o líder terreno deste rebanho, e nós precisamos dele. Por favor, poupe a vida dele, e o maior número possível das vidas dos que estão com ele. Envie ajuda rápida e o sustente enquanto isso. Nós pedimos isso em nome de Jesus, amém.

Uma longa pausa sucedeu o "amém" de Larry à medida que as pessoas em todo o santuário continuavam a orar. Em seguida...

— Estou de volta — disse Alan com a voz fraca. — Obrigado a todos vocês por suas orações. Agora, queria saber se vocês me concederiam uma última mensagem. Apesar de não saber se vocês estão me ouvindo, essa palavra é sobre o que fazemos com o nosso tempo ou, para ser mais específico, os nossos momentos. Porque o que importa é como as coisas se resumem ao momento. E, já que parece que alcancei o meu momento final nesta Terra, eu quero passá-lo com vocês.

Suas palavras eram acompanhadas por sons de choro ainda mais altos.

— Vocês são as melhores pessoas deste mundo, e tem sido o meu maior privilégio ser o seu pastor. Nunca me esquecerei de como vocês permaneceram ao meu lado. Acima de tudo, no momento em que eu me coloquei diante de vocês para dizer que havia encontrado a mulher dos meus sonhos, Jenny, que está aqui ao meu lado enquanto eu falo. Parecia a missão mais perigosa e de mais alto risco da minha vida, passar por cima dos erros do meu passado e abraçar o futuro, o amor que Deus estava guardando para mim. E, apesar de eu já ter suportado muitas coisas até o momento em que me apresentei diante de vocês com a difícil notícia, considerei a aceitação de vocês a maior vitória de todas. Vocês permaneceram comigo, literalmente e figurativamente, enquanto eu lhes explicava a amarga jornada na qual eu estava e a chance de plenitude que eu havia encontrado e abraçado. Vocês vieram ao nosso casamento, ficaram e oraram conosco. Fizeram daquele dia um dia de triunfo, daquele momento um momento de vitória, e eu nunca me esqueci disso.

— Neste instante, vocês têm o privilégio de não estarem enfrentando o seu último momento. Todos vocês têm mais tempo do que eu, mas talvez não muito mais, só Deus sabe. Entretanto, apesar de o tempo ser curto, vocês têm a vantagem — ou talvez, dependendo, a *des*vantagem — de não saber. E agora eu tenho um presente precioso, essa chance de organizar meus últimos instantes da maneira que eu acho melhor. Mas que bênção teria sido saber disso um dia antes. Até mesmo uma hora antes. Bem, todos vocês têm isso. Vocês têm o tempo para pensar sobre aquele momento final. Porque uma coisa é certa: quando esse momento chegar, vocês nunca terão outro. E, uma vez que ele passar, passará com uma culminância que irá fazer a cabeça de vocês girar se ousarem pensar nisso.

A voz dele ficou mais forte.

— Então como será o seu último momento? Será gasto xingando alguém na estrada? Ou rangendo os dentes, gritando com o médico de uma sala de emergência? Ou gritando com o seu cônjuge ou os seus filhos? Você estará sozinho em uma casa grande, quitada, mas vazia de amor? Você estará no trabalho, tentando cumprir um prazo que nunca chegará? Ou o seu momento final inspirará os seus familiares e amigos e afirmará a fé deles?

— Depende de vocês, meus amigos. Eu escolho *vocês* para o meu momento final. E eu escolho os meus meninos. E o meu chamado: ser o seu pastor. Cada uma dessas coisas é digna de ocupar o meu último momento. Eu apenas suplico a vocês que preencham cada momento abençoado que receberem com a mesma porção de admiração e reverência. Pode ser?

— Eu sei que tipo de momento final eu terei, pois o estou vivendo agora mesmo. Estarei com os meus irmãos e irmãs em Cristo, grato por compartilhar esses preciosos segundos com eles. Estarei antecipando o meu encontro com o meu Criador, para vê-Lo face a face e fazer as grandes perguntas da vida, como por que é permitido que crianças sofram e morram. Irei passar o meu momento final com vocês como estou fazendo agora. Irei passá-lo conversando com os meus dois garotos.

— Mas, e o de vocês? Depende de vocês. Porém, permitam-me dizer algo, que eu acabei de aprender: o seu momento final define você. Por favor, acredite em mim. É a culminação de toda a sua vida, a prova final de você ter construído a sua vida em terra firme ou não. Você escolhe, você escolhe...

E em seguida, ligeiramente, mas claramente, a voz de Alan Rockaway começou a esmorecer, e depois de perder a força.

Barbados — Cais De Embarque

Jeff deu um pulo e ficou de pé, imediatamente reconhecendo o que estava começando a acontecer. Ele começou a girar em volta e impulsivamente bateu na parede da casa do leme em frustração.

— Filho... — veio um suspiro suave através do viva-voz, confirmando o pior. — Ah, não. Ah, por favor...

Depois mais nada.

28

Jeff percebeu que agora estava diante do pior momento de sua vida. Seu pai estava a metros de distância dele, morrendo por falta de alguns metros cúbicos de oxigênio. Ar fresco se estendia por quilômetros no céu acima de ambos, mas Jeff não podia levá-lo a seu pai de forma alguma.

A amargura e a ironia de sua condição impotente ameaçavam dominá-lo, inclusive sua capacidade de pensar racionalmente. Ele estava andando pelo cais, em uma tentativa fútil de amenizar a raiva e a tristeza crescentes que atacavam sua mente, quando viu a patrulha de Barbados parar ao lado da lancha Kodiak dos mergulhadores.

— Subam a bordo! Vocês não podem mergulhar de novo — a voz bradou através de um megafone. — Eu repito, subam a bordo! Vocês acabaram de destruir a evidência de tráfico de narcóticos!

Jeff balançou a cabeça, sem poder acreditar. Mais uma vez, o comportamento do capitão não fazia nenhum sentido para ele. Embora os mergulhadores tivessem falhado, eles pareciam estar se reagrupando para uma segunda tentativa. No entanto, o oficial da Guarda Costeira, terminando a missão deles e pressionando-os para subir a bordo, estava mais uma vez demonstrando uma indiferença descarada pelo que estava acontecendo debaixo das ondas.

Jeff parou de repente. Por dez segundos ele não mexeu nem um músculo.

Ele olhou para baixo, para a água, seu olhar atraído para a perna decepada flutuando por ali. Contudo, o que o compelia não era aquela perna, mas outra coisa, algo próximo. Um objeto pálido, flutuando a vários metros à sua esquerda, que parecia acenar para ele, encarnando uma mensagem que estava desesperadamente tentando romper sua capacidade mental estagnada. O tanque de mergulho...

Jeff tirou os sapatos e correu para a casa do leme.

— Eu vou entrar! — ele gritou no telefone via satélite que estava sobre a mesa de controle, a linha ainda estava conectada. — Eu tenho um tanque de mergulho e eu vou com tudo, mergulhar lá em baixo. Eu tenho que fazer alguma coisa!

Em poucos segundos, a voz de Larry estava implorando para ele através do telefone.

— Por favor, Jeff, tenha cuidado! Apesar de querermos uma resposta às nossas orações, nós não queremos que você corra o risco de perder a sua própria vida.

Jeff pegou o telefone.

— Eu valorizo a sua preocupação com a minha segurança, Larry. Mas não vou passar o resto da minha vida me perguntando o que poderia ter acontecido se eu tivesse tentado ir até lá, e feito algo enquanto ainda havia tempo.

— Orar *é* algo, Jeff — insistiu o pastor.

— Bem. Então ore. Tenho certeza de que vou precisar de todas as orações que eu puder receber. Falo com vocês mais tarde.

Sem mais nenhuma palavra nem hesitação momentânea, Jeff largou o telefone, saiu correndo da casa do leme, e mergulhou no mar.

Uma onda fresca de água fria tragou todo seu corpo. Ele sempre havia sido um bom nadador, tendo feito todas as aulas necessárias quando era menino. Ele inclusive teve cinco horas de treinamento de mergulho, abandonadas na metade do curso assim como tantas outras de suas atividades impulsivas. Após ter ficado de pé no cais de embarque por tanto tempo, desesperado, apenas assistindo aos eventos se desdobrarem, foi emocionante entrar na água, mover seus membros e entrar em ação. Rapidamente, já estava sobre o tanque.

Ele se moveu para a frente e o agarrou, e ficou horrorizado ao descobrir que o tanque ainda estava preso ao mergulhador de uma perna só, cujo corpo jazia logo abaixo da superfície da água. Estranhamente, Jeff descobriu que aquela visão tão medonha, que normalmente teria lhe parecido repugnante, agora o enchia de um senso renovado de determinação.

Virando o corpo, ele puxou a máscara daquele rosto branco inchado, depois removeu o regulador, o compensador de flutuação, o tanque e, em seguida, enquanto se mantinha na superfície da água, vestiu o equipamento o mais rápido que podia. Ele limpou o regulador, depois o enfiou na boca e verificou para garantir que havia oxigênio no tanque, fluindo livremente. Funcionou! Por fim, ele pegou o pé do mergulhador morto e arrancou o único pé de pato. Calçando-o em seu próprio pé, ele se virou e nadou até onde flutuava a perna decepada, então fez o mesmo com o segundo pé de pato.

Isso! Ele estava pronto.

Com a adrenalina subindo, Jeff mergulhou na água e começou a bater os pés com toda sua força. Atrás dele, a superfície brilhante e inquieta desaparecia à medida que ele nadava. Diante dele, o azul profundo se estendia para desafiar ainda outro mergulhador.

Ele olhou para baixo, onde um destino sombrio o aguardava. Sua perspectiva da superfície lhe havia mostrado apenas um vago escurecimento na água em algum lugar lá embaixo, de modo que o que ele viu o pegou completamente de surpresa. Assim como os outros mergulhadores, Jeff não pôde evitar parar, olhar para a massa flutuante de lodo e escombros, e buscar desesperadamente por um vislumbre do submarino preso ali dentro.

Tudo o que ele conseguia discernir eram pequenos pedaços da embarcação, vistos pela abertura de um segundo na nuvem de detritos. A força de vontade de Jeff ficou temporariamente enfraquecida enquanto ele confrontava o grande obstáculo sombrio. Sem sequer pensar, ele se pegou fazendo uma oração.

Eu não tenho falado muito com você ultimamente, Deus. Mas preciso da Sua força para continuar com isso e salvar o meu pai. Eu não posso fazer isso sozinho. Por favor, Deus, você pode me ajudar...?

Sem esperar por qualquer tipo de confirmação, ele forçou seu corpo a entrar em ação, com as nadadeiras impelindo-o para baixo enquanto os braços e as mãos tateavam a massa escura âmbar de detritos. Ele sentiu um pedaço de cano encostar em sua perna, uma parte saliente de fibra de vidro atingir o lado de seu corpo. Ele fez uma careta, virou para o lado, mas continuou batendo os pés para a frente em direção ao seu objetivo.

Os últimos dois metros quase o derrotaram, pois a camada mais interna de detritos havia se coagulado em uma mistura espessa de óleo de motor e gasolina. Suas tentativas de forçar seu corpo para passar através daquela camada viscosa foram frustradas. Ainda assim, ele continuou golpeando sem parar.

No quarto golpe, ele sentiu algo quebrar em sua mão e a puxou de volta, contraindo-se de dor. Um fino rastro de sangue seguiu o caminho do movimento, e depois sumiu. A visão disso o enfureceu. Ele se virou e deu um soco muito forte com o cotovelo.

Funcionou — a massa se contorceu e cedeu, abrindo-se. Jeff passou por ela com pressa e, apenas um segundo depois, estava olhando através de uma janela para a escuridão. O colete do compensador de flutuação que segurava o tanque possuía uma pequena lanterna agregada. Jeff pegou a lanterna e apontou um fino feixe de luz para o interior do submarino.

O que ele viu quase o fez vomitar em seu regulador.

O submarino havia se tornado uma câmara de morte, revestido com os corpos contorcidos e os olhares vagos dos mortos.

Rapidamente, Jeff nadou de janela em janela com a esperança de identificar seu pai.

Na terceira janela a estibordo, ele viu o rosto. Seu pai ainda estava segurando o aparelho de rádio contra o peito. Sua boca estava aberta, e seus olhos se encontraram diretamente com os de Jeff.

Jeff bateu na lateral do submarino com frustração.

Era tarde demais.

RESGATADO 29

OXIGÊNIO RESTANTE: 0 MIN. 0 S.

Em meio à sua angústia, obrigando-se a recordar de uma mistura de documentários de sobrevivência e romances situados no deserto aos quais ele assistia tarde da noite, Jeff de repente se lembrou de algo. *A asfixia pode levar um longo tempo para completar seu curso. Se o oxigênio puder ser restaurado dentro de cerca de dez minutos, às vezes uma reversão pode ocorrer...*

Ele se lembrou do manual de segurança que havia devorado lá na superfície. Havia uma página, um parágrafo que ele havia memorizado, sobre *Oxigênio de Emergência*. Ele tinha certeza de que havia lido a frase. *Oxigênio de emergência e... uma válvula!* Tudo voltou correndo à sua mente. Havia uma válvula, em algum lugar na parte superior do submarino, que liberava uma quantidade substancial de oxigênio de emergência. Ele até se lembrou de ter visto um diagrama da válvula, inclusive as duas palavras estampadas no casco que marcavam o local.

Com o auxílio da lanterna, ele começou a passar as mãos sobre o casco do submarino em busca de sinais indicadores. Seus dedos encontraram uma série de formas em relevo. Ele nadou mais perto para ver melhor. *Claro*. Já que o submarino estava de cabeça para baixo, a válvula de oxigênio agora estava enterrada lá embaixo, contra o fundo do oceano, e também a vários metros de seu alcance.

A memória do rosto de seu pai o impulsionou lá para baixo sem pensar duas vezes. Felizmente, uma costura que atravessava a largura do casco lhe mostrou a localização exata de seu ponto médio. Ele seguiu a costura para baixo, ainda lutando em seu percurso através dos destroços flutuantes, finalmente chegando a um fundo cheio de destroços.

Ele começou a afastar todos aqueles detritos amontoados contra o teto de cabeça para baixo do submarino. Quando conseguiu retirar a maior parte dos destroços, a areia se tornou seu maior problema. Sua escavação frenética havia servido principalmente para agitar a areia, formando uma nuvem espessa. Porém, ele disse a si mesmo que não era necessário ver o que estava fazendo; ele estava cavando para pegar uma roda de válvula, um objeto que seria reconhecido imediatamente pelo toque ao ser encontrado.

Percebendo que seus minutos restantes estavam prestes a se esgotar, seu nível de ansiedade disparou. Ele tinha de fazer aquilo! Jeff continuou cavando, tateando com as mãos. Não poderia ter ido até lá e não conseguir encontrar uma simples válvula...

Lá estava ela! Quase a seu alcance, com a mão estendida ao máximo que seu ombro permitia, ele sentiu uma curva de metal compatível com uma roda de válvula. Agora mais parecendo um guaxinim do que um ser humano, ele cavou mais fundo em direção ao objeto usando cada gota de energia que restava nele.

Embora a areia estivesse cedendo lugar para ele se aproximar, o desafio final era a localização da válvula quase no meio do teto do submarino. Isso forçou Jeff a deitar de costas e rastejar para bem debaixo da curvatura do casco.

Qualquer movimento agora por parte do submarino, e ele morreria instantaneamente.

Jeff agora estava respirando com dificuldade em seu regulador, lutando não só contra o estresse extremo, mas contra a absoluta exaustão.

Mais um minuto cavando e rastejando e ele finalmente agarrou com força a roda da válvula. Ele começou a puxar. Ela não se movia. Ele puxou mais uma vez, mas ainda sem progresso. Ele chutou a nadadeira para fora do pé que estava mais próximo da roda e usou o pé para dar maior alavancagem e força, empurrando contra a roda com tudo que tinha. Ainda assim, ela não se movia. Parecia que o metal da roda havia sido fundido junto com sua base, nunca projetado para abrir.

Sem saber mais o que fazer, Jeff continuou ali, puxando e colocando sua força contra a válvula com ambas as mãos e um pé. Ele gemia em seu regulador. Sentiu os bíceps tremerem e as mãos começarem a ter cãibra.

De uma só vez, sua furiosa tensão acabou. Ele havia chegado a seu limite. A coisa simplesmente não iria se mover. Ele relaxou seus músculos relutantemente e se afastou da válvula.

E agora?

Aquele rosto apareceu mais uma vez diante dos olhos de sua mente, flutuando horrivelmente bem próximo. Seu pai. O rosto de milhares de memórias de infância, agora um cadáver pálido e cego, eternamente incapaz de comunicar uma palavra sequer com ele...

Ele tinha de tentar de novo. Tinha que encontrar uma forma.

Talvez segurar a roda de maneira diferente?

Com pavor, Jeff voltou, dessa vez vindo de outro ângulo. Ele encaixou seu corpo mais perto para segurar a roda melhor, preparando-se física e mentalmente. Em seguida, seus músculos se contraíram e entraram em ação à medida que ele concentrava seu corpo inteiro em uma última tentativa. *Por favor, Deus... Ajude-me!*

A roda girou, tão livremente e suavemente que sua mente não registrou a vitória de primeira. Ele pensou que havia simplesmente soltado a roda e tropeçado para trás. Porém, depois percebeu que a roda ainda estava firme em seus punhos e que seus punhos haviam se *movido*.

Rapidamente, uma investida de bolhas de ar gigantes começou a atacá-lo. Ele largou a roda e quase flutuou de lá debaixo do submarino, levado pela fúria do gás que estava escapando. Apesar de ser assustador e repentino, Jeff comemorou. Como um torcedor solitário, ele levantou os braços e bateu as pernas, impulsionando-se para mais alto na água.

Está bem, você pode parar agora, ele pensou enquanto observava as bolhas frenéticas. Certamente, após a explosão inicial, elas iriam diminuir à medida que o ar preenchesse o submarino de volta a um nível normal.

Mas elas não pararam.

Jeff levantou seus braços de forma indefesa, seu júbilo agora havia se transformado em confusão. Será que o acidente havia estragado a válvula de oxigênio de emergência? Será que ele havia conseguido abri-la apenas para desperdiçar aquele ar precioso no vasto oceano?

Ele nadou até a janela mais próxima.

Um suspiro de alívio tomou conta dele. A janela, que apenas minutos antes estava transparente, agora estava toda embaçada.

Ele bateu forte contra o vidro, caso alguém do lado de dentro tivesse se recuperado e estivesse por perto. Nada aconteceu.

Então ele notou um movimento em sua visão periférica, à esquerda. Ele nadou para mais perto do local e viu uma mão esfregando outra janela! E então um rosto apareceu.

Seu pai! Com o rosto exausto e muito pálido, mas sem dúvida era ele!

Jeff correu para a janela e colou seu rosto no vidro para mostrar a seu pai quem ele era — seu filho havia vindo resgatá-lo.

Seu pai acenou com a cabeça, fez um fraco sinal de positivo com o polegar, e depois seu rosto se retirou de volta para dentro do submarino. Jeff espreitou lá dentro, levantando sua pequena lanterna para iluminar o interior.

Alan estava engatinhando entre a massa de corpos. Ele se agachou com uma lentidão agonizante e depois se levantou de novo com algo preto e brilhante nas mãos. Seus lábios começaram a se mover enquanto ele levantava o braço fazendo um gesto familiar, e Jeff reconheceu o que seu pai estava fazendo.

Ele estava segurando o aparelho de rádio, ainda em contato com a congregação em Denver. Será que ele havia voltado a pregar de novo?

Imediatamente, Jeff pensou na frota de bolhas de ar que continuavam a ser expelidas pela válvula. Ele podia ter liberado o abastecimento de oxigênio de emergência, mas obviamente havia um vazamento em algum lugar.

O ar não duraria muito.

E Jeff não iria, nem poderia, deixar seu pai esbanjar aqueles preciosos minutos dando uma última palavra para a multidão da igreja. Afinal de contas, ele disse a si mesmo, com cada vez mais certeza, que havia momentos mais importantes pelos quais viver.

Ele voltou a olhar para dentro do submarino e sacudiu a cabeça enfaticamente. *Não! Não!* Parecendo abstraído, seu pai o viu, mas continuou falando, com um sorriso fraco agora.

Jeff se virou e levantou a cabeça em direção à superfície, desejando que pudesse arrancar a máscara, lançar fora o tanque, e começar a xingar para os céus. *Como isso poderia estar acontecendo?* ele pensou. Depois de todas as reviravoltas cruéis do dia, como ele poderia conquistar a vitória apenas para vê-la escapar novamente, e pela própria insistência de seu pai em continuar onde havia parado em algum sermão!

O tempo estava passando, o ar estava acabando, e seu pai, que estava preso e morrendo, parecia não se importar. Jeff perguntou a si mesmo, quase sobrecarregado pelo desespero, o que seu pai tinha de tão importante a dizer, afinal?

30

O *noticiário* da CNN, que estava sendo exibido no telão do santuário, havia transmitido implacavelmente de perto o retorno dos seis mergulhadores de resgate, o mergulho impulsivo de Jeff, sua horripilante apropriação do equipamento de mergulho do homem morto, seguida por seu desaparecimento debaixo d'água.

Mas o noticiário não conseguiu mostrar muito do que aconteceu depois disso — a não ser, apenas alguns minutos depois, uma repentina explosão de bolhas em direção à superfície. Esse evento provocou um alvoroço de especulações, todas elas negativas, por parte da equipe de especialistas marinhos convocados pelo canal para fazer comentários ao vivo da catástrofe à medida que se ela se desdobrava.

Nenhum dos que assistiam estavam preparados para ouvir a voz que interrompeu a CNN e era mais uma vez transmitida em todo o auditório.

— Igreja, aqui estou — novamente...

A voz que enchia o templo era agora uma mistura de surpresa, frustração e alívio.

— Não acredito que estou de volta aqui.

Alan Rockaway parecia incrivelmente diferente do homem alterado de quem eles haviam ouvido falar apenas alguns minutos antes. Sua voz estava fraca, na metade de sua força, aparentemente exalando suas palavras finais. No entanto, paradoxalmente, ele também estava movido por uma sinceridade e uma intensidade que ninguém jamais ouvira, vinda do sempre casual e sempre atualizado pastor Alan.

— Pessoal — ele suspirou — vocês realmente têm que prestar atenção, está bem? Eu não sei quanto tempo, quanta força ou a quantidade de ar que me restam... mas eu tenho que contar o que acaba de acontecer comigo. Ainda não consigo acreditar. É literalmente uma questão de vida ou morte. Na verdade, é ainda mais importante do que isso. É uma questão de...

Ele respirou fundo, e pareceu que toda a congregação respirou com ele, imaginando se ele iria falar novamente.

— Deixe-me começar dessa forma. Eu morri. Eu morri e... bem, deixe-me começar do princípio.

ALGUNS MINUTOS TERRENOS ANTES

Um silêncio incrível.

Uma paz tão profunda quanto a eternidade envolve Alan Rockaway, acompanhada por uma calma tão repentina quanto ter sido puxado para baixo d´água. Alan sente como se sua existência até aquele momento tivesse sido uma longa e estridente agitação esperando apenas para ser desligada. Ele quase pode ouvir o seu eco baixinho boiar para longe, como se flutuasse na mais suave brisa.

Ele está em completa escuridão. Ele não para a fim de analisar nada disso; não é preciso. A qualidade do momento, em menos tempo que um piscar de olhos, dominou os seus sentidos, simplesmente se transformou em sua nova realidade.

Depois de outro breve instante, ele percebe que essa escuridão, esse vazio, é muito mais que a ausência de som ou de luz. Transpira uma sensação magnífica como a suavidade da seda, o toque do ouro envelhecido. Tudo se cala. Uma grande expectativa permanece suspensa no ar. Algo está prestes a acontecer. Algo inexplicável.

Ele sente um leve estalo, como o caule de uma flor se partindo.

Ele começa a flutuar. Algo o puxa para cima — através da parede do submarino, da nuvem de detritos à sua volta, e depois da própria água. Sem esforço, ele continua a subir, agora rapidamente sobre a costa e as colinas verdejantes da costa oeste de Barbados.

Quando era criança, Alan sonhava poder voar — bater os braços com convicção absoluta e ver sua determinação recompensada por uma sensação de leveza, de ar acumulando debaixo dele. A beleza do jardim ficando lentamente para trás, um vento de verão carregando seu corpo e dando um beijo úmido em suas bochechas, seu irmão e sua irmã ficando cada vez menores, apontando para ele lá de baixo com gritos de ciúmes entusiasmados. Seu peito inflado com o conhecimento de que, com certeza, aquilo poderia ser feito. De alguma forma, ele sempre soube disso. Você precisa apenas bater os braços com força suficiente e nunca parar. Logo o horizonte apareceria, depois as nuvens, e depois a expansão infinita do universo.

Desde que tinha esses sonhos, ele nunca se livrou da leve suspeita de que em um dia qualquer de verão, se a convicção transbordasse dentro dele e animasse seus braços e pernas impetuosamente o bastante, ele poderia agitar os braços e ver aquela imaginação se tornar realidade.

Esse flutuar atual era tudo o que ele sempre havia sonhado, e muito mais. Ele sente seu corpo flutuar, um balão sem rumo sendo levado para todos os lados por sopros de ar. Ele olha para baixo, e uma dor doce e ao mesmo tempo amarga o atinge. Aquele é seu corpo, aquela é sua morte. No entanto, o mal-estar dura apenas um instante, à medida que o arrependimento dá lugar a um sentimento estranho de desprendimento, uma contrapartida emocional a deixar a gravidade para trás.

Então essa é a sensação!

Ele se dá conta da música — múltiplas camadas de um som bem parecido com violinos tocando. Em seguida, pairando sobre as cordas, coros espirituais de vozes femininas. Juntos, eles tecem melodias a partir de acordes menores tão complexos que suas notas parecem imensuráveis.

Ele engole em seco assustado e tenta conter sua euforia. No meio tempo, não percebe que já deixou as nuvens para trás. O Caribe se torna um pequeno arco de azul cobalto. De um lado, a curvatura da Terra traça uma curva graciosa contra a escuridão do espaço, cercada pelo véu azul-turquesa de sua atmosfera. Bem acima, uma manta de luz brilha sobre o branco do Polo Norte. Ele grita de surpresa e se lembra. A Aurora boreal. As luzes do norte.

Ele se vira e vê uma nuvem de estrelas brilhantes que nunca viu antes, tão perto que ele parecia poder alcançá-las e arrancá-las do espaço com os dedos. Mas, por agora, o detalhe complexo da Terra lhe interessa mais. Ele se vira para ver as bordas dos continentes espalhados debaixo dele. Ele vê o Atlântico, uma joia violeta no esplendor de luz solar refletida. Ele se volta para o outro lado e vê a margem oposta submersa em sombras. Ele se dá conta de que é a Europa, onde já é noite. Lá, as luzes das grandes cidades espiam através da escuridão.

Ele tenta controlar sua direção, mas percebe que está tomado por uma grande aventura que irá fazer com ele o que bem entender. Ele sente uma presença e um brilho ardente em suas costas.

Ele se vira e olha diretamente para o Esplendor.

No início, Alan pensa que se trata do sol, porque é enorme e brilha muito, mas, em seguida, reconhece que aquele não é um corpo celeste impessoal. Diante dele, resplandece uma luz tão sublime e de tal magnitude que olhar completamente para ela deixaria alguém cego para sempre. Então, ocorre-lhe que ele não está mais vendo com os olhos humanos. E as dimensões da luz são apenas o começo. Aquela fogueira celestial parece acenar para ele, enchê-lo de grande expectativa, de um senso de beleza.

O calor da luz chega mais perto. Ele sente seu interior ser suavizado e se desvanecer em algo como um abraço — uma entrega total à corrente que flui sobre ele e dentro dele. Se estivesse na Terra, ele acharia que estava em uma tempestade de vento, com o cabelo e as roupas esvoaçando em um vendaval marítimo. No entanto, a força pulsando ao redor dele ali naquele momento de alguma forma parece ser feita de emoção. Amor sendo derramado com uma intensidade que teria estilhaçado sua mente se ele estivesse de volta no mundo do qual havia acabado de ascender.

Exultante, ele diz a si mesmo: *Alan, Alan, por que você temeu a morte por tanto tempo?*

RESGATADO 31

ETERNIDADE

Com a Terra e todos os seus prazeres visuais tendo ficado para trás agora, Alan daria qualquer coisa para entrar na luz que paira à sua frente, para se perder dentro do seu brilho jubiloso. Ela parece feita de emoção, cor, energia e vida, tudo de uma vez só. É a coisa mais emocionante e dinâmica que ele já viu.

Entretanto, em seguida ele se dá conta de outra coisa e é inundado por um pressentimento.

Alguma coisa está errada.

Ele percebe que a luz está se afastando para cada vez mais longe. É difícil dizer ao certo, pois ela é tão grande que suas proporções e sua distância não podiam ser determinadas com precisão. O sentimento vem mais de uma sensação de interrupção no avanço, de pausa de uma experiência que até então vinha se desdobrando inexoravelmente e sem fôlego diante dele.

O pavor agora o consome. Mesmo que aquele afastamento seja para sinalizar o seu retorno, completo e saudável, de volta para sua família e sua vida confortável na Terra, esse desenlace agora lhe parece um desastre. Pois, naquele momento, Alan anseia juntar-se àquele grande brilho com um desespero que supera qualquer coisa que ele já sentiu.

No entanto, ele se sente caindo tão vividamente quanto sentiu seu corpo subir quando aquela aventura começou, à medida que vastas correntes do espaço passam por ele em um vento solar forte o bastante para esvoaçar seu cabelo e suas roupas — o problema é que ele não tem cabelo nem roupas como antes. Nem um corpo físico, ele percebe com um calafrio interior. No entanto, ele certamente está caindo. Aquilo se transforma em um mergulho de tirar o fôlego, e ele começa a ser esbofeteado por um vento frio durante a descida. Porém, de alguma forma, ele sabe que não existe ar ali. O sentimento é mais real e aterrorizante do que se ele estivesse sendo lançado de um penhasco incrivelmente alto ou de uma ponte suspensa.

Sim, ele está caindo — uma queda sem fim visível, da qual ele sequer sabe se há fim. Será que ele iria continuar caindo para sempre? Será que passaria a eternidade em queda livre, em um estado que mesmo o mais infeliz dos terráqueos não conseguiria suportar por mais de uma questão de segundos? A sensação é pior do que cair com um impacto conhecido à vista. E muito mais abrupta porque, apenas um segundo antes, ele estava sendo puxado por uma força invisível em direção ao calor, a uma luz de grande beleza e alegria, à realização de seus sonhos.

A grande luz agora brilha acima dele, com seu brilho pairando visivelmente sobre ele. Alan está descendo bem distante do curso em que estava no início. De repente, sua cabeça cambaleia para trás enquanto ele se desloca através de um tipo de corredor opressivamente escuro, sendo dominado por pensamentos claustrofóbicos. Após mergulhar aparentemente para sempre, a escuridão finalmente começa a parecer menos impenetrável. Há um leve brilho à frente — ou abaixo, ele não consegue distinguir, pois perdeu todo o senso de direção enquanto viajava

212 • JOHN BEVERE

através daquele vazio. O que se aproxima não parece ser uma redução de escuridão nem um aumento da intensidade de luz.

O que se aproxima dele é uma... *presença*.

Por um instante, ele celebra a presença de outra alma que não é a sua. A desolação de estar sozinho em um universo vasto e desconhecido esmagava seu espírito ainda mais cruelmente do que a sensação de queda ou até mesmo o desaparecimento da luz maravilhosa.

A sensação daquela presença começa a lhe causar aversão. Se antes ele havia sentido algo puxá-lo para cima da cena de sua morte, agora ele sente pela primeira vez uma força distinta puxá-lo ferozmente para baixo. Uma força composta por dedos finos e invisíveis que ele sente rodear seu ser, arrastando-o para algo que não parece mais um poço ou um mero vácuo, mas o interior sufocante de uma garganta ofegante e voraz. A presença é de tal forma imunda que ele não consegue articular com palavras: sua proximidade faz sua pele formigar e sua mente se retrair em pânico e aversão. Ele tenta gritar, mas sua voz está vazia de som, seus pulmões consumidos pelo pavor.

Em seguida, o que ele sentiu por tanto tempo para abruptamente. Ele chega a algum lugar, aterrissando em algo sólido sem sequer sentir o impacto. A tontura do vazio dá espaço para a especificidade. Ele consegue distinguir acima de abaixo novamente e, onde seu corpo termina, outro lugar começa. Gradualmente, aquilo que o rodea começa a se infiltrar em sua mente.

Ele sente o vazio em seu peito agora — é como uma asfixia, mas sem ter nada a ver com os pulmões. Algo está faltando, algo vital. Ele não consegue fazer sua mente parar de disparar. Em seguida, sente um calor intenso como de uma fornalha. Ele se pergunta como seu corpo está resistindo àquele ataque. Então, ele se lembra de que deixou seu corpo terreno para trás. O corpo em que habita agora não queima como carne e ossos humanos, que certamente teriam sido incinerados instantaneamente.

Ele vê apenas escuridão e, de alguma forma, não é simplesmente a falta de luz, mas algo mais. É uma escuridão maliciosamente voluntária, como um ser que ataca todos os seus sentidos ao mesmo tempo.

Aquilo se aproxima de tal forma que ele mal pode ver. Seus olhos conseguem reconhecer formas apenas contra um fundo escuro. Ele força a vista, tentando discernir a paisagem diante dele, obscurecida por uma névoa cinza turva tão grossa e sem fim que parece onipresente. Ele olha para cima e nota que não há sol ali, nenhuma concentração de claridade lá em cima, mas somente a escuridão que se estende tristemente ao longo de todo o caminho até um distante anel de faíscas quase imperceptíveis. Fogo. As flutuações lhe dizem que as chamas são a única fonte de luz naquele lugar horrível.

Desprovida de luz, desprovida de vida. Uma eternidade de preto e cinza. De alguma forma, estar em um lugar como aquele o enche com um medo e um alarme inimagináveis.

Ele olha para baixo. A superfície abaixo dele é composta de pedras escuras, cinzas espalhadas e pilhas de poeira acinzentada. A mistura se estende em um horizonte reto, que ele pode avistar através das manchas na névoa. Ele sente um cheiro forte. Um bilhão de fósforos sendo acesos de uma só vez. *Enxofre*. O ar, além de sua alta temperatura, é úmido e abafado. Um vento fraco e sufocante lhe traz outro cheiro: o aroma de apodrecimento, o odor de lixo e podridão.

O mesmo vento sopra um som que o deixa todo arrepiado: o suspiro de um gemido de uma nota e um tom só, espesso e ecoante como se estivesse sendo exalado das gargantas de milhões de pessoas morrendo. Um murmúrio de profundo desespero, solidão e sofrimento. Soluços pontuam o lamento, o hino fúnebre continua sem parar. O som corta Alan como uma faca.

Ele se sente sem esperança, desesperado e horrorizado. Os sentimentos não diminuem nem mesmo oscilam, mas ficam cada vez mais fortes.

Então, em meio às sombras preocupantes, ele vê um ombro. Um rosto, cujo horror o deixa perturbado, sem conseguir respirar. Sua mente não consegue processar a visão que se aproxima dele, o terror dela. Pois os farrapos de pele naquela máscara intimidadora não têm cor, e aquela pessoa, aquele ser, é na verdade transparente, sua carne opaca nada mais do que um cinza desbotado. Por trás da cabeça daquele ser, Alan consegue ver uma versão mais sombria de névoa e pedras. Poças negras ocupam o lugar dos olhos, e uma fina linha cai de onde seria a boca. O rosto permanece indolente e sem vida. Sua expressão o enche de um sentimento paralisante de desespero.

Debaixo de sua cabeça oscila um corpo longo e cadavérico que se move adiante em passos lentos e mecânicos. Observando a criatura se arrastar para perto dele, Alan se sente sufocado por angústia e trevas. O ser se move a três metros de distância dele, mas seus olhos sem vida não notam Alan. Eles não parecem incapazes de vê-lo, simplesmente são indiferentes à sua presença. O ser vira e anda até poucos metros de onde Alan está, depois se desvia para a esquerda, e então volta para a direita novamente. Inicialmente, Alan pensa que a criatura está procurando algo, mas depois se dá conta de que ela está vagando sem rumo pelo lugar, com os olhos fixos no chão. Sua penosa caminhada fútil não tem fim. Parece não ter ideia de aonde ir, nenhum plano do que seguir ou procurar.

Os olhos de Alan lhe dizem o que sua mente consciente tenta evitar desde que chegou ali. O lugar está cheio daqueles seres abomináveis. E, enquanto ele se dá conta disso, o som do gemido deles se transforma em um rugido que não é desse mundo. Ele quer espantar aquele barulho, mas descobre que não tem nenhuma defesa contra aquele lamento aniquilador.

A transparência deles os torna difíceis de distinguir da névoa que cerca o ambiente. Porém, à medida que sua visão se ajusta, Alan agora vê inúmeras multidões daquelas figuras vagando pelo lugar amaldiçoado como uma vasta aglomeração de manequins de celofane. Ninguém fala, não olham uns para os outros. Cada um traça seu próprio caminho incessante e sem sentido. E cada um expele de sua boca caída um gemido incrivelmente alto que se une em um só, eleva-se no vento e exala tanta dor e solidão que Alan é compelido a juntar-se a eles.

Alan se volta para o primeiro ser, cujo caminhar tortuoso está lhe trazendo para perto dele. Alan quer fugir, colocar alguma distância entre ele e aquela monstruosidade, porém se sente paralisado de medo, incapaz de se mover. O cheiro de podridão fica cada vez mais forte com a aproximação da criatura. A um passo de colidir com Alan, a coisa finalmente levanta a cabeça e olha para ele por uma fração de segundo. Naquele breve momento, Alan olha diretamente para os olhos tão sombrios e vazios que sente como se estivesse levando uma martelada. A criatura não diz nada. Nem mesmo um músculo de seu rosto inexpressivo se mexe. Ele não tem que se mexer. Seu olhar sem expressão diz o bastante.

Nós dois estamos condenados a este lugar, e não existe absolutamente nada que possamos fazer. Nada. Nunca.

Acostume-se.

Alan olha de volta para aquele ser, e naquele instante sente que está se tornando um pouco mais parecido com a criatura da qual tem repulsa. Algo lhe diz que a criatura está ali por muito, muito tempo.

Então é por isso que ele não se importa. Em breve eu serei como ele. Permanecerei aqui por séculos. Anos incontáveis passarão, e eu ainda estarei aqui sem fazer nada além de vagar sem rumo como ele. E me tornarei uma aparição tão destituída de vida e esperança que nada poderá me avivar.

Ele experimenta uma sensação quase física da vitalidade se esvaindo do seu ser e se dá conta do significado por trás da asfixia que sentiu quando entrou naquele lugar. Não era falta de ar, mas de algo ainda mais necessário. *Esperança.* A própria vida. Ambas escorreram dele em um único fluxo espesso, deixando para trás um desespero de uma potência que ele nunca achou possível.

Alan se sente nervoso, em pânico como uma criança perdida. Começa a gemer. Ele se pergunta se poderá aguentar aquelas emoções por mais algum instante. Porém, outro momento chega, e com ele a agonia, que não diminui...

Ele recua e estremece violentamente. O desespero dispara dentro dele mais uma vez, inundando cada célula de seu ser.

Ele sabe onde está.

Mas não pode ser!

Ai meu Deus...

Até mesmo pensar nesse nome parece inadequado, estranho e esquisito ali. No entanto, ele pensa mesmo assim e é capturado por milhares de perguntas, perguntas que o atiçam, zombando dele.

Por que eu estou aqui? Isso é algum tipo de tour... a caminho do Céu? Para me mostrar o que tantas almas ruins terão de suportar? Para me dar um gostinho do que os perdidos irão sofrer?

Talvez eu esteja aqui para encontrar alguém. Sim, achar uma alma que eu amo e lhe dizer algo... dizer-lhe como me sinto e talvez lhe dar mais uma chance de se arrepender. Isso é presumir muito, mas afinal, eu sou um servo de Deus...

Ele volta para encarar a realidade e o oceano de almas vagantes. Parece não haver esperança — a tarefa de encontrar uma pessoa, um ser em particular, especialmente sem sequer saber onde ele estava procurando. *Talvez, porém,* Alan pensa, *encontrar a pessoa para quem ele foi enviado ali para conversar lhe dará a passagem para sair daquele lugar vil.*

Ele tenta andar de volta em direção à planície quando um novo terror o ataca. Ele não consegue se mover como fazia antes na Terra. Olha para suas pernas e vê que também habita em um corpo longo e desajeitado sem vida e sem cor, balançando-se de forma esquisita assim como os outros cadáveres vivos. Por um momento, oprimido pelo susto, seu cérebro se recusa a aceitar aquele fato.

Isso está indo um pouco longe demais, Você não acha, Senhor? ele resmunga para si mesmo.

Fazendo o máximo de esforço, ele tenta caminhar em direção aos outros, lentamente e dolorosamente, enquanto olha para cada um, torcendo para não reconhecer alguém, alguma coisa, algum traço...

Entretanto, ele não consegue andar, não consegue manter seu movimento. Ele tropeça para a frente e atinge outro ser alto e insuportavelmente feio. O impacto é estranhamente emudecido e leve, não muito diferente de atingir um letreiro na calçada de uma cidade. O ser com o qual ele colide o xinga e recua, mas rapidamente se afasta, indo vagar em outra direção. A solidão da resposta envolve Alan como uma capa. Ele tenta acertar sua direção, mas novamente parece não conseguir controlar seu movimento. Move-se para trás, atropela outro, e depois mais dois. Vozes rosnam xingamentos baixinho no ar mofado.

— Sou eu! — ele exclamou. — Alan Rockaway! Será que alguém... eu conheço alguém aqui?...

A futilidade de seus gritos se torna tão clara para ele como o desvanecimento de sua voz pela expansão sulfúrica.

Percebendo aquilo, de qualquer forma, ele precisa encontrar aquela outra alma. Ele começa de novo. Tenta dar passos mais velozes, mas cai novamente e bate no chão duro.

Isso não está certo! ele diz a si mesmo. *E não é mesmo o que eu esperava. Seja lá quem for que organizou essa excursão horrível, podemos simplesmente terminá-la, por favor? Posso ir para a parte boa agora? Para a glória e o esplendor? Posso ver Deus e esquecer este lugar? Isso ou achar a pessoa com quem tenho de me encontrar, para podermos seguir adiante?*

RESGATADO

32

Alan vira-se e fixa os olhos em um aglomerado de formas variadas que se aproximam dele vindo da planície. Ele quer pedir para seus olhos terem misericórdia dele, para revisarem e destruírem o que estava diante dele naquele momento. Sua mente se rebela, recusando-se a compreender o sentido de tudo aquilo. Alan cai de joelhos, em uma exaustão física e espiritual. Ele não tem mais vontade de lutar, nenhuma força para continuar a impor-se contra o horror que o cerca. Ele quer deitar no chão de cinzas e chorar para sempre — simplesmente entregar-se ao sofrimento e deixar de existir.

O que Alan vê são seres de infinita variedade — todos eles imundos, grotescos e demoníacos — que se contorcem perpetuamente e encarnam a perversão em forma humana e animal. Aliás, a aparência deles parece mais uma concentração contorcida de terror gritante do que uma forma em si, parece o próprio mal.

Eles acenam com braços de comprimento e forma muito desiguais, sem exibir absolutamente nenhuma simetria ou proporção. O corpo do animal mais próximo está coberto por furúnculos e escamas, como um ser que está sendo fervido há milênios. Sua mandíbula se estende para fora como o papo de uma barracuda que sofreu uma mutação, seus olhos se estendem até a metade de sua cabeça, afundados e incandescentes com uma raiva lasciva. Enquanto Alan observa, a criatura se abaixa e agarra com o braço uma das vítimas do fogo, lança o ser miserável no espaço e, esticando sua enorme mandíbula, pega a vítima pela garganta durante sua queda.

Mesmo à distância, Alan pode ouvir os gritos do pobre coitado sendo devorado enquanto o monstro rói seu corpo fantasmagórico. Ele nunca ouviu sons como aquele. E ele vê centenas, talvez milhares, daquelas bestas sobre a beira do Abismo e em toda a planície infernal atrás dele.

Afastando-se daquela paisagem, quase por vontade própria, a alma de Alan grita.

— Me perdoe!

Ele não faz ideia de onde vem aquela compulsão de clamar a Deus. Se há algo que ele aprendeu ali, foi que Deus não estava nem sequer perto daquele lugar, Seu Espírito não podia ser encontrado. Alan não podia invocá-Lo em sua mente, não podia sequer imaginá-Lo nem da maneira mais rudimentar. E isso desencadeia uma enxurrada dolorosa de clamor angustiado a Deus, levando a alma de Alan, apesar da aparente desesperança, a continuar gritando no vazio onde Deus estava antes.

— ME PERDOE!

Se fosse na Terra, sua voz teria transportado as palavras através de cânions e vales, fazendo um eco de lamento.

Sem sentir nada, convencido de que seus gritos não foram ouvidos, ele olha ao seu redor novamente na planície infernal. Os milhões de criaturas lúgubres continuam a circular em sua rota infinita.

Ele luta contra o desejo de arrancar os próprios olhos, arrancar os cabelos, rasgar a carne de seus membros. Ele odeia a si mesmo com uma raiva que não pode conter. Em seguida, sente uma presença se aproximar.

Ele a sente como a aproximação de um predador voraz, como um sopro quente na espinha. Aquela sensação o inunda em um instante, fazendo com que Alan queira sair correndo para sempre. Ele se vira.

A visão o arrepia mais profundamente do que qualquer um dos horrores que viu até então. Abrindo caminho em meio à multidão de seres transparentes, a menos de cem metros de distância, vinha uma das criaturas repugnantes, movendo-se intencionalmente em direção a ele. Através da névoa, Alan observa uma cabeça enorme dar o bote para cima e para baixo em uma marcha implacável — uma massa réptil redonda de chifres e pele coberta por uma crosta, com desprezo em seus dois olhos. Parece algo entre um javali e um cadáver em decomposição, seu corpo é curvado com saliências ósseas, e seu estômago inchado. Braços escamosos acenam avidamente em direção a Alan, com dedos que formam garras flexionadas. Um fedor avassalador o ataca à medida que a criatura se aproxima.

Seus olhos contêm fome, um desejo de consumir a alma de Alan, e da forma mais repugnante de todas. Naquele momento, ele se dá conta de como os recém-chegados àquele lugar eram drenados de seu último pingo de esperança e individualidade.

Tornavam-se brinquedos dos demônios.

O último vestígio de sua vontade de sobreviver parece morrer e, embora fosse inútil tentar resistir, Alan instintivamente começa a correr...

Gritando, lutando para fazer seu corpo amaldiçoado se mover, suas pernas desgastadas se agitam o mais rápido que podem, seus pés pálidos e cinzentos deslizam na poeira das cinzas, ele vê que lá na frente uma fachada de rocha escura chama sua atenção. Desvia-se em direção à parede, com esperança de encontrar algum tipo de refúgio. Por fim, ele chega à parede e olha para cima. Uma torre de pedra tão alta que seu topo desaparece na névoa. Com um salto desesperado, ele se lança sobre ela, encontrando apenas a superfície completamente lisa. Seus dedos deslizam lentamente pela superfície. Ele olha para trás.

Seu perseguidor está apenas a metros de distância, seu corpo retorcido oscila através da névoa e da multidão de desamparados tentando escapar de seu caminho. Enquanto a criatura se aproxima, a certeza de seu banquete iminente se transforma em um olhar malicioso em sua cabeça monstruosa.

O terror mais uma vez agarra Alan. O medo o paralisa, o prende no lugar para ser servido para a criatura que está se inclinando sobre ele. Ele sabe que está a poucos segundos de começar a sofrer o tormento que fará o que ele viu até então parecer uma alfinetada. Seus olhos se recusam a fazer outra coisa além de olhar para a abominação que se aproxima. Seus pensamentos congelam. Seus joelhos começam a procurar o solo.

Em um momento de discernimento, ele se vê como a mais patética das vítimas — que abraça seu destino, que não só se recusa a lutar, mas com resignação estende os braços para seu atormentador.

No entanto, em seguida, um impulso de salvar-se repentinamente se atira através dele. Alan grita.

A criatura para no meio do caminho. Fica parada ali por um momento, tão perto que Alan consegue sentir o odor de carne e podridão fumegar das narinas dela. Ele olha em seus olhos, tortos e inchados, que olham de volta com ódio. Ele observa a boca da criatura, lábios pálidos manchados de sangue, retorcendo-se e babando sem parar em expectativa.

Em seguida, acontece algo que Alan não espera. Ele vê aquilo começar com as feições do demônio se contorcendo em um espasmo grotesco, que ele lentamente reconhece como pavor. Para sua surpresa, ele observa enquanto a criatura vira rapidamente para ver alguma coisa — algo que não deveria estar acontecendo ali, algo diferente na estrutura do lugar — algum tipo de luz brilhante e um fiapo estranho de esperança que perfura a névoa pútrida.

O demônio joga a cabeça para trás e uiva. Ele treme de raiva e medo, e aquilo enche Alan de sensações quase esquecidas, que ele reconhece como alívio e prazer.

Sem explicação, o demônio estreita os olhos, faz uma careta de desgosto e depois sai galopando.

Alan finalmente vê o que espantou a criatura. Outro ser se aproxima, e Alan imediatamente é avivado, pois não se trata de uma aparição. É uma figura masculina vestida de alabastro a respeito de quem tudo parecia fora de lugar. Seu rosto carregava uma expressão que, embora um pouco severa, não era sem esperança nem desumana.

O recém-chegado caminha diretamente até Alan e olha nos olhos dele penetrantemente e com força.

— Alan. Por favor, venha comigo.

RESGATADO 33

O estranho vira-se sem dizer nenhuma palavra e começa a caminhar rapidamente para longe da medonha multidão, aparentemente esperando Alan segui-lo. E ele o segue, pois não tem nenhum desejo de passar mais um segundo naquele lugar.

Ele segue a figura pálida de vestes esvoaçantes em direção a uma colina que desce da planície em direção à boca de um longo desfiladeiro escancarado cujo fundo está perdido em uma sombra profunda. No entanto, pouco antes de a inclinação dobrar em um ângulo mais íngreme, o estranho para e permite que Alan o alcance. Ele fica diante do abismo enquanto estica a mão para Alan, que sem hesitar se coloca ao lado dele e a agarra.

— Você está comigo? — disse o estranho.

— Sim — respondeu Alan.

— Faça o que eu fizer. — Ele estende o pé muito adiante deles e dá um passo à frente, com Alan ao seu lado. Nada acontece. Eles não afundam nem caem, mas apenas encontraram-se caminhando de novo. Só que agora eles estão se dirigindo a uma tempestade de luzes que se apressa em cercá-los por todos os lados e gira como o centro de um tornado. Há pouco som, exceto por uma brisa suave e uma leve crepitação.

— Por que eu tive de ir para aquele lugar terrível lá atrás? — Alan perguntou ao homem.

— Você estava esperando — disse o estranho.

Alan estuda o homem mais de perto. Na verdade, desde que deixou seu mundo, nada parece o mesmo, mesmo assim aquele indivíduo é incomumente estranho. A luz parece diferente ao redor dele e resplandece com uma qualidade calorosa, até mesmo *amorosa*.

Enquanto considera isso, Alan de repente se dá conta de que está caminhando com mais facilidade. Ele olha para suas pernas e vê que habita em um corpo novamente, que é parecido com seu antigo corpo terreno.

Além disso, o traje de seu guia agora se transformou em uma túnica branca tão pura e brilhante que é difícil de olhar.

— Quem é você? — Alan perguntou.

— Meu nome não deve ser revelado neste ambiente — ele disse.

— Você é um anjo?

Ele sorri.

— Tenho a honra de servir ao Filho que governa no Trono Branco.

— Era isso que eu estava esperando? Para ir diante do Trono Branco?

O guia concorda com a cabeça e para de andar.

Alan nunca havia sido um estudante do Apocalipse, então a menção do Trono Branco lhe provocou uma leve sensação de desconforto. Porém, aquela sensação logo se fortaleceu exponencialmente.

De uma só vez, o corredor de luzes turbilhonantes desaparece e diante dele aparece uma paisagem totalmente nova, dominada por um portão gigante. Alan ergue o pescoço para vê-lo completamente, pois estima ter mais de cem metros de altura, todo esculpido de algum tipo de joia translúcida. A enorme estrutura está a menos de trinta metros à frente, do outro lado de uma ponte abrangendo outro abismo.

O guia gesticula para Alan, indicando que ele deve entrar primeiro. Alan obedece e começa a atravessar a ponte. Ele dá uma olhada em sua extensão e ouve o fluir de água lá embaixo, atrás da curvatura da pedra.

O anjo, agora de pé do outro lado, exclama:

— Você está prestes a entrar no Grande Salão do Trono Branco de Julgamento e em breve você estará diante do seu Rei. Embora nunca tenham se conhecido pessoalmente, o Filho tem visto você. Ele tem observado o seu coração e discernido o seu fruto. Ele conhece os seus desejos mais profundos, as suas motivações, os seus pensamentos e sentimentos, assim como todas as suas obras. Nada está oculto.

Ansioso para começar, Alan se inclina em direção à porta, mas seu guia o impede. O anjo não havia terminado.

— Você irá se aproximar quando o seu nome for chamado. Você irá se ajoelhar no parapeito de ouro, onde terá a chance de falar com o Filho do Altíssimo, o Rei do Universo. Quer dizer, se você tiver coragem de falar, ou até mesmo, se for capaz de falar. Entretanto, as suas palavras a Ele não irão alterar o julgamento. Você tem alguma pergunta?

— Eu não... entendo — Alan disse, visivelmente abalado agora. — Você está dizendo que esta é a hora? Isto aqui é para decidir se eu vou para o Céu ou...?

— Assim como está escrito — o anjo disse — este é o momento mais decisivo e solitário que você enfrentará. Você não leu a parte das Escrituras eternas que falam sobre o trono de julgamento do Rei: *"Uma vez que conhecemos o temor ao Senhor, procuramos persuadir os homens"*?

Alan luta contra um repentino surto de pânico. Ele se sente fraco, como se seus joelhos fossem se dobrar a qualquer momento.

O anjo dá um passo adiante, levanta a maçaneta reluzente, e empurra a enorme porta.

— Que o seu nome seja encontrado — ele disse.

— O quê? — Alan pergunta apavorado.

— O Livro da Vida — o anjo diz. — Que o seu nome seja encontrado lá.

— Ah — Alan diz, finalmente entendendo. — Em outras palavras, *boa sorte*. Bem, eu morri durante uma viagem da igreja. Sabe, sou pastor.

O anjo não responde, mas olha inexpressivamente para o chão à medida que entra. Ele parece já ter ouvido aquilo antes.

Alan fecha os olhos contra o brilho intenso, mas vai adiante seguindo seu guia para dentro. Em um instante, encontra-se de joelhos.

Seu mundo está desfeito.

Como ele pode encontrar palavras terrenas — originalmente criadas para descrever experiências humanas e terrenas — para descrever as maravilhas de uma esfera diferente? O salão diante dele é mais vasto, maior, mais bonito, luminoso e, em última análise, mais intimidador do que qualquer lugar que seus sonhos pudessem imaginar.

E sem contar os seres incríveis ali dentro.

No segundo seguinte, Alan esquece-se de tudo que viera antes daquele momento. Se tivessem lhe perguntado de que século terreno ele vinha, a que nação ele pertencia, ele teria de parar e pensar bem por muito tempo. Pois, em questão de três segundos, tudo foi eliminado. Em um instante, tudo que ele sempre considerou muito importante no mundo se reduziu a nada.

O que ele vê tem um peso invisível e tamanha gravidade, mais esmagadores do que qualquer outra coisa no universo.

34

Quando Alan se levanta e começa a direcionar o olhar para o Radiante que está sentado no Trono, ele tem medo de deixar de existir, de simplesmente explodir em milhões de partículas minúsculas. Ele luta para manter o medo sob controle enquanto a autorecriminação inunda sua alma.

Sem sequer olhar diretamente para o Filho, ele percebe mais uma vez que, em comparação com a presença diante dele, tudo que ele já havia considerado importante — e como pastor, ele passou mais tempo do que a maioria dando atenção a questões supostamente mais graves — era a mais frágil das trivialidades, a mais ridícula das loucuras.

Pensar que ele havia se preocupado com dinheiro, desempenho no trabalho, as notas de seus filhos, aparência pessoal, a limpeza de sua casa, o carro que dirigia, a espessura de sua cintura ou a cor de seu cabelo, a situação da economia mundial, e mil coisas mais...

... em um único olhar para as bordas externas do Trono, ele se dá conta de que tudo aquilo havia sido uma distração, uma tolice.

Era com *aquele momento* que ele deveria ter se preocupado, a coisa que deveria ter consumido sua vida terrena, suas horas acordado, seus sonhos, tudo. Era para aquele momento que ele deveria ter se preparado, para a realidade daquele encontro com...

Ele tenta olhar novamente para seu Criador, e mais uma vez ele se encolhe diante da intensidade da Sua presença.

Alan é esmagado pela enxurrada de amor que flui do Trono e quase ameaça afogar aqueles que entravam no Salão. Ou pelo santo temor paradoxal que imediatamente apreendia a mente deles quando se aproximavam de Sua presença. Ou pela luz que resplandecia de Sua pessoa, mais brilhante do que o núcleo incandescente do sol. Ou os relâmpagos que pareciam irromper tudo ao redor dele, com grandes estrondos de trovão.

Qualquer uma dessas coisas por si só poderia fazer desfalecer uma pessoa na Terra. No entanto, era preciso todas elas e muitas mais para evocar o temor indescritível que Alan sente à medida que adentra mais no Grande Salão do Trono Branco.

Alan decide que a melhor maneira de preservar sua sanidade mental é começando a focar no próprio Salão, assim como nos seres menores que habitam ali.

Ele olha para o teto, que parece ter trezentos metros... não, mil e quinhentos metros de altura? Ele não tem certeza. Percebe então que as propriedades terrenas de luz e sombra que geralmente ajudam a estimar as dimensões das coisas não existem ali. A luz não vem de fora, através de janelas ou de fontes de luz de cima. Derrama-se uniformemente a partir do Trono.

Em vez disso, ele tenta adivinhar as dimensões estimando o tamanho das figuras do outro lado da sala, mas ainda assim não consegue. Estavam simplesmente longe demais.

Ele olha para a parede mais próxima. Não há nenhuma falha ou textura para ajudá-lo a calcular sua superfície, seu tamanho aproximado nem seu material.

Por fim, ele desiste de tentar compreender a estrutura do Salão ou sua grandeza e decide continuar se movendo mais adiante. Ele olha para o guia ao seu lado e fica surpreso ao ver que o anjo havia crescido tanto em estatura como em brilho, transformando-se em uma das hostes angelicais que somavam milhares ao redor do Salão.

Além dos anjos, Alan vê uma inumerável multidão de seres humanos comuns, cujos olhos abatidos e corpos trêmulos revelam seu estado de choque.

Ele quase dá um pulo quando sua visão é bombardeada por imagens em cascata veloz através de sua mente. Elas mostram uma mulher de cabelo escuro em várias fases de sua vida, começando como uma menina e passando rapidamente para a idade adulta. Tudo era revelado — desde ações a palavras e pensamentos, até mesmo motivações. Alan franze o rosto, pois algumas das imagens eram embaraçosas e ofensivas.

— O que está acontecendo? — ele pergunta ao anjo.

— Você está vendo a vida dela. Isso faz parte do Julgamento. As ações da pessoa são reproduzidas para o Rei para serem julgadas.

— *Todas* elas?

— Correto, e todos aqui testemunham a reprodução delas.

— Mas...

Em seguida, uma voz mais alta que o trovão interrompe, dizendo:

— *O nome de Rosa está contido no Livro da Vida do Cordeiro?*

— Não, meu Senhor — respondeu outra voz forte. — Não está.

— *Rosa, você recusou a Minha salvação. Suas mãos e seus pés serão atados, e você será levada e lançada nas trevas, onde haverá choro e ranger de dentes.*

Antes de o pronunciamento do Julgamento ser concluído, um *flash* estranho e inquietante varre o lugar. Não era um *flash* de luz, mas de transição, uma mudança temporal ultrarrápida. Alan vê algo como o piscar de um grande olho, como a troca de um *slide* em um projetor antigo — cujo ângulo estava somente um pouco mais inclinado do que o do *slide* anterior, mas que se acertou novamente com um pequeno ajuste.

— O que foi isso? — Alan pergunta ao anjo.

— O tempo passando — responde o anjo. — Nós estamos na plenitude do tempo e estamos nos movendo em seus corredores. É a mesma coisa que o apóstolo João experimentou quando se deslocou para diferentes eventos significativos registrados no livro de Apocalipse. Você está vendo coisas que talvez não teria visto de outra forma. Este não é o seu Julgamento, mas está sendo mostrado a você mesmo assim. Logo você irá entender o porquê. Prepare-se.

— *Hal Newman* — disse a grande voz mais uma vez. — *Preste contas das suas responsabilidades.*

— O quê? — Alan exclama.

Ele olha para baixo e se dá conta, pela primeira vez, da pequena figura de seu velho amigo.

— Hal! — Alan exclama.

O guia de Alan lhe diz:

— Ele não pode ouvi-lo.

— Você ficará bem, meu amigo — Alan grita mesmo assim. — Você é um dos homens mais corretos da minha igreja. Se você não for aceito, então o trabalho de toda a minha vida não serviu para nada!

Outro guia colocou uma grande mão sobre o ombro de Hal e começou a guiá-lo até a frente, segurando-o de uma maneira que combinava insistência e ternura. Apesar de suas palavras de apoio, Alan sente uma onda de pânico surgir dentro dele ao ver um querido amigo de longa data entrar em uma situação tão assustadora.

— Eu tenho Te servido, Senhor — Hal diz com uma voz que ecoa em toda a extensão. — Toda a minha vida tem sido para servir o Teu nome. E para servir o Teu povo. Tem sido uma honra, meu Senhor.

— *Gabriel, o nome Hal Newman está contido no Livro da Vida?*

Assistindo lá de trás, Alan diz a si mesmo: *Que bênção é ver alguém do ministério da minha igreja, um verdadeiro servo de Deus, receber sua recompensa depois de uma vida de serv...*

— Não...

A palavra ressoou como um terremoto.

— ...não está, meu Senhor.

Um choque como uma carga elétrica corre pelo corpo de Alan da cabeça aos pés.

Diante dele, Hal cai de joelhos, não em oração, mas em descrença total.

— *Hal Newman, você é culpado de negar-Me. Você será levado ao Lago de Fogo, onde passará a eternidade longe da Minha presença, na companhia de satanás e seus demônios e todos aqueles que Me negaram.*

— Mas, Senhor — Hal diz, meio gritando, meio chorando — *como eu neguei-Te?* Eu Te aceitei quando era criança e fui cristão toda a minha vida! Eu dizimei fielmente e além disso fiz doações para vários tipos de projetos. Acampamento de jovens. Viagens missionárias para o México e o Haiti. Missionários em todo o mundo. Eu ajudei crianças necessitadas. Cantei no coral. Eu fui praticamente o único que apoiou a minha igreja durante seus primeiros anos. Como pode ser? Por quê...?

A voz dele falhou.

— *Você não leu na Minha Palavra onde Eu adverti sobre aqueles que afirmam Me conhecer, no entanto Me negam pela maneira como vivem?*

— Como a minha vida Te negou, meu Senhor?

De repente, a investida de luz e cor surge novamente na visão de Alan. Imagens começam a piscar, rapidamente, mas de modo vívido.

A mão de Hal voou para sua boca em um gesto de desalento. Mesmo a partir da posição mais elevada e distante de Alan, ele pode ver que aqueles eram atos que Hal tinha certeza que ninguém jamais veria. À medida que a cronologia alcançava seus anos adultos, Hal cobriu a cabeça com os braços e caiu no chão.

As imagens abrangiam muitos constrangimentos, iniquidades comuns entre os homens. Pecados sexuais. A cobiça dos olhos. As devassidões da juventude.

Entretanto, as que mais indiciavam Hal chegaram durante os últimos vinte e cinco anos de sua vida. Até então, as imagens revelavam a pompa

232 • JOHN BEVERE

de seu sucesso como construtor e empreendedor imobiliário. Uma em particular mostrava-o diante de um jovem casal que examinava Hal com rostos ansiosos.

"Olhe, confiem em mim" Hal lhes diz. "Nós testamos o solo, então não há necessidade de se preocupar. Já cuidei de tudo para vocês. Esta é a melhor fundação conhecida pelo homem."

A imagem seguinte era do porão da casa, repleto de caixas e brinquedos que indicavam que a casa já estava sendo usada. O que se destacava era o chão — uma teia de aranha de rachaduras e superfícies em declive.

Uma perda total.

Em seguida, Hal está gritando com um trabalhador da construção: "É para isso que o Corpo de Bombeiros serve! Eu não me importo se a lareira está pequena demais. É por esse modelo que eu estou pagando, e é o que você irá instalar nessas salas de estar se quiser o contrato!"

Em seguida, Hal está conversando com um homem, com pilhas de madeira e treliças empilhadas atrás deles: "Olhe, eu não vou falir apenas para satisfazer um burocrata afeminado que quer tornar o mundo seguro para a humanidade. Essa qualidade serve. Eu não me importo com o que o código diz. Ninguém irá se machucar com esse material. Está bom, e você irá vendê-lo para mim!"

Em seguida, Hal está falando por trás de um homem com um rabo de cavalo, que está sentado na frente de um computador: "Não, tem que dizer: 'O melhor artesanato do velho mundo'. É isso que eles gostam de ouvir. Pense em qualidade. Os melhores materiais de construção conhecidos pelo homem. Coisas assim."

Em seguida, um campo aberto onde Hal está olhando para um grande mapa topográfico estendido sobre o capô de uma caminhonete e gritando com outro de seus sócios. "Planície aluvial, uma ova! Olhe para este solo. Não houve nenhuma enchente aqui em trinta anos, e não haverá depois que construirmos. Agora, preste atenção no que você irá fazer. Você conhece o Marty, da comissão de planejamento. Você irá levar para ele este..." — Hal retira um envelope grosso e recheado de seu bolso, e o entrega ao sócio — "Apareça na casa dele, não no escritório, e faça um pequeno passeio com ele ao redor do quarteirão, e enfie este envelope nas mãos dele. E certifique-se de que ele saiba que este terreno não precisa de nenhuma pesquisa geológica. Entendeu?"

E foi assim dali em diante. O replay piorou até se resumir a uma triste ladainha de corrupção, ganância, calúnia — mesmo enquanto, aos domingos, Hal vestia seu terno e exibia a compaixão e a dedicação aos outros pelas quais a congregação da Summit Chapel o respeitava.

Finalmente, misericordiosamente, chegou ao fim. Todos ao redor da sala voltaram sua atenção para o trono.

— *Hal, eu teria alegremente perdoado você por esses atos* — o Mestre diz. — *Eu morri pela chance de fazer exatamente isso. Se você tivesse vindo a Mim com um coração quebrantado e contrito, eu os teria apagado com prazer de toda memória. Pois, veja bem, esses atos não são a sua condenação. Você está condenado porque Eu não o conheço; portanto, a sua natureza não foi transformada de um estado condenado. E essas obras são meramente a prova disso. Harold, você vivia duas vidas — uma como um homem corrupto de negócios, e outra como uma pessoa da igreja que se deleitava com o elogio e a adulação dos outros. Nenhuma delas envolvia Me conhecer ou andar nos Meus caminhos. Ao contrário, do pior dos pecadores que humildemente se arrepende em seu leito de morte, você nunca realmente Me convidou para dentro do seu coração e da sua alma. Você fez uma oração décadas atrás, mas isso significou pouco, e isso foi evidenciado no curso da sua vida. Foi superficial e insincera e não levou você a Me seguir em sua vida diária. Infelizmente, as suas orações na idade adulta também não eram sinceras, feitas privada ou publicamente, compostas para fins de eloquência e para obter a admiração das pessoas da sua igreja.*

— Mas tudo que eu fiz foi em Teu nome — Hal choraminga.

— *Por que vocês Me chamam "Senhor, Senhor", mas não fazem o que Eu digo? No Julgamento muitos Me disseram: 'Senhor, nós dissemos aos outros sobre Ti e usamos o Teu nome para ajudá-los'. Isso Me entristece, mas devo responder: 'Você nunca foi Meu. Vá embora, pois as suas obras são más.' Portanto, amarrem lhe as mãos e os pés, levem-no, e lancem-no para fora, nas trevas; ali haverá choro e ranger de dentes. Pois muitos são chamados, mas poucos são escolhidos.*

Alan observa e sente seu espírito encharcado de um pavor sagrado, um medo que tornava tudo mais arrepiante por causa de sua recente jornada. Seu amigo foi levado por um anjo poderoso e arrastado gritando e xingando em direção aos fundos do Grande Salão até perder-se de vista.

Se ainda possuísse o mesmo coração que tinha em seu corpo terrestre, Alan tem certeza de que já teria desfalecido naquele momento, assolado pela carga esmagadora e o frio que se derramava através dele. Ele estendeu a mão para se apoiar e sentiu sua mão encostar no braço do anjo.

— Eu não posso... Eu não posso acreditar — ele suspira. — Isso é pior do que qualquer coisa que eu jamais imaginei em meus piores pesadelos. Um homem que passou sua vida na igreja, mas não...

— Você viu, Alan — interrompeu o anjo — como ele xingou a Deus, e até mesmo você, enquanto era levado para longe? — O anjo virou, olhou para a frente do Trono. — Aquilo era o verdadeiro eu do seu amigo se expressando, sua natureza dissimulada.

— Suponho que sim — Alan murmura. O choque de Alan só aumenta quando o nome seguinte é anunciado, dito a partir do Trono e ecoando em todo o Salão.

— *Carrie Knowles...*

35

DENVER — SUMMIT CHAPEL

A história de Alan soou como uma bomba para os membros que estavam no santuário. Eles gritaram, retraíram-se, abraçaram-se, enquanto alguns pareciam estar em estado de choque, de pé em um canto com o rosto inexpressivo. Uma mulher caiu no chão como se tivesse sido atingida no peito. Quatro pessoas caíram sentadas de volta em seus assentos tão fortemente que parecia que haviam sido empurradas. E o choro se tornou o som predominante por todo o auditório.

Enquanto isso, na cabine de som, acontecia uma gritaria entre Larry Collins e um dos técnicos da igreja, Tom Scully. Tom estava pronto para cortar de vez a conexão com o Pastor Alan, convencido de que ele estava delirando e dizendo coisas que iriam ferir a igreja profundamente, além de aumentar ainda mais a dor dos familiares de luto.

— Isso não é nenhuma alucinação! — Larry disse entre os dentes trincados. Seu rosto ficava cada vez mais vermelho e manchado, como sempre acontecia quando ele sentia a necessidade de defender uma decisão. — Isso é na verdade a mensagem mais importante já pregada nesta igreja, e se você ousar desligá-la, terei de pedir que o retirem do prédio, apesar de eu odiar perdê-lo agora.

— Tudo bem — disse Scully —, mas faça isso por escrito dizendo que foi você quem me deu a ordem. Vou mandar emoldurá-la e a carregarei comigo pelos próximos anos quando eu for abordado por ter transmitido esse horrível discurso nocivo.

— Sabe o que eu acho? Que pessoas virão até você e aplaudirão a sua coragem.

— Por quê? Por destruir cada porção de ensinamento que essa igreja já defendeu?

— Exatamente.

Larry deu meia-volta e saiu apressadamente.

BARBADOS — CAIS DE EMBARQUE

Para Jeff Rockaway, a recusa de seu pai a parar de falar e preservar seu oxigênio restante era como o clímax amargo do pesadelo mais cruel de se imaginar. Por dez minutos até aquele momento, ele havia nadado de janela em janela, batendo no vidro e acenando descontroladamente para que seu pai largasse o aparelho e parasse de falar. Ele tentou usar o dedo indicador em frente aos lábios, a mão cortando o pescoço, a mão tapando a boca, e até uma mímica das bolhas de ar saindo do submarino. Seu pai fazia contato visual com ele ocasionalmente, observava seus gestos, depois sorria, olhava para outro lado e voltava ao seu monólogo.

Jeff não conseguia ouvir seu pai, mas podia ver que ele estava chorando enquanto falava, com o rosto brilhando de lágrimas, com os olhos vermelhos e inchados. Ele não sabia se aquilo significava que seu pai estava tendo uma reação psicótica à falta de oxigênio ou verdadeiramente transmitindo algo de suma importância.

Por fim, a determinação antes inabalável de fazer algo, recentemente coroada com um aparente sucesso, começou a perder força dentro dele.

Ele havia certamente feito o seu melhor. Havia lutado para restaurar o oxigênio no submarino, despertando seu pai da própria morte ou pelo menos do início dela. Jeff se consolou com o pensamento de que o que seu pai estava fazendo para frustrar aquela vitória, na semiconsciência confusa dele, estava agora fora de seu controle.

Jeff olhou para a superfície, furioso com a falta de mais mergulhadores de resgate. Ele conseguia decifrar o formato dos helicópteros de notícias sobrevoando logo acima da superfície, parecendo insetos gigantes através de um caleidoscópio. Porém, nada militar, nada que parecesse remotamente uma operação de resgate. Ele mostrou o punho em direção à superfície. Será que as autoridades haviam simplesmente desistido após sua falha?

Se havia alguma pequena boa notícia que Jeff pudesse identificar, era o fato de que a massa marrom que esmagava o submarino finalmente começava a se dissipar. Permanecia ali um anel considerável de detritos, mas eles não tinham mais a densidade nem formavam a massa absoluta de antes. Aliás, Jeff disse a si mesmo, sacudindo a cabeça amargamente, se os mergulhares tivessem vindo naquele momento, certamente teriam obtido sucesso em sua tarefa.

Para ocupar sua mente agitada, ele relembrou as imagens mentais dos manuais de segurança. Ele havia encontrado o ar de emergência, mas será que havia algo mais? Em algum lugar, de alguma forma, ele tinha a forte impressão de que havia outra condição de escape, possivelmente algo que ele ouvira o operador do cais de embarque dizer, logo antes de o homem entrar na água e se encontrar com a morte.

O que era? Jeff gritou internamente, forçando sua memória. *Por favor, Deus, nos ajude mais uma vez!*

Nada. Frustrado e com raiva, decidindo que deveria verificar novamente como seu pai estava, Jeff deu meia-volta na água.

Bam!

Algo havia entrado em contato com o casco quando ele se virou, algo atrás dele. Ele se esticou para pegar aquilo que estava preso a seu equipamento de mergulho.

Como ele esperava, sua mão agarrou algo — algo liso, duro e preso por um grampo. Ele conseguiu soltar o grampo e finalmente pegou o objeto.

Era um daqueles blocos de notas magnéticos.

Ele ficou olhando para o objeto por alguns segundos, então teve uma ideia. Rabiscou no bloco, nadou rapidamente até a janela mais próxima de seu pai, e levantou o bloco de notas, apontando para as letras.

Seu pai franziu a testa, tentando focar a visão, e depois se inclinou para mais perto. Dizia: *O ar novo está vazando! Fique parado e não fale nada se você quiser viver!*

Seu pai ficou parado por um instante, com os olhos fixos na mensagem. Em seguida, Jeff viu lágrimas encherem os olhos dele e começarem a rolar por seu rosto.

Alan olhou nos olhos de seu filho e balançou a cabeça dizendo que não.

Sem saber mais o que fazer, Jeff balançou a cabeça de volta. Ele podia ler a expressão de seu pai.

Alan entendeu que estava usando seus últimos minutos de oxigênio, talvez a sua última chance de vida, mas ele não iria parar. Não podia parar. Ele levantou as mãos e fez o sinal de *eu amo* você para o filho novamente, e depois voltou lentamente para o aparelho de rádio.

E continuou.

Alan nunca havia se esforçado tanto quanto estava fazendo agora. Impulsionado pelo trauma e pela glória do que havia testemunhado, ele se concentra em articular cada palavra, lutando contra fraqueza, tristeza, visão irregular, náusea, dor no coração e nos pulmões pela falta de oxigênio e o pânico crescente de não conseguir terminar o que precisava ser dito antes de seu ar acabar completamente.

Para piorar a situação, com seu filho gesticulando através da janela, ele começou seriamente a duvidar se a conexão do rádio ainda estava funcionando. Parecia improvável que suas palavras tivessem alcançando alguém, muito menos os membros de uma igreja em Denver, a cinco mil quilômetros de distância.

Mesmo assim, ele disse a si mesmo que tinha de continuar tentando. Era a única maneira digna de passar seus últimos momentos na Terra. E então ele continuou falando.

— Eu dei um suspiro de alívio depois que o nome de Carrie foi anunciado. Afinal de contas, embora o que aconteceu com Hal tenha sido um choque inacreditável, ali estava uma mulher cuja entrada no Céu era certa. Àquela altura, eu ansiava ouvir um *sim* para aquela importante pergunta, ver alguém receber um "Muito bem", e entrar no Céu.

— Observei Carrie caminhar até a frente para prestar contas de sua vida, rodeada de anjos por todos os lados, quase invisível diante do brilho do Trono. Eu pensei em quantas vezes a havia visto caminhar pelos corredores da igreja, segurando um bebê chorando ou levando uma criança assustada pela mão, ou uma pilha de material da escola dominical a caminho de sua classe. E vi aquele sorriso que havia visto Carrie dar talvez milhares de vezes ao passar por mim ao longo dos anos, um sorriso que estava definitivamente murcho quando ela começou a longa caminhada que estava terminando somente agora. Gostaria que ela pudesse ter guardado o sorriso inteiro para Deus naquele momento, pois ela merecia ricamente a recompensa que a esperava.

— Quando Carrie e sua escolta angelical alcançaram o Trono, nenhuma palavra foi trocada. Em vez disso, um filme das ações de sua vida imediatamente inundou os meus sentidos.

— Fiquei tonto com a sobrecarga sensorial, imaginando como aquilo era feito. Porque, embora parecesse mostrar cada minuto da vida da pessoa, parecia que a apresentação inteira durava apenas três ou quatro minutos prolongados. Em seguida, lembrei-me da explicação do anjo — de que o tempo era encurtado ali, de alguma forma, como se viajasse por algum tipo de corredor etéreo.

— Então me vi capturado pelo próprio filme, e minhas expectativas foram impiedosamente destruídas novamente.

RESGATADO

36

No Trono Branco Do Julgamento

"Você soube do Pastor Rockaway? Ele deixou a esposa, e assumiu aquela liderzinha de louvor que não vale nada..."

"Eu não estou aqui para fazer fofoca, mas se você está pensando em convidar aquela mulher para ser líder do maternal, existem algumas coisas que você tem de saber..."

"Só estou lhe contando isso porque estou preocupada. Afinal, ela faz parte do ministério da igreja, então precisa muito das nossas orações..."

"Oh, desculpe. Eu só mencionei isso porque pensei que todos sabiam..."

"Bem, todo mundo sabe que eles passaram a noite juntos em algum ninho de amor no Cairo..."

"Você não pode contar a ninguém. Isso pode arruinar um casamento..."

"Oh, obrigada. Eu não quis dizer isso. Mas se eles estão escolhendo com base em idade, eu naturalmente deveria..."

"Ei, alguém precisa dar o exemplo..."

Por fim, o filme da vida de Carrie Knowles termina, desaparecendo em um instante da visão interna de Alan Rockaway. Ele soube mais sobre os escândalos de sua própria igreja, inclusive rumores sobre si mesmo, naquele *replay* veloz da carreira de fofocas de Carrie do que ficara sabendo em décadas liderando a igreja.

Ele também acaba de saber da verdade chocante sobre a própria Carrie. Ele lembrou que sua primeira esposa nunca havia gostado muito dela. Terri nunca disse o porquê; simplesmente parecia que seu radar interno havia recebido um sinal estranho sobre ela.

Da perspectiva de Alan, Carrie Knowles era o tipo de mulher que pastores estão sempre buscando: uma voluntária entusiasmada, com iniciativa, disposta a seguir diretrizes. De baixo custo...

— *Carrie Knowles, preste contas das suas responsabilidades.*

Carrie mostra determinação e sorri de nervoso.

— Meu Senhor, por favor... aquelas declarações foram tiradas de contexto. Elas não representam o que eu realmente penso. Tive a honra de investir o meu tempo em servir aos membros mais vulneráveis e negligenciados da minha igreja — as crianças. As crianças eram a minha alegria e a minha maior preocupação. Eu as servi com alegria durante vinte e um anos da minha vida...

— *Carrie, você não ouviu a Minha Palavra quando Eu disse: "Nem todos que parecem religiosos são pessoas de Deus"? Podem até Me chamar de "Senhor", mas ainda assim não entrarão no Céu, pois não estão dispostos a obedecer a Meu Pai.*

— Eu estou, eu obedeci...

— *Suas ações revelam o contrário. Meu anfitrião, o nome de Carrie Knowles está no Livro da Vida?*

— Não, Senhor. Não está.

— O quê? — de repente, a voz de Carrie se transforma no grasnar de um papagaio bravo. — Mas Senhor, eu não tenho feito nada além de servir desde... bem, desde que eu me lembre.

— *Você já recebeu a sua recompensa completa por aquele serviço,* Carrie.

— Quer dizer que é só isso então? — ela grita. — Esse é o agradecimento por todos os meus anos limpando narizes, trocando fraldas e ajudando pessoas, tudo pelo Teu nome?

— *Carrie, você não leu na Minha Palavra as sete coisas que eu odeio? A sétima, que é uma abominação, é plantar discórdia entre os irmãos. E, mais uma vez, Eu declaro na Minha Palavra que não posso tolerar aqueles que caluniam seus irmãos.*

Sem levantar os olhos para Ele, Carrie diz rispidamente:

— Eu não orei? Não pedi perdão pelos meus pecados?

— *Sim, pediu, mas não de forma específica, e com o coração vazio de arrependimento verdadeiro. E não sei para quem foi direcionado, pois o Meu Espírito, a Minha vida, não estavam em você. Embora você declarasse que conhecia a Jesus Cristo, você nunca se achegou a Mim com um coração humilde e contrito por salvação. Portanto, a Minha vida nunca foi concedida a você. Você confiou nas suas obras como uma substituição de um relacionamento genuíno comigo, e Eu registrei claramente que nenhuma carne será justificada pelas obras da Lei. Se você tivesse entregado a sua vida sinceramente a Mim, teria tido a sua natureza transformada, o que teria produzido obras de justiça. Você então teria amado o que Eu amo e odiado o que Eu odeio. Essa é a evidência de alguém que realmente Me conhece e tem o Meu Espírito dentro de si. Eu não conheço você, Carrie e, portanto, você deve se afastar de Mim e ir para o seu castigo eterno, para o lugar preparado para aqueles que Me rejeitam. Pois muitos são chamados, mas poucos escolhidos.*

Então, ela é arrastada, gritando e xingando, para fora do lugar santo, com sua verdadeira natureza agora também revelada diante de toda a assembleia.

Alan permanece em choque absoluto, tremendo e sem palavras. Tudo em que ele sempre acreditou acaba de ser virado de cabeça para baixo. Ele mal consegue formar um pensamento coerente. Não sabe o que fazer, o que seria até mesmo possível àquela altura. Mas ele não pode se dar ao luxo de manter sua indecisão por muito tempo. Outra daquelas arrancadas em espaço-tempo o surpreende, e ele se encontra em um momento em que é possível sentir, por alguma razão, o ambiente ao redor altamente carregado.

— *Alan Rockaway* — a forte voz ecoa.

Nos segundos seguintes, Alan nota algo surpreendente. Embora fosse incrível e ameaçador, o próprio som de seu nome sendo chamado por aquela voz, por Ele, também o enche de uma emoção calorosa.

Era o seu Criador, chamando-o.

Então ele se dá conta...

Aquela é a hora.

Ele olha diretamente para a frente e se permite ser guiado pelo caminho estreito entre as multidões de anjos. Após o que parece uma caminhada eterna, ele chega ao parapeito de ouro.

De pé sozinho naquele local tão solene, ele sente como se ocupasse o próprio centro — mais do que o mero *universo* — do cerne de tudo que existe. Ele se sente infinitamente grande e impossivelmente pequeno.

Verdadeiramente, este é o momento mais solitário que uma pessoa pode imaginar, ele diz a si mesmo. Ninguém para consultar, nenhum intermediário ou conselheiro, e nenhum parente encorajador para ajudar a aliviar o trauma.

No entanto, apesar da expectativa aterrorizante daquele encontro, ele lembra a si mesmo de que ele é um homem de Deus. Se sua carreira escolhida tivesse alguma regalia de fato, certamente a maior delas deveria ser a capacidade de se aproximar do Trono Branco sem receio e até mesmo com confiança.

Ele força a si mesmo a olhar para cima e constatar que é capaz, embora por pouco, de olhar adiante para os arredores do Trono de Jesus Cristo.

Sua visão periférica revela mais do que ele pode absorver. Explosões de luzes brilhantes, um calor como o do sol e um poder vibrante combinados com uma mistura paradoxal de beleza penetrante e uma sabedoria mais profunda que o tempo, um amor mais doce do que todos os anseios que Alan já sentiu. Cada uma dessas coisas não são mais abstrações emocionais, mas de alguma forma foram transformadas em forças elementares tão tangíveis quanto a própria gravidade.

E então a Voz fala com ele.

— *Alan, é hora de você prestar contas sobre as suas responsabilidades.*

O som vem em ondas e submerge Alan em uma consciência profunda de cada atributo divino, e mais: o timbre vasto e ecoante daquela voz faz com que ele se sinta próximo do coração de seu Criador.

Ele dá um suspiro profundo e se esforça para falar.

— Obrigado, meu Senhor. Eu... eu não acho que isso deva contar muito, mas como o Senhor sabe, fui pastor a maior parte da minha vida, quase trinta anos. Eu levei muitas pessoas a fazerem a oração para aceitar o Senhor como Salvador...

— *Sim, mas e você?*

— Eu o quê, Senhor?

— *Aceitou-Me como seu Senhor e Salvador?*

— Bem, isso eu nem preciso falar.

— *Não, Alan, você precisa falar sim. Como você viveu a sua vida?*

Ele começa a formar uma resposta para isso, mas então sua mente tem um branco alarmante. Ele descobre que não tem nada a dizer, então abaixa a cabeça em silêncio enquanto a sensação de perdição iminente retumba sobre ele.

— *Anfitrião* — a forte voz entoa — *Alan Rockaway está preparado para entrar no Meu Reino?*

Alan dá um suspiro profundo. Os segundos seguintes parecem durar uma eternidade.

— *Não, meu Senhor. Não está.*

Seu cérebro precisa ouvir o eco das palavras várias vezes a fim de processá-las adequadamente.

A cena diante dele, apesar de extraordinária, de repente se dilui em branco. Depois cinza. Um zumbido começa a soar em algum lugar na parte de trás de sua cabeça. Tudo começa a balançar, a girar lentamente, à medida que uma película transparente desce na frente de tudo.

Todos os pensamentos se calam. Todas as emoções somem. Outra voz dentro dele grita com seu ser imobilizado como um sargento instrutor. *Diga algo! Defenda o seu caso!*

Por fim, sua boca se move, parecendo ser controlada por alguém ou algo além dele mesmo.

— Mas... Senhor, eu Te servi. Eu curei pessoas em Teu nome. Batizei, orei, e ensinei a Tua Palavra. Devotei a minha vida à Tua causa...

— *Essas foram as suas obras, Alan.*

Alan vira-se, desejando poder cavar um buraco, pular lá dentro e se esconder daquele lugar. Ele fecha os olhos, mas as luzes dançam em sua mente e ele não pode escapar delas.

O que ele vê o deixa muito envergonhado. Bem clara dentro dele, ampliada mil vezes ou mais na visão de cada ocupante do Salão, vem uma série de clipes que mostram todo ato vergonhoso que ele podia lembrar, e muitos mais que ele havia conseguido esquecer. As próprias coisas que ele havia feito escondido dizendo a si mesmo: *Graças a Deus que ninguém pode me ver fazendo isso.*

Naquele momento, ele lamenta internamente: *Se pelo menos alguém tivesse me avisado.* Mas é claro que ele sabe que se alguém tivesse tentado lhe explicar a realidade daquele momento, ele teria dado de ombros.

O *replay* continua.

A adolescência é uma tortura em particular, com ele sendo flagrado em todas as formas de comportamento desavergonhado, com material sexualmente explícito, e depois explorando aqueles desejos com garotas no Ensino Médio, tirando vantagem delas em festas, satisfazendo-se em tudo que era lascivo e indecente enquanto magoava e enganava outras.

Misturado com tudo isso havia coisas boas — estudos bíblicos, fogueiras nos acampamentos de jovens, adoração, retiros da igreja — porém, eram inevitavelmente seguidas por mais recaídas. Uma viagem de volta para casa no banco de trás do carro de um amigo, sem estar sóbrio

246 · JOHN BEVERE

o bastante para sair pela porta sem cair no chão. Ele quebrando o nariz de um jovem em uma briga de socos. Ele quase matando sua namorada e a si mesmo durante pegas em uma avenida movimentada tarde da noite.

Se Alan não estivesse cambaleando ainda por causa do veredito que havia acabado de receber, ele teria ficado fascinado pela retrospectiva de sua vida e com repulsa do que ela revelava. Mas, naquele momento, o resultado é pura agonia.

Ele olha para cima novamente e enxerga o cerne da questão.

Ele está explicando para um dos líderes da igreja por que deixou Terri: *"Olhe, como qualquer outro homem, eu tenho necessidades. E Jesus entende essas necessidades. Foi Ele quem as criou..."*

Ele estava pregando, somente agora suas palavras eram audíveis: *"Esqueça o Deus irado e vingativo da sua infância, das suas antigas experiências negativas. Eu prego a graça! Jesus Cristo oferece graça para você hoje!"* Ele se lembra de ter pregado aquelas palavras — como a elevação das frases comprovavam ser hipnóticas tanto para ele como para seus espectadores, e como o fato de eles darem um pulo e ficarem de pé lhe causava arrepios.

"Olhe pela janela e veja este lindo dia de primavera", ele prega em outro domingo, *"e se pergunte se Aquele que criou as Montanhas Rochosas quer que Sua maior e mais amada criação — você — viva em uma caixa escura cheia de regras!"*

Em seguida, uma conversa privada com um pastor amigo: *"Aquela igreja é muito radical, vive muito debaixo da Lei, não sabem ser engraçados. Eles não têm ideia da revelação plena da graça..."*

E depois o *golpe de misericórdia.*

É Jenny, descendo pelo corredor central da Summit Chapel em um vestido branco deslumbrante, sua linda noiva. A igreja está cheia pela metade, o que era de se esperar, apesar de o altar estar cheio de pastores e evangelistas de todo o país que haviam ido dar seu apoio e sua bênção.

"Oh, Senhor, nós Te agradecemos pela lenta e doce jornada pela qual o Senhor guiou essas duas almas para se encontrarem neste dia", orou um

dos pastores, um homem bem lá do sul. *"E pela verdade ainda mais doce de que o Senhor é especialista em fazer limonada com o nosso abastecimento infinito de limões..."*

As imagens desaparecem gradualmente e o foco volta ao Trono.

— *Você fez todas essas coisas em Meu nome, Alan, mas Eu não o conhecia. A Minha vida não estava em você. Você pregava o que o tornava popular e bem-sucedido. Você amaciava os ouvidos do Meu povo com palavras vazias que os levavam a pensar que estavam seguros vivendo sem Me conhecer, sem submeter suas vidas à Minha vontade, sem permitir que a Minha presença crescesse dentro deles, sem dar frutos.*

— Não... — Alan não consegue saber se ele realmente disse isso ou se é simplesmente um eco interno do que ele vê tomando forma.

— *Alan, sem saber, você ensinou as pessoas a como caminhar comigo com reservas, assim como você fazia. Você negligenciou ensiná-las o que significa Me seguir verdadeiramente, Me amar com todo o coração, com toda a alma e como todas as forças, e caminhar pelos Meus caminhos, permanecendo em Mim, com a Minha Palavra permanecendo Nelas. Você inclusive ostentou o seu adultério e a destruição da sua família diante da igreja, justificando-os em Meu nome. Aquilo foi uma abominação.*

A última palavra atinge Alan com uma força quase física.

— *Se a Minha vida estivesse em você, você não teria ido tão ousadamente contra a Minha Palavra no adultério. Pois Eu declarei claramente no evangelho de Mateus: 'Todo aquele que se divorciar de sua mulher, exceto por imoralidade sexual, e se casar com outra mulher, estará cometendo adultério'. Eu também declarei na Minha Palavra que a evidência daqueles que Me conhecem verdadeiramente é que guardarão os Meus mandamentos. Aqueles que realmente Me conhecem, se quebrarem os Meus mandamentos, irão se arrepender e confessar seus pecados. Alan, você nunca confessou a sua rebelião voluntária contra o Meu mandamento. Em vez disso, você a justificou, porque não tinha o Meu Espírito nem a Minha Palavra no seu coração. Paulo avisou claramente a igreja de Corinto: 'Não se deixem enganar: nem imorais, nem idólatras, nem adúlteros, nem homossexuais passivos ou ativos, nem ladrões, nem avarentos, nem alcoólatras, nem caluniadores, nem trapaceiros herdarão o Reino de Deus'.*

— Mas, Senhor, o Rei Davi se divorciou, e o Senhor o perdoou...

— *Davi se arrependeu sinceramente* — veio a resposta solene. — *E é por isso que ele descansa em sua recompensa hoje. Mas você não. Você continuou torcendo a Minha Palavra nas suas tentativas de justificar-se. E, ainda pior, pregava isso para as ovelhas que Eu confiei ao seu cuidado. Essa é a diferença.*

— Mas eu também estava enganado — Alan alega, à medida que a sensação de condenação final começa a se apertar ao seu redor como um nó. — Eu estava desviado. Eu pregava o que eu sabia! Ensinava o que me haviam ensinado!

Em resposta, outra imagem surgiu acima deles.

Terri.

Naquele momento, naquele lugar, a visão dela lhe causou uma aflição opressora. Ele sabia, antes mesmo que as palavras saíssem de sua boca, o que ela estava prestes a dizer.

Eles estavam na cozinha de sua antiga casa, a pequena residência paroquial em que viviam antes de o dinheiro e o sucesso lhes darem a pequena mansão em que se divorciaram. Terri estava em sua melhor forma.

"Alan, eu tenho escutado os seus sermões há anos, e eu gostaria de saber — você disse a palavra 'pecado' alguma vez na última década? Ou a palavra 'retidão'? Ou 'justiça'? Diga-me uma coisa: Como é que alguém recebe a Jesus Cristo na Summit Chapel? Você vive dizendo que a Summit Chapel é um lugar seguro para avaliar a fé, para 'provar' o Evangelho, mas como esses pobres sedentos encontram alguma coisa? Não há nenhum apelo para arrependimento nem nenhuma explicação sobre como encontrar e seguir a Cristo."

"Terri, eu não irei debater isso com você", Alan ouve a si mesmo dizer. *"Porque não importa o argumento que você possa ter, a questão é que você simplesmente não entende. Você está tão presa ao dogma antiquado e*

legalista, que não entende o meu ministério e não se importa em descobrir de que se trata."

"Ah, sério, Alan? É por isso que eu estou sentada aqui perguntando a você, e você está se recusando a responder? Quem é que não se importa aqui?"

Alan não precisa olhar para o que vinha a seguir, pois ele se lembra. Ele dá as costas para ela. De qualquer forma, ela estava certa — ele não se importava em ensinar sua visão a ela, a conquistá-la. Ela era sua esposa, afinal, aquilo não tinha de ser necessário.

— *Alan, você sabia* — o Senhor continua a falar enquanto a imagem desaparece. — *Você foi avisado e advertido. Você não leu na Minha Palavra que os que ensinam na igreja serão julgados por Deus com mais rigor?*

— Sim, Senhor, eu li. Mas eu acreditava que havia sido chamado para essa tarefa.

— *Você foi chamado para isso, mas teria sido muito diferente se você tivesse simplesmente rendido a sua vida e o seu ministério a Mim. Porém, agora você deve se afastar de Mim, pois a Minha presença não está em você, e o seu nome não foi encontrado no Livro. Anfitrião, amarre as mãos e os pés dele e lance-o nas trevas mais profundas.*

— Por que *mais profundas*, meu Senhor? — ele indaga, com a futilidade de sua pergunta soando oca em seus ouvidos.

— *Quando Eu estava na Terra, disse que quem fizer tropeçar um destes pequeninos que creem em Mim, seria melhor que fosse lançado no mar com uma grande pedra amarrada no pescoço. Para tais pessoas, Eu disse que reservaria um lugar de maior tormento, de trevas mais profundas. Anfitrião, leve-o.*

As palavras soaram com um quê de tristeza intolerável.

Uma conformação e uma sensação de condenação caem sobre ele enquanto uma mão angelical sobre seu braço começa a empurrá-lo, e ele ouve a si mesmo gritar.

Os momentos seguintes são como uma névoa. Ele sente a presença de Deus ficar para trás rapidamente e de repente percebe que a está sentindo pela última vez por toda a eternidade. A ausência crescente Dele parece familiar. E deveria, pois é o mesmo desespero sufocante que ele havia sentido antes, nas planícies do inferno. É a sensação mais sombria e aterrorizante do universo...

E aquele será seu lugar para sempre e sempre.

Tudo é tão monumentalmente horroroso que Alan apaga.

Quando desperta, está em um lugar novo. Algum lugar em que o terror é vivo e cru, e inclusive mais forte do que o primeiro lugar de sofrimento.

Ele olha ao seu redor, mas não adianta nada. Está em um lugar de escuridão tão opressivo que se não fosse rompido por uma única fonte de luz central, seria impossível enxergar alguma coisa.

Ele se vira em direção à única fonte de luz e começa a se perguntar se a cegueira não seria um consolo. Ao chegar mais perto, ele olha para baixo e fecha os olhos contra uma labareda de tons vermelhos e laranjas movimentando-se como línguas ao redor um núcleo branco pálido...

Fogo.

Em um ponto que parece estar a vários metros de distância, Alan vê uma borda, o final da planície — e além dela, uma cratera em chamas. Fumaça sobe formando grandes nuvens, iluminada pelas línguas de fogo dançantes. A beira vai chegando mais perto, a luz ardente fica mais forte. Seu baixo rugido agora abafa os grunhidos. O calor alcança o nível que antes Alan teria associado com uma fornalha de cerâmica, ou pior, a superfície do sol. É insuportável, mas o sofrimento parece estranhamente normal ali. O queimar de sua pele certamente não poderia ser pior do que ele estava ouvindo, vendo ou sentindo. Ele chega até a margem e vê um abismo tão largo como qualquer vale que já viu — há quilômetros de distância, sem nenhum fundo aparente. É um mar de fogo.

Seus olhos se focam, e o que ele vê faz com que o sangue de suas veias coagule, sua alma se rasgue e derreta horrivelmente boquiaberta.

Como pedaços de troncos pálidos se sacudindo na superfície de um lago coberto de carne, um enxame de mãos e braços se agita para cima em meio às camadas de fumaça. E, lá embaixo, em meio a um mar de fogo sem fim, ele decifra as figuras contorcidas de corpos numerosos demais para contar fazendo a dança macabra dos inflamados. Momentaneamente suspenso, ele observa. Seu terror agora é completo. Crepitações e gritos de terror alcançam seus ouvidos. Os corpos continuam a queimar, as bocas a gritar, os membros a se mover aos trancos horrivelmente e espontaneamente, mas suas carnes não são devoradas. É um tormento sem fim. Olhando para aquele holocausto, ele recua e estremece violentamente.

Uma mão o empurra levemente para à frente, e por fim a gravidade do Lago exerce sua força. Ele se sente caindo, caindo, com um vento intenso ao seu redor, envolvendo-o, levando-o para baixo, em direção à enorme fornalha, ainda mais profunda, com um terror retumbante berrando para cumprimentá-lo, um medo cruciante se manifestando através de um grito que ele nunca ouviu antes, e um sentimento de desespero que não pode ser expresso em palavras, mas que o flagra com a boca aberta à medida que se junta aos condenados em um clamor longo, alto e penetrante...

Chegando ao fundo, ele se entrega ao pavor e ao desespero. Porém, nem mesmo a rendição lhe oferece algum consolo.

Ele sabe — aquele é o seu destino, por toda a eternidade.

NOVA JERUSALÉM — ANTIGA IGREJA PARA TODAS AS NAÇÕES, ANOS DEPOIS

— Tenho certeza de que essa descrição do que Alan experimentou soa familiar para cada um de vocês — o Narrador disse com um tom triste para aqueles que estavam reunidos ao seu redor.

Todos os rostos estavam fixos nele com um olhar vazio, cada um sozinho em seu terror pessoal. E cada cabeça concordava, para ninguém em particular.

Sim. Eu conheço bem aquela cena. Eu a vi...

Lydia tinha um ar de seriedade visível em seu rosto, profundamente absorvida por seus pensamentos.

— Portanto, aquilo que vocês viram, o Abismo de Geena, é uma *janela* — diretamente para o Abismo que Alan viu e onde entrou. Os demônios lá são tão repulsivos como os que vocês viram, só que agora são atormentados juntamente com aqueles que não seguiram o Cordeiro de Deus. O sofrimento é provavelmente até mais horrendo do que o que vocês testemunharam, simplesmente por causa de seu prolongamento. Para aqueles que estão lá, não há volta. Nenhum fim para aquilo, nunca.

Ele deu um suspiro profundo e conseguiu dar um sorriso fraco.

— A minha única esperança é que, quando tivermos terminado, vocês entendam completamente por que era necessário que vocês vissem esse horror antes de tudo.

RESGATADO 37

Contorcendo-se no Lago de Fogo, é impossível descrever como Alan odeia completamente a si mesmo.

Existe algo mais patético, ele diz para si mesmo enfurecido, *ou mais miserável do que alguém que não só passou a vida na igreja, mas pregou o Evangelho como sua profissão, e ainda assim não conseguiu tornar a sua verdade parte da própria vida?*

E agora não há nada que ele possa fazer quanto a isso. O terror da situação retorna com força total e, com ele, o arrependimento. E o pânico. E o desespero. Ele grita: *Por quê?*

Por que eu esperei?

Por que eu fiquei tão longe de Deus

Por que misturei o meu orgulho com a minha teologia?

Por que me contentei com um ensinamento barato e superficial que contava apenas metade da história?

Por que rejeitei o desejo do meu Pai de compartilhar a minha vida e o meu íntimo ser com Ele?

Por que falhei em abraçar a simples verdade do que é segui-Lo?

Ele se vira. Não pode mais suportar aquilo. No entanto, não há descanso, nem misericórdia.

Ele olha ao redor e vê os outros — outras pessoas — e, em seguida, para causar ainda mais repulsa, os demônios que estão sendo consumidos também.

Como o tempo no Lago de Fogo tem uma maneira incalculável de se estender, ele não faz ideia de há quanto tempo está ali. Ele tenta novamente cair no esquecimento, cometer algum tipo de suicídio espiritual que o apagaria daquele lugar, de toda a existência. Mas não adianta — não há nenhum alívio para aquele tormento constante.

E então ele sente alguma coisa. Algo diferente, muito acima dele. Um brilho...

Ele olha para cima e grita maravilhado.

Seu guia angelical está de volta! O rosto luminoso se abaixa em direção a Alan, parecendo repelir não só a escuridão, mas o desespero e o sofrimento de todos os lados.

O anjo estende a mão, para qual Alan se estica ansiosamente para alcançar. Os dois se aproximam, e de mãos dadas, Alan é puxado para cima até a beira do lago onde ele havia observado o seu destino pela primeira vez.

— Venha comigo, Alan — a voz disse, de alguma forma audível através da tempestade de fogo.

— Quê... Como assim? — Alan gagueja.

— Você realmente deixou o seu corpo, Alan. Você já viu o Juízo e foi na região mais profunda do Lago de Fogo. O Pai lhe permitiu ver e experimentar essas coisas por si mesmo e muitos outros. O que você passou é real, e se você realmente tivesse perdido a sua vida terrena neste momento, tudo isso teria sido o seu destino eterno.

— Então o que aconteceu? — Alan pergunta, tremendo.

— O Pai lhe permitiu ver o que teria acontecido se o seu filho não estivesse, neste exato momento, resgatando você da morte. Mas por causa da persistência do seu filho e da obediência dele ao impulso do Espírito, você está prestes a ser poupado. Veja bem, o Pai vai permitir que você, Alan, pregue uma mensagem para o mundo. Ele está lhe concedendo uma segunda chance, uma prorrogação para restaurar a verdade ao ensino desequilibrado com o qual você e os seus colegas têm alimentado o povo de Deus.

Alan começa a ficar tonto, pois no mesmo instante que as palavras chegam à sua mente, ele sente o calor terrível e a tortura mental do lugar se afastarem como um revestimento pegajoso, insuportável.

— E, assim, naquele momento — disse Alan no aparelho de rádio — logo após ter me conformado com passar a eternidade no pior tormento, eu senti a vida, fraca e distante, fluindo para dentro mim.

Respirando de forma precária, ele continuou.

— Foi o oxigênio com o qual Jeff havia acabado de inundar o submarino. E por causa do que meu garoto corajoso acabou de fazer pela vontade de Deus Pai, eu voltei para este corpo com o gosto e o choque daquele desespero ainda fortes na minha mente e no meu espírito.

Alan virou-se para a janela do submarino e acenou para o filho. Jeff sorriu de volta, mas também aproveitou a oportunidade para fazer mais um gesto de *shhh*.

— Jeff está me avisando que eu estou usando talvez o que me resta de ar enquanto digo essas palavras. Porém, o que tenho para dizer a vocês é mais importante do que isso. Tenho que lhes dizer algo terrível, minha querida igreja, e tenho que lhes pedir perdão. Eu tenho pregado um falso evangelho para vocês, um que se assemelha a partes importantes da verdade, mas ignora os aspectos mais cruciais. Que se concentra quase que exclusivamente na graça — não a real, mas um tipo de graça fácil e barata que minimiza se estamos verdadeiramente andando com Deus. Que ignora o temor a Deus, Sua retidão e justiça, e a evidência das nossas vidas transformadas, com boas obras como prova de Sua nova vida dentro de nós. Mais do que tudo, ignora a realidade da eternidade — do Céu, do inferno e do Julgamento. Pois o Julgamento é real. Agora eu sei disso.

Houve uma pausa, que parecia ser o fim. Porém, em seguida, Alan deu um suspiro profundo e trêmulo, e continuou.

— Tenho de me arrepender de uma última coisa. Do meu divórcio e do meu novo casamento. Agora ficou claro para mim que eu destruí o meu casamento em um ato de rebelião e adultério. E, pior ainda, justifiquei o meu adultério distorcendo a Palavra de Deus para evitar a responsabilidade pelo meu pecado. Isso foi uma abominação diante de Deus, e eu me arrependo diante de todos vocês, e peço perdão. Por favor, Deus. Por favor, igreja. Perdoem-me. E redimam a minha morte garantindo que não irão sofrer o destino que eu sofri. Não deixem a falsa graça que tem inundado a nossa igreja ocidental e as pregações míopes impedi-los de ter uma verdadeira caminhada com Cristo. Vocês podem orar comigo...?

DENVER — SANTUÁRIO DA SUMMIT CHAPEL

Completamente chocados, os membros que restavam no interior do santuário caíram prostrados em unissonância, com os braços espalhados em direção à grande cruz suspensa sobre o centro da igreja. Foi uma reação espontânea a uma chegada imprevista, acompanhada de uma solenidade e um sentimento de temor que varreu o lugar como um vendaval.

Larry Collins estava entre aqueles que experimentaram esse poder e força divinos — a presença do Espírito Santo. No entanto, ele também experimentou algo mais, algo que ele mal se lembrava de sua infância vivida nas igrejas pentecostais do noroeste da costa do Pacífico, algo que nunca pensou que iria descer sobre o povo contemporâneo e popular da Summit Chapel.

Como um circuito elétrico desligado instantaneamente, as forças de Larry foram desconectadas dos joelhos, da cintura e dos braços. O corpo já não era seu, apoderado por uma febre súbita. Mesmo à medida que sentia seus membros serem puxados para o chão, Larry via a mesma coisa acontecer com cada pessoa ao seu redor. Ele sorria, com lágrimas de alegria correndo de seus olhos.

Ele sabia. Simplesmente sabia.

O santuário tinha acabado de ser visitado pelo Santo temor de Deus. Nenhuma das pessoas prostradas poderia ter adivinhado quanto tempo permaneceriam ali. Um silêncio e uma quietude mantiveram domínio sobre eles, fazendo o tempo parecer como se estivesse suspenso.

Larry, ajoelhando-se na frente, olhou para trás e apreciou a bela vista, a reverência que brilhava por todo o santuário. Ultimamente, Larry havia perdido a esperança de que um verdadeiro movimento do Espírito iria alguma vez varrer a congregação que ele ajudou a liderar. Ele havia se conformado com a revelação ocasional decorrente de sermões individuais ou pregadores específicos. E nenhum desses pregadores ungidos, na mente de Larry, chamava-se Alan Rockaway.

O fato de Alan — de quem Larry estava prestes a desistir como fonte substancial de material de ensino bíblico — ser aquele que iria conduzir a congregação a experimentar o temor de Deus lhe parecia a ironia final. Até então, Alan havia sido o tipo de pastor energético e elegante, voltado para o consumidor, que falava apenas sobre a graça de Deus, a risada e a alegria de Deus. Vez após vez, domingo após domingo, mas nunca sobre o *Temor Santo*. E nada tão intenso como isso!

Parado no meio daquela maré humana, Larry deu uma gargalhada. *Não há como prever o que Deus pode fazer quando Ele decide agitar as coisas...*

Em seguida, a atmosfera mudou quando a voz de seu pastor voltou ao sistema de som, ficando mais fraca à medida que ele falava cada palavra.

— Eu comecei este cruzeiro — Alan continuou — comentando de brincadeira que ele era algo parecido com um batismo. Por favor, permitam que essas palavras se tornem mais do que uma observação casual apenas. Deixem-nas serem verdade. Vamos abrir os nossos corações e fazer disso um novo começo para todos nós — individualmente, como igreja, como um povo.

Sua voz tornou-se ofegante e rasa.

— Orem comigo... Querido Deus, eu imploro o Teu perdão pelo meu pecado, pela minha revolta e pelo meu orgulho. Por favor, redime esses

258 • JOHN BEVERE

últimos momentos que o meu querido filho Jeff nos deu e, Senhor Jesus, entra nos nossos corações através do Teu Espírito, habita em nós, e nos torna Teus. *Que a Tua vontade seja feita.* Leva-nos, Senhor...

Naquele momento, sua voz se desvaneceu em um sussurro.

"Perdoa-nos" foram as últimas e quase inaudíveis palavras de Alan Rockaway.

Segundos depois, os membros da Summit Chapel estavam clamando a Deus em uma diversidade estranha de vozes e estilos de oração...

...implorando pela misericórdia Dele.

RESGATADO 38

BARBADOS — DEBAIXO D'ÁGUA, FORA DO SUBMARINO

Através da janela oposta a Alan, as bolhas começaram a diminuir à medida que o oxigênio começou a acabar.

— Não! Não! — ele gritou em seu regulador enquanto socava a janela do submarino.

Ele se recusava a acreditar no que estava acontecendo. Após todos os eventos milagrosos do dia, ele não podia aceitar que tudo iria terminar com a morte de seu pai. O desespero havia florescido em uma esperança indestrutível e amadurecido, transformando-se em uma sede insaciável por vitória. Desistir simplesmente não era uma opção!

— *Deus* — ele orou —, *Tu realmente permaneceste ao meu lado hoje. Obrigado. Mas eu ainda preciso da Tua ajuda. Eu ainda tenho um pai que precisa ser salvo. E eu sei que trabalhas com essa área da salvação. Então, o que Tu achas? Por favor, dá-me um milagre, uma ideia, alguma coisa, qualquer coisa...!*

Ficando cada vez mais agitado, Jeff começou a olhar ao redor — para o submarino, para os detritos flutuantes, pensando novamente sobre o que havia visto nos manuais de segurança do cais de embarque — então saiu nadando, despedaçando qualquer obstáculo caído sobre o casco do submarino.

Nadando agora do outro lado do submarino, ele vislumbrou algo a alguns metros de distância à sua esquerda, algumas palavras pintadas sobre o casco. Ele rapidamente nadou até lá e limpou as algas que estavam cobrindo as palavras a fim de decifrar o que diziam.

Diziam: VÁLVULA DE EMERGÊNCIA DE OXIGÊNIO PARA O LASTRO

Mais uma vez, ele pensou de volta nos manuais. *Subida de Emergência*, sua memória despertou. *Um meio de elevar o submarino rapidamente em uma emergência...* Libere a válvula e várias toneladas de ar forçarão a água de lastro para fora e empurrarão a embarcação até a superfície!

Ele mal podia acreditar. Uma vez mais, sua oração desesperada havia sido respondida.

Ele alcançou a válvula e, esforçando-se o máximo que podia, tentou girá-la. A coisa não se movia. De novo não! Sacudindo a cabeça, ele ignorou sua teimosia e tentou novamente, grunhindo em seu regulador. *Eu não vou desistir!* ele lembrou a si mesmo. *Essa válvula foi feita para girar, e eu farei com que ela faça seu trabalho!*

Finalmente, o metal teimoso deu uma volta de quase um quarto.

Houve um barulho quando o grande casco se desprendeu do seu manto de destroços e foi lançado para cima, em direção ao disco dourado e cintilante do reflexo do sol.

Jeff se segurou com uma mão só, com sua máscara e seu regulador sendo arrancados pela força da água que passava por ele, segurando a maçaneta da válvula com toda força à medida que o submarino se lançava em direção ao brilho da superfície.

Uma terrível arrancada esbofeteou seu corpo. A aceleração do submarino puxou seu braço sem misericórdia, mas Jeff não conseguia parar de sorrir no caminho para cima.

— Obrigado, Deus! — ele gritou enquanto rompia a superfície como um golfinho, tragando um bocado de brisa fresca do mar.

A proa do submarino rasgou a superfície com um rugir de um esguicho lançado para o alto, depois formou uma crista e pareceu ficar brevemente suspenso sobre o mar, por fim descendo com uma pancada ensurdecedora que criou duas grandes ondas de proa.

Em meio a tudo isso, Jeff sentiu como se estivesse nascendo de novo. De alguma forma, ele sentia que havia se tornado um homem naqueles últimos momentos agonizantes, com a sólida convicção de que não largaria a roda da válvula *não importa o que acontecesse*, mesmo se seus pulmões explodissem dentro dele, mesmo se o caos ao seu redor arrancasse seu braço do ombro. Com a certeza absoluta de que ele e Deus iriam percorrer aquela aventura até o fim.

Jeff podia ouvir gritos abafados e aplausos dos que estavam nos helicópteros de notícias diretamente acima dele. Ele acenou e gritou de volta com sua própria exclamação, e depois correu para entrar em ação. Apesar de seu braço doer por ter sido puxado com muita força na subida, ele ignorou a dor e se arrastou como um alpinista, escalando em direção ao topo do submarino, que ainda estava drenando a água.

Como se tivesse saído do nada, a lancha *Triunfante* chegou com tudo ao lado dele e abruptamente inverteu o motor para parar seu avanço, enviando uma onda enorme às laterais do submarino. Jeff agarrou o casco com todas as suas forças, quase lançado fora pela força da onda.

— Desembarque do submarino! — alguém gritou no alto-falante do deque da lancha. — Desembarque do submarino imediatamente!

Jeff escalou até o topo do submarino e ficou de pé assim que o último aviso foi dado. Ele se virou para o oficial furioso, acenou desafiadoramente e, encorajado pela torcida que vinha de cima, escalou até a torre de comando. Ele abriu o tampo principal e pulou lá dentro.

O que o recepcionou foi a visão mais repugnante de todas. O submarino era verdadeiramente uma câmara de morte, abarrotado com corpos misturados, rostos familiares manchados de sangue, olhos ainda abertos em terror e agonia, braços e pernas espalhados em ângulos grotescamente torcidos. Ele viu Hal Newman e Jenny, que obviamente já haviam partido. Ele começou a avançar, tendo cuidado para não pisar no braço nem na perna de ninguém.

Ele ouviu um choro perto de onde Jenny estava. Ele a puxou suavemente. Ali estava seu pai, que olhou para ele com uma expressão de dor. Felizmente, Alan parecia estar respirando o ar fresco, ainda que com dificuldade.

Jeff se abaixou e embalou seu pai nos braços.

— Pai. Sou eu, Jeff. Nós estamos na superfície agora. Temos que levar você para um médico...

Com os olhos fechados, Alan sorriu com o som da voz de seu filho e se esticou tremendo para segurar ao redor do pescoço dele.

— Você me deixou orgulhoso hoje, filho — ele sussurrou.

— Você também, pai. Mas, por favor, aguente mais um pouco, está bem?

— Jeff, prometa que você não irá ignorar o que eu disse a eles hoje. Tudo bem?

— Eu prometo — disse Jeff, agora chorando, tirando gentilmente fios de cabelo do rosto de seu pai.

— Eu posso vê-los, filho.

— Não, não vá! — Jeff implorou.

— Eu posso vê-los vindo para mim...

Alan virou o rosto em direção a seu filho, e deu um largo sorriso.

Em seguida, seu corpo desfaleceu.

39

Os ouvintes haviam ficado agitados, com muitos levantando os braços novamente. O Narrador podia ver que sua narrativa havia demorado o bastante sem uma resolução, e eles simplesmente não tinham paciência para esperar mais.

— Então o que aconteceu por fim? — Lydia perguntou ao Narrador. Foi sua primeira pergunta desde que se juntara ao grupo.

— Bem, todas as pessoas naquele submarino perderam suas vidas terrenas naquele dia. Para alguns, foi verdadeiramente uma tragédia. Hal Newman entrou na eternidade e continua sofrendo tormento além da imaginação.

— E quanto aos outros? — perguntou um rapaz.

— Carrie Knowles foi para o mesmo lugar — o Narrador respondeu — e permanece lá até hoje.

— Eu não entendo — perguntou outra pessoa. — Como aquelas pessoas puderam passar tanto tempo perto do Evangelho e ainda assim não conhecê-Lo?

— Essa é uma boa pergunta — disse o Narrador. — Primeiro, lembrem-se de que naqueles dias, Deus não estava de fato visível na Terra, apenas nas impressões dos nossos espíritos e através de outras revelações como a Sua Palavra e a Criação. A vida humana naqueles tempos era como um nevoeiro. Alguns de vocês viveram naquela época, apesar de sua memória sem dúvida ter desaparecido desde então. As pessoas passavam seus dias buscando e tentando agarrar vestígios de Deus através de uma névoa de incredulidade misturada com fé. Elas cambaleavam entre altos e baixos de dúvida e distrações físicas sem fim. Além disso, lembrem-se de que o mundo inteiro estava permeado pelo mal, sem mencionar os bombardeios do inimigo. Seus próprios corpos assolados por doenças e morte iminente, suas mentes pelo lixo de uma cultura desordenada, suas almas pelas tentações de uma natureza decaída. Era fácil deixar escapar a verdade se não a estivessem buscando verdadeiramente.

— Sim, mas mesmo assim — insistiu outra pessoa — como podiam passar tanto tempo na casa de Deus e ainda assim errar o alvo completamente?

— É inacreditável, eu sei. As maiores decepções ocorreram repetidas vezes diante do Trono Branco do Julgamento. Ali, uma alma após a outra que chamava a si mesmo de "cristã" acabava sendo cristã apenas no nome. No tumulto de viver em meio à vida terrena, milhões e milhões achavam muito fácil adiar o fato de ter uma caminhada autêntica com Deus.

— Era algo difícil de fazer? Caminhar com Deus?

— Não, não mesmo, e essa é a parte mais triste. Começa com um verdadeiro quebrantamento diante de Deus — uma tristeza profunda por viver separadamente Dele e quebrar Suas leis — seguido por um pedido sincero para se submeter ao senhorio de Jesus Cristo, uma entrega total de sua vida e de sua vontade ao Espírito Santo, pedindo humildemente que Ele entre no seu coração, e então muitos teriam evitado aquele destino e desfrutado da eternidade com Ele, e conosco. Ao contrário, eles escolheram desfrutar apenas das atrações superficiais do que chamavam de "igreja", o que significava a companhia de pessoas legais e com o mesmo pensamento, o encorajamento que recebiam de um ensinamento inspirador, a boa música, e as muitas e muitas atividades.

— Porém, permitam-me enfatizar o verdadeiro final feliz aqui. Vejam bem, para várias daquelas pessoas no submarino, o fim de suas vidas terrenas foi a maior vitória imaginável, pois suas vidas antigas não eram nada além de sombras, presas em meio à neblina e à névoa, sem comparação com a beleza que possuem agora. Audrey Newman, apesar de seu pecado de tolerar e encobrir a maldade de seu cunhado, de fato seguiu a Cristo. O nome dela estava escrito no Livro do Cordeiro. Jenny Rockaway, apesar de seu pecado de ter convencido um homem a deixar sua família, arrependeu-se durante seus últimos momentos no submarino, ao mesmo tempo em que Alan estava fazendo sua confissão. O nome dela foi encontrado, e ela foi levada para estar com o Senhor. Até mesmo Kathy, a moça rebelde, teve seu nome encontrado e foi levada para a luz da Sua presença, onde ela não somente foi perdoada pelo Senhor, mas também pelo bebê cuja vida havia abortado por causa do vício. O garoto permaneceu esperando por ela na entrada do Céu com braços abertos e um sorriso no rosto.

— E quanto àquela mulher cujo nome o Pastor Alan nunca conseguia lembrar?

O Contador de história sorriu e acenou com a cabeça em apreciação.

— Fico muito feliz que você tenha se lembrado dela, querido. Seu nome era Velma Epperson. Ela foi membro da igreja por trinta e dois anos, uma voluntária da creche por quase todo aquele tempo. Ela tinha uma habilidade peculiar de se camuflar e não chamar atenção para si mesma. Ela aparecia, fazia seu trabalho, e voltava para casa. Porém, quando entrou no Grande Salão do Trono Branco, de repente tudo mudou. O Salão se encheu de vivas e aplausos. Velma estava tão desacostumada a receber qualquer tipo de elogio que começou a celebrar e aplaudir também, pensando que aquilo era para outra pessoa, e depois virou-se para ver quem estava sendo celebrado. Isso causou boas risadas calorosas que continuaram por algum tempo. Até mesmo o Próprio Cristo riu disso, o que sabemos ser a experiência mais agradável, se estivermos em algum lugar por perto quando Ele ri alto.

— Ele finalmente pediu a ela: *"Velma, preste contas sobre as suas responsabilidades".*

— Bem, não é muito, Senhor — ela disse com uma voz suave. — Eu tentei ocupar o meu tempo servindo, e o Senhor deve saber, querido Jesus, já que eu falava com o Senhor o tempo todo. O Senhor é uma ótima companhia, sabe...

Mais uma vez, soltaram risadas.

— *Você também, Minha filha. Eu tenho prazer na sua companhia.*

— E eu com a Tua também, meu Senhor.

E então Ele a chamou:

— *Velma, venha e possua o Reino, que foi preparado para você desde a Criação do mundo. Eu tive fome e você Me deu de comer, tive sede e você Me deu de beber; Eu era estrangeiro e você Me recebeu na sua casa, estava nu e você Me vestiu; Eu estava enfermo e você cuidou de Mim, estava na prisão e você Me visitou.*

Velma ergueu a cabeça com um olhar questionador e perguntou:

— Quando, Senhor, *eu* Te vi com fome e Te alimentei, ou com sede e Te dei de beber? Quando Te vi como estrangeiro e Te recebi na minha casa, ou sem roupa e Te vesti? Quando Te vi enfermo ou na prisão, e Te visitei?

Jesus respondeu:

— *Eu lhe digo que, quando você fez isso para algum dos Meus menores irmãos, ou pelos bebês em suas camas, você o fez por Mim! Você é uma serva digna de confiança. Você foi fiel no pouco que Eu lhe confiei. É por isso que estou nomeando você como governadora de dez cidades como a sua recompensa!*

— E então, no dia de hoje — disse o Narrador — Velma Epperson está na Sala do Trono do Pai, ocupando um trono de autoridade. Velma agora é a governadora do Quadrante Javan.

— Você está falando da Governadora Jidia? — Rhoda perguntou. — Não acredito que é ela — ela é tão forte e bonita!

— É porque estar ao redor de Cristo faz com que você seja assim. Ela se tornou uma senhora radiante e bonita desde que veio para cá. Assim como todos nós fomos purificados e curados novamente quando chegamos. E, a propósito, você nunca irá acreditar no que aconteceu com Terri Rockaway.

— Ela casou de novo?

— Sim, ela casou, mas muitos anos depois. No entanto, eu estava me referindo ao fato de que Terri encontrou um maravilhoso chamado alguns meses após aqueles eventos. Como a história daquele desastre obteve bastante influência, ela se deparou com convites para compartilhar seu testemunho pessoalmente, no mundo inteiro. Com o passar do tempo, ela surgiu como a voz principal do que estava acontecendo, como uma pessoa de credibilidade e respeito, aquela que havia se mantido firme e plantado a semente para o que Alan iria aprender pagando um preço terrível. Com uma bênção maior ainda para si mesma, ela pôde ministrar ao lado de seu filho, e os dois compartilharam muitos de seus dias servindo ao Senhor juntos.

— Quando ela chegou ao Céu e se aproximou do Trono do Julgamento, o Próprio Cristo desceu para recepcioná-la. Como sua recompensa, Ele a nomeou como subgovernante do Quadrante Lermain.

— Você está falando da Senhora Gabrielle?

— Sim, esse é o novo nome dela.

— O que aconteceu com a empresa corrupta, e o homem no navio da Guarda Costeira?

O Narrador riu.

— A curiosidade de vocês realmente não tem limites. Tudo bem, eu irei lhes contar. Após deixar o submarino, Jeff não perdeu tempo para compartilhar sua gravação com o mundo. E um dos pontos que ele mais enfatizou foi que o afundamento do *Aqua Libre* havia sido completamente desnecessário. Finalmente, um inquérito foi aberto, e a ligação do Tenente Soares com os construtores do barco foi revelada, como pecados sempre são. Os oficiais corporativos e o tenente foram todos presos mais tarde e sentenciados a muitos anos na prisão.

— E quanto às pessoas que estavam na igreja? O que aconteceu com elas?

— Ah — ele disse com um grande sorriso — essa é a melhor parte da história.

40

Nova Jerusalém — Antiga Igreja Para Todas As Nações

— Como era de se esperar — o Narrador disse —, para todos aqueles que foram ao culto de 9h30 da Summit Chapel naquele domingo de manhã, o acontecido acendeu algo que se espalhou por toda a comunidade da igreja como um incêndio. Em pouco tempo, o número de adoradores dobrou para 3.143 quando a multidão do culto das 11h se juntou a eles. E todos aqueles que ficaram prostrados no santuário, enquanto a confissão desesperada de seu pastor queimava sobre eles e ardia em seus espíritos, sairiam do santuário naquele dia com um novo entendimento sobre a graça e o que significava viver renovado e transformado pela verdadeira habitação do Deus vivo.

— Muitos outros permaneceram ali no santuário por mais alguns dias, de tão tocados que ficaram com o que haviam ouvido e vivenciado. Recusaram-se a se mover até que tivessem processado completamente a natureza transformadora dessa nova imagem de Deus com seus irmãos e irmãs. Porque, inicialmente, eles sequer conseguiam saber como agir agora — como reagir, como viver — e então permaneceram ali na igreja até que a imagem se esclarecesse e lhes trouxesse algum grau de clareza. Outros membros trouxeram comida; uma pequena mesa de bufê foi preparada no fundo do auditório, apesar de muitos terem jejuado. E camas portáteis e cobertores foram discretamente instalados ao longo das fileiras do fundo.

— Entretanto, quando se deram conta do que estava acontecendo, aqueles crentes renovados não faziam ideia de quão poderosa e encorajadora sua história seria para o restante do mundo.

— A primeira evidência disso estava logo do outro lado de suas portas, a meros cinco passos da entrada da igreja. Como a experiência pessoal deles havia sido tão profunda, os membros haviam se esquecido de que o mundo inteiro estava assistindo ao desdobramento da história de Alan, seu filho e sua igreja. Como era de se esperar, um lento ciclo de notícias conspirou para manter a sua história no topo da mídia global durante alguns dias seguintes. Então, as vans das redes de notícias e os âncoras ainda estavam ali, prontos para entrevistar, dias depois, quando os membros mais relutantes da igreja finalmente foram para casa.

— Os jornalistas e o mundo, que acompanhavam tudo, não conseguiam entender por que um homem sacrificaria seu último fôlego de ar para transmitir uma mensagem espiritual para pessoas que não podiam ajudá-lo. Como eles não conheciam nem entendiam o Evangelho, a diferença estabelecida por Alan entre justiça e graça se provou muito difícil de ser reduzida a breves entrevistas, então tornou-se necessário liberar as gravações das últimas palavras de Alan para o mundo, que foram transmitidas em programas de todo o planeta.

— As palavras de Alan — não somente seu significado, mas a dor tangível e o sofrimento que exalavam de sua voz — comunicaram muito mais poderosamente do que alguém pudesse ter imaginado. Não foram apenas cristãos presos a uma teologia superficial que responderam, mas também ateus, da mesma forma, atraídos ironicamente pela graça e pelo amor enaltecidos no sacrifício de Alan. No entanto, a maior parte do mundo ignorou aquelas palavras, enxergando a experiência dele como nada além de um homem delirando devido ao choque do acidente.

—Mesmo assim, por causa das vidas transformadas, por causa de seu poder e sua verdade profunda, a história de Alan Rockaway e seu filho Jeff — que mais tarde entraria para o seminário e um dia pastorearia a igreja de seu pai em uma nova direção triunfante — cruzou o planeta várias vezes à medida que continuava a crescer. Incalculáveis milhares de cristãos, uma geração inteira, ouviram as últimas palavras angustiadas de Alan e abandonaram uma doutrina desequilibrada que amacia os ouvidos, passando a abraçar um entendimento legítimo do equilíbrio entre a justiça de Deus e a necessidade de, por um lado, temer a Ele e, por outro, receber Seu amor, Sua graça e Seu perdão. E um grande número foi poupado do terror de ouvir *"Afaste-se"* diante de Jesus Cristo no Trono Branco.

— Eles viriam a chamar isso de o "Grande Retorno", pois era visto como um retorno a uma visão verdadeira e equilibrada de Deus e a uma experiência com Ele. Como resultado, muitos vieram a conhecer o Pai Celestial — infinitamente amoroso e gracioso, mas também o Juiz santo e justo que irá fazer a cada homem de acordo com suas obras.

— Conte-nos mais sobre o Jeff. O que aconteceu com a vida dele?

O Contador de história sorriu.

— Coisas maravilhosas. Como eu disse, depois de estudar no seminário, ele se tornou pastor da Summit Chapel. Casou-se com uma linda moça, Sharon, e depois se tornou pai de três filhos. Ele dedicou sua vida não somente a servir aos membros da Summit Chapel, mas às nações como um dos líderes do Grande Retorno. Ele escreveu um livro sobre sua história, que foi lido por milhões de pessoas cujas vidas foram consequentemente transformadas.

— O único empecilho para Jeff foi a inevitável consequência de seu papel nos acontecimentos da história. Até o dia em que morreu, Jeff foi torturado por pensamentos de dúvida quanto a poder ter feito algo mais para salvar os membros da igreja condenados, talvez obedecendo aos impulsos de Deus antes, talvez mostrando mais fé no que seu pai estava tentando comunicar.

— Vejam bem, a grande questão na mente de Jeff, que permaneceu durante os anos seguintes, era se seu pai havia realmente proclamado sua própria oração por salvação durante aqueles segundos finais ou se havia meramente levado os outros ao arrependimento. Se ele tivesse negligenciado sua própria alma naqueles momentos frenéticos, seu próprio sacrifício teria sido ainda mais enorme, pois teria significado deixar de lado uma eternidade de alegria a fim de pagar o preço por desviar sua igreja. Para piorar as coisas, o testemunho de Alan à beira da morte já havia deixado claro que alguém poderia levar vários outros a Cristo sem ter seu próprio nome escrito no Livro da Vida do Cordeiro. Então, era pelo menos possível que, quando ele liderou sua congregação na oração de arrependimento, e publicamente se arrependeu de seu grande pecado, ele tivesse ficado sem tempo para fazer as pazes com Deus. Não era um cenário provável, porém de alguma forma se transformou em uma pequena controvérsia, persistente e perniciosa o bastante para afligir Jeff terrivelmente ao longo dos anos. Muitos dos acontecimentos daquele dia permaneceram incertos e confusos. Por fim, Jeff encontrou a cena final depois de abrir a porta daquele submarino, juntamente com as últimas palavras de seu pai, impossíveis de serem interpretadas com alguma certeza. Ele raramente falava sobre sua angústia quanto a esse assunto, mas, com o passar dos anos, a pergunta cavava um buraco cada vez maior em seu coração.

— Onde ele está agora? — perguntou um rapaz da fileira de trás.

— Bem, certo dia, muitos anos depois, Jeff se encontrava de fato um senhor de bastante idade. Lembrem-se de que naquela época até mesmo os homens que andavam com Deus eram sujeitos a dores emocionais como solidão e anseios. O pai dele havia morrido décadas antes e sua mãe vinte anos depois. Sua esposa, Sharon, estava em um asilo, perdendo suas capacidades mentais. Inclusive uma de suas próprias filhas, Lenora, havia falecido quando era adulta, menos de cinco anos antes, de uma doença prolongada.

— Não entendam mal, pois Jeff geralmente era um homem contente. Ele havia investido seus dias na Terra extremamente bem, caminhando com Cristo e servindo a Ele para causar um grande impacto em todo o mundo. Ele era um homem amado e respeitado por muitos. Ainda assim, como muitas pessoas de idade avançada, ele lutava contra a invasão da melancolia. Ele podia sentir a eternidade se aproximando. O que eles chamavam de "pós-vida" estava presente em cada uma de suas palavras, memórias e orações. Ele ansiava ver seu Pai Celestial pessoalmente. E seu pai terreno também. Sim, Jeff estava pronto.

— E, naquela manhã, um dia incomumente quente de primavera, Jeff se levantou de sua cadeira na varanda com vista para o Rio Brazos perto de seu lar no Texas. Ninguém mais estava com ele para estabelecer para onde ele estava indo ou o que lhe havia feito caminhar adiante. Talvez ele tivesse ouvido alguém chamar seu nome. Ou talvez tivesse sido capturado por uma curiosidade misteriosa sobre algo além dos limites de seu quintal. De qualquer maneira, Jeff caiu sobre o caminho de pedra que percorria seu jardim de flores.

— Em seguida, com uma expressão de dor devido à queda, ele ficou de joelhos e olhou para as árvores choupo-do-Canadá que marcavam o caminho que levava ao Rio Brazos, ou *los Brazos de Dios*, que em espanhol significa "Os Braços de Deus".

— Ir até seu amado rio era uma consolação inconsciente para ele. À medida que havia envelhecido, o rio havia ocupado um lugar cada vez mais recorrente nos sonhos e pensamentos de Jeff. Ele gostava de culpar a persistência do rio por aqueles minutos cruciais gastos nas águas do Caribe tanto tempo atrás.

— Naquele dia em particular, Jeff olhou para trás e ao redor, certo de que havia meramente tropeçado em uma maldita pedra, quando foi pego de surpresa pela figura de um visitante estranho. Alguém que, aos seus olhos, parecia estar fora de contexto. O estranho vestia um roupão de uma cor que ele não conseguiu prontamente dizer qual era, e seu rosto parecia iluminado por outra fonte, de algum outro lugar. Alguém que o pai de Jeff teria reconhecido em um instante.

— Bom dia — Jeff disse ao visitante.

— Certamente é — o estranho respondeu, apertando a mão estendida de Jeff. — Na verdade, é uma manhã muito boa.

— Em seguida, o estranho apontou para o chão. Os olhos de Jeff seguiram para onde o dedo estava apontando, e seu corpo inteiro deu um salto de surpresa.

— Ali estava um senhor, imóvel na terra. Um senhor a quem Jeff reconheceu imediatamente. Ou pelo menos um antigo corpo que havia finalmente abandonado a posse de seu próprio espírito.

O estranho, ou anjo, como Jeff agora claramente sabia, estendeu o braço para longe e anunciou:

— Chegou a hora, Jeffrey. Eu fui enviando para ser o seu guia pessoal. Vamos partir daqui...

— Enquanto eles davam meia volta para partir, Jeff percebeu que eles já haviam se elevado bastante no ar, bem acima de sua casa. Ele olhou para baixo em direção a sua casa, sua cidade, seu continente e, apesar de sentir uma pontada de nostalgia pelo lugar que sempre conheceu, ele sabia que havia vivido uma rica e longa vida. Ele estava pronto, até mesmo ansioso, pelo que lhe esperava. Ansiava muito conhecer seu Senhor pessoalmente!

— Depois, ele se deu conta de que seu corpo havia sido transformado e seu velho mundo havia ficado para trás eternamente. Uma luz apareceu do outro lado do horizonte, tornando-se instantaneamente cada vez maior e mais brilhante, mais intensa, vívida e maravilhosa do que tudo que ele já havia imaginado. Ele estava impressionado com uma alegria indescritível e uma sensação de bem-estar, com euforia e pura energia, infinitamente mais forte do que desfrutara quando era jovem.

— Acima de tudo, havia o sentimento caloroso de estar voltando para casa, de retornar para um lugar ao qual ele *pertencia*, de ser abraçado pelo Próprio Deus, Aquele que o havia criado. Era a culminação de todas as premonições e os anseios estranhos pelo Céu que Jeff havia nutrido durante todos aqueles últimos anos.

— Outra dentre as maravilhas era a música, ou o som. No entanto, era um tipo de música que ele nunca tinha ouvido. Ele mal conseguia mental. Não tinha nenhuma noção de que, ou quem, havia abençoado seus ouvidos naquele momento. Tudo que sabia era que o som o capturava com algo similar aos — apesar de ampliado mil vezes — antigos arrepios que ele certa vez sentiu descer por sua espinha nas notas de abertura de alguma música favorita. Aliás, mal parecia algo fora dele, mas sim uma força que ressoava através de cada célula de seu novo corpo.

— Ele não estava simplesmente no meio de uma música — ele *era* a música.

— E todas essas sensações eram meramente o fundo, ou a cortina de fundo, para as paisagens que agora fluíam em toda sua volta.

— Jeff agora havia entrado na luz. Bem adiante estava uma multidão de pessoas esperando e, apesar de não conseguir ver seus rostos, que estavam escurecidos contra a luz, ele de alguma forma sabia que eram pessoas que ele amava muito.

— Uma única pessoa deu um passo à frente e começou a se aproximar ainda mais rápido do que os outros. Dando passos largos ao longo daquele grande sol penetrante, estava a silhueta de um homem caminhando, e depois correndo em direção a ele. Um homem no auge de sua vida com um cabelo cheio e castanho claro, e traços que instantaneamente ressoaram na memória de Jeff.

— O pai dele! — exclamou um homem sentado ao lado de Lydia, com lágrimas rolando pelo rosto.

O Contador de história sorriu.

— Sim, isso mesmo. O *meu* pai.

41

NOVA JERUSALÉM — ANTIGA IGREJA PARA TODAS AS NAÇÕES

Houve uma pausa enquanto o Narrador sorria intencionalmente para seus ouvintes, dando-lhes um minuto para absorver aquela última frase e suas implicações.

— Sim, eu sou o Jeff — ele disse — embora o Rei dos Reis tenha me dado um novo nome, Narrador, e uma nova missão.

— Eu sabia — disse uma mulher no fundo.

— Tenho certeza de que muitos de vocês já tinham adivinhado, e espero não ter estragado a história para vocês.

— Mas não terminou, certo? — Lydia perguntou. — A história?

Ele olhou para ela e sorriu.

— É claro que não.

— Então conte sobre o reencontro com o seu pai!

Seu sorriso ficou ainda mais largo enquanto ele olhava para o teto ornamentado do edifício como se estivesse focando seus pensamentos novamente.

— Para mim, é difícil descrever como eu me senti quando ele me alcançou e nós nos abraçamos. Eu me senti tolo com as dúvidas que tinha quanto ao destino eterno dele. Ainda assim, tenho de admitir que gratidão e alívio me inundaram com grandes ondas de alegria e prazer.

— Eu me lembro de ouvi-lo dizendo: "Meu filho, se você simplesmente soubesse o quanto eu ansiei vê-lo, para lhe dizer o quanto estou orgulhoso de você".

— Ele finalmente se afastou para me olhar nos olhos, e eu fiquei maravilhado com a aparência dele. Embora fosse óbvio em todos os sentidos que ele era o meu pai, todo seu semblante e todo seu ser haviam mudado, literalmente irradiando com uma nova luz, um brilho de contentamento. Seus olhos brilhavam como o sol reluzindo de um mar brilhante sob um céu limpo. Seu sorriso, sua pele, seu cabelo — tudo nele resplandecia com uma vitalidade e um vigor incríveis.

— Pai, você não faz ideia do quanto eu agonizei por você — eu consegui dizer. — Eu me preocupei tanto...

— Eu sei — ele disse — e eu teria feito qualquer coisa para deixar você em paz. Diga-me, o nosso Senhor enviou o meu velho amigo Demeter para escoltar você até aqui?

— Você está se referindo ao anjo?

— Sim, o mesmo amigo que me levou ao primeiro Julgamento. Ele veio por mim na segunda vez também, retirando-me dos seus braços, lá no submarino. Eu queria consolar você, garantir e dizer a você que eu havia me arrependido também, que eu estava confiante quanto a onde estava indo. Não é maravilhosa — a jornada até aqui?

— Tudo isso parece demais para assimilar — eu disse.

— E você nem entrou pelos portões ainda! E o Julgamento do Crente! Quando somos Dele, quando o nosso nome está no Livro, é um encontro muito maravilhoso. Eu nunca me esquecerei da alegria pura e do prazer que inundaram a mim e a todo o Salão por causa disso. Você irá descobrir em breve por si mesmo. A risada e os aplausos. Jesus fica tão cheio de alegria ao nos receber em casa. Você tem muito que esperar para ver! E ver o próprio Céu, e depois a Nova Criação...

— Eu irei parar por aqui — disse o Narrador — porque, é claro, a Nova Criação é algo que todos vocês conhecem muito bem. É a vida diária de vocês. Quando a contrastamos com a Época Antiga, é quase demais para imaginar. Na verdade, para muitos daqueles que foram condenados, era *exatamente* demais para imaginar, pois eles se recusaram a pensar nessa realidade, até mesmo considerá-la. Nunca se deram conta de que sua perda foi muito mais do que imaginária.

— Mas eu estou muito feliz em lhes dizer que, apesar de a graça de Deus não vir de forma tão fácil e barata como o meu pai costumava ensinar, ela ainda é poderosa além de qualquer descrição. A minha prova é que ele, apesar de ter tido a experiência de estar diante do Trono Branco e ouvir *"Afaste-se"*, recebeu sua vida terrena de volta e aqueles minutos extras para fazer a coisa certa. Ocasionalmente, algo assim podia acontecer, graças ao triunfo da medicina ou da ressuscitação. Deus deu ao meu pai uma segunda chance ajudando-me a encontrar o oxigênio de emergência do submarino para que eu pudesse trazê-lo de volta, pelo menos por pouco tempo.

— E, como vocês ouviram, meu pai não perdeu sua última chance.

— Por causa disso, nós pudemos nos reencontrar nos portões celestiais. Eu não posso expressar o quanto aquele momento foi abençoado.

— Logo depois, eu senti um puxão no meu braço e virei para os braços de outra alma radiante que eu reconheci imediatamente como a minha mãe. Eu não me lembro de muitas palavras terem sido ditas e, sobretudo, nos abraçamos enquanto nos deleitamos na presença um do outro. Se houve algum filme da minha vida antiga passando diante dos meus olhos durante todo aquele tempo, aconteceu ali. Eu voltei aos dias iniciais dos anos da minha infância, sentindo o amor da minha mãe se infiltrar em mim de novo como água em um solo seco.

— Depois, o meu pai se aproximou e estendeu os braços, e nós três nos abraçamos como não fazíamos desde que eu era criança. Tudo havia sido perdoado, é claro, pois vocês sabem que não existe rancor aqui. Nós três conversamos e rimos juntos por muito tempo, tudo na luz calorosa e conciliadora do nosso Pai Celestial.

— O seu pai é um governador também? — um dos ouvintes perguntou.

— Não, meu pai não é um homem influente na Nova Terra. Ele não ocupa nenhum dos tronos, nem governa nenhuma província ou principado. Sua vida terrena foi muito desperdiçada para isso. Ele é alguém que a Palavra de Deus descreve como *"salvo como alguém que escapa através do fogo"*, o que significa que ele veio a Cristo apenas alguns momentos antes da morte — e *isso* é a verdadeira graça. Porém, ele está radiante por estar aqui, no esplendor e na alegria da presença de Deus, em vez de no lugar para qual estava indo. E eu também.

Ele cruzou os braços e assumiu uma expressão pensativa e introspectiva por um momento.

— Acho que isso conclui a minha história.

— Mas, espere! — gritou uma moça dois assentos atrás de Lydia. — Você nos disse que a sua história teria algo a ver com o Abismo, que nos ajudaria a entender as coisas horríveis que vimos lá.

Concordando com a cabeça, o Narrador respondeu:

— Você está certa, Natalie. Nós conversamos antes sobre que tipo de história era essa, lembra?

— Seria considerada uma lição? Lydia sugeriu.

— Sim, mas eu diria isso de forma diferente. É uma história de resgate ou, mais precisamente, uma história sobre *ser* resgatado. E isso é resultado de muito mais do que simplesmente as minhas tentativas de salvar a vida do meu pai. Ou até mesmo do que o meu pai fez com seus últimos momentos na Terra para tentar resgatar sua igreja de seu próprio mau ensinamento. Não, o resgate final foi feito pelo Próprio Deus. Vejam bem, aquele Abismo que horrorizou a cada um de vocês não existe por acidente. Deus tem permitido que ele permaneça ali, na periferia de Sua cidade mais abençoada, para um propósito muito específico. Mesmo lá atrás no Antigo Testamento, Ele inspirou Seu profeta Isaías a escrever sobre a vinda de toda a humanidade para Lhe dar louvor. Essa passagem falava de pessoas como vocês, vindo da Cidade Santa e olhando para os corpos daqueles sendo consumidos pelas chamas eternas.

— Mas por quê? — veio uma pergunta da segunda fileira.

— Caso você lembre, a rebelião original contra Ele, que deu início à Guerra nos Céus, nasceu sem provocação — não houve nenhum tentador. O orgulho e a traição de Lúcifer cresceram a partir do nada. Não houve nenhum antecedente, nenhuma existência prévia. Portanto, poderia concebivelmente acontecer novamente. E, então, o nosso Senhor permite essa janela, até mesmo aqui, para nos lembrar do que acontece com aqueles que se voltam contra Ele. Nenhum de nós deve esquecer.

Os ouvintes permaneceram em silêncio por um longo momento à medida que absorviam aquele entendimento.

— Eu não entendo por que não havia notado o Abismo até hoje — disse um homem no centro da multidão. — Eu tenho vindo aqui oferecer louvor desde que cheguei, porém nunca percebi que estava ali até agora.

— Hoje foi o seu tempo determinado — ele respondeu. — Há uma razão diferente para cada um de vocês. Deus estabeleceu que esse fosse o momento para os encontros pessoais de vocês com essa realidade.

— Mas... — Lydia começou — de alguma forma, nada faz muito sentido. Por que nós? Isso ainda não torna essa história relevante para nós.

Ele sorriu de novo, profundamente, como se estivesse esperando, ou até mesmo torcendo, para que essa pergunta fosse feita.

— Você está absolutamente certa, Lydia! Existe uma razão final e importante por que essa história importa, por que ela se encaixa. Vejam bem, cada um de vocês que está sentado aqui é um descendente espiritual do Grande Retorno. Vocês foram levados à salvação por alguém que aceitou a Cristo como resultado do avivamento que sucedeu a história do meu pai. Então, de muitas formas, essa história é de vocês também. Eu não sou um estranho para vocês. Uma razão pela qual sei o nome de vocês é porque eu sou seu antepassado espiritual. Para alguns de vocês, eu sou um avô no Senhor, para outros, sou um bisavô. No entanto, independentemente da nossa relação, um fato permanece. Se não fosse pelo que aconteceu, cada um de vocês provavelmente estaria lá embaixo, no fundo do que o Geena revela. Estariam no Lago de Fogo, para sempre, sofrendo um tormento tão terrível que não falamos dele aqui na Nova Jerusalém.

Com isso, o Narrador levantou a mão dando um adeus.

— Eu amo muito cada um de vocês — ele disse. — Obrigado pela paciência, por me ouvirem. Por favor, encarem os horrores que vocês viram em Geena com um bom estado de espírito, como um aviso protetor do nosso Pai amoroso. E vamos usufruir das maravilhas da Nova Criação e das tarefas maravilhosas que Deus nos concedeu. Nós somos uma família agora, e eu mal posso esperar para ter mais comunhão com todos vocês.

Enquanto o Narrador dava meia-volta para ir embora, três braços se levantaram com mais perguntas.

Ele havia descoberto que era sempre assim. Contar sua história provocava um transbordar de curiosidade reprimida, mas por agora ele não tinha mais nada a dizer.

Ele sorriu enquanto caminhava em direção à porta, com a mão direita cordialmente levantada. Às vezes, ele se dava conta com tristeza de que raramente podia falar dos milhares e milhares de anos da história rica, senão trágica, da Terra, e da memória de tantas inúmeras almas que viveram, pereceram e foram entregues à tamanha agonia. Ignorar isso era como se elas nunca tivessem nascido. Ele havia perdido muitos amigos para a Apostasia — amigos bons, com boas intenções, que inclusive naquele momento estavam sendo atormentados...

Não, ele pensou à medida que abria a porta para entrar na brilhante luz da Nova Jerusalém. Ele se virou para trás, e então lembrou a si mesmo de que era melhor não pensar naquilo. A alegria daquela nova vida merecia ser protegida de pensamentos tão amargos. Eram consequências sobre as quais ele não tinha qualquer influência.

Ele desceu pelos degraus de ouro que o levavam para fora do edifício. Um reflexo de menos luz — ali não era chamado de sombra, pois sombra requer escuridão — expandiu-se por detrás dele, sendo sua fonte o brilho intenso da própria presença de Deus, a menos de dois quilômetros de distância cruzando a extensão da cidade abençoada.

Na metade do caminho, descendo as escadas, o Narrador, o antigo Jeff Rockaway, parou e virou-se em direção a um homem que estava de joelhos em um canteiro das famosas rosas da cidade. As vestes do homem e seu semblante revelaram aos ouvintes — que haviam deixado o santuário do edifício para admirar o Narrador descer os degraus — que o homem era um dos jardineiros do Céu. Um homem de serviço modesto, mas valoroso na Cidade Santa.

O Narrador se abaixou e colocou a mão sobre o ombro do homem. O homem ficou de pé, riu calorosamente, e deu um abraço no Narrador.

Os dois homens saíram caminhando, com os braços envolvendo um ao outro, à medida que mais risadas calorosas vinham aos ouvintes.

— Que tal um momento "só dos homens"? — o jardineiro convidou, com sua voz ecoando sobre os degraus. — Sim, um momento "só dos homens" seria como estar no Céu agora.

NOTA DE JOHN BEVERE

Querido leitor,

Quando comecei a pensar e orar sobre a possibilidade de escrever uma ficção, sabia que iria precisar de ajuda, já que nunca havia escrito uma antes. Porém, juntamente com isso, eu também sabia que tinha uma visão muito clara de como a história poderia e deveria impactar seus leitores.

Junto com meu colaborador, Mark, posso lhe dizer que gastamos centenas de horas em oração, traçando a história e desenvolvendo os personagens. Depois, foram necessárias inúmeras horas extras de revisão editorial, linha por linha, à luz das Escrituras no que diz respeito às consequências do pecado, ao poder da redenção, e às certezas da vida após a morte — para os cristãos e para os incrédulos.

Desde a primeira edição de *Resgatado*, no outono de 2006, eu tenho sido abençoado e ficado deslumbrado ao ver que milhares de leitores têm reagido à história exatamente da maneira que eu havia imaginado. Esse fenômeno é provavelmente melhor capturado por um pastor da Geórgia, que nos disse que foi tocado dramaticamente depois de ler a história e sentiu que cada pessoa de sua igreja deveria ter o livro. Ele comprou mais de 4 mil cópias, que estão sendo usadas como materiais de ensino na congregação. Além disso, ele comprou mil CDs do áudio de *Resgatado*, uma versão dramatizada da história, para ampliar seu alcance e sua eficácia. Ele está incentivando a todos que foram abençoados pela história a passá-la adiante para conhecidos que sejam indiferentes e ignorantes demais quanto ao que acontece depois que uma pessoa passa para a eternidade.

Os temas relacionados à vida, morte e vida futura tecidos nesta história são extraídos da minha obra não-ficcional *Movido pela Eternidade* (EDILAN), e nela você encontrará um maior desenvolvimento das duas certezas que mantenho sempre diante de mim: o que eu faço com relação à Cruz de Jesus Cristo determina *onde* irei passar a eternidade, e a forma como vivo como crente determina *como* irei passá-la.

Talvez você esteja orando ou preocupado com a condição espiritual de amigos e entes queridos. *Resgatado* proporcionará uma abertura em suas vidas para o Espírito Santo falar, trazer arrependimento, e atrair aos pés da Cruz.

Gostaria muito de ouvir a sua própria história relacionada com *Resgatado* e o nosso ministério na sua vida e de outros. Entre em contato comigo por *e-mail* ou através do nosso website: www.messengerintl.org.

A serviço do nosso Senhor,

JOHN P. BEVERE JR.

Relatos de leitores sobre *Resgatado*

Meu marido faleceu no dia 10 de maio de um ataque cardíaco no meio da noite... Nos últimos quatro meses de sua vida, Deus o resgatou... Tudo começou com a leitura do livro *Movido pela Eternidade* e, em seguida, duas semanas antes de morrer, ele leu o livro *Resgatado* de uma só vez. Eu coloquei esses dois livros ao lado dele no caixão porque eles contribuíram para sua salvação.

São 2:45h da manhã e eu acabei de ler *Resgatado*. É incrível e maravilhoso. Eu sinto a presença de Deus e me sinto muito calmo e profundamente comovido... Estou impressionado.

O suspense do livro me cativou! Eu ri, chorei e tive medo ao longo da história, mas experimentei o amor em sua forma mais verdadeira.

Enquanto eu lia *Resgatado*, fiquei completamente vidrado na história! Nunca havia visto um quadro tão vívido sobre como eu preciso viver a minha vida agora a fim de me preparar para a eternidade. Lágrimas rolavam pelo meu rosto à medida que eu terminava a história e percebia que o que faço a cada dia importa. Nunca viverei mais da mesma forma!

Eu não conseguia parar de ler *Resgatado*. Foi tão bem escrito que eu não conseguia fazer outra coisa além de continuar lendo. A mensagem me alcançou em muitos níveis.

Comecei a ler *Resgatado* por volta das 23h e, antes que eu percebesse, eram 5h43 da manhã e eu havia terminado o livro inteiro! Desde o primeiro parágrafo, eu fiquei encantado com a história.

Resgatado não foi apenas uma leitura maravilhosa, mas também um livro convincente de compaixão e misericórdia.

Literalmente me sinto como se eu tivesse sido arrebatado do fogo.

Eu tenho permanecido em um estado constante de oração e arrependimento desde que terminei o livro *Resgatado*.

Sua descrição do Julgamento do Trono Branco me deixou em lágrimas. Tudo que eu conseguia fazer era cobrir o rosto e chorar, pedindo que Deus tivesse misericórdia de mim.

Muito obrigado por chacoalhar o meu ser espiritual.

Eu comecei a ler *Resgatado* ontem à tarde e não consegui mais largá-lo. É muito sólido e ungido.

Quando cheguei àquele capítulo em que os "cristãos" recebem a ordem de se afastar, eu pude de fato sentir a descrença e o choque deles. À medida que eu lia aqueles capítulos, não conseguia parar de me arrepender e pedir ao Senhor que revelasse qualquer maldade em mim.

Este livro me transformou e mudou a forma como enxergo a minha salvação!

Este livro me trouxe de volta à minha salvação, ao meu primeiro amor por Deus.

Este livro pode ser o veículo mais poderoso que eu já vi para alcançar aqueles que não são salvos e aqueles que estão afastados do primeiro amor.

Antes de ouvir a sua mensagem e ler este livro, eu não entendia qual era o coração de Deus pela Igreja.

Enquanto lia o seu livro, eu verdadeiramente senti o santo temor de Deus e alcancei um entendimento mais profundo da Sua soberania.

JOHN BEVERE, que possui doutorado na área do ministério, é apaixonado por ver indivíduos aprofundarem sua intimidade com Deus e capturarem uma perspectiva eterna. Autor internacional de *best-sellers*, seus livros premiados e seus materiais de ensino estão disponíveis nas conferências e nas igrejas em que ele palestra ao redor do mundo. John apresenta o programa de televisão *The Messenger* que vai ao ar em 216 países. Ele e sua esposa, Lisa, também autora de *best-sellers*, fundaram o Messenger International em 1990. Eles vivem em Colorado Springs com seus quatro filhos, e todos eles gostam de esportes, seja mergulho ou paraquedismo, aonde quer que suas viagens os levem!

Mais informações podem ser encontradas no website:
www.messengerintl.org

MARK ANDREW OLSEN, cuja ficção *The Assignment* (A Tarefa) foi finalista do Prêmio Christy, também colaborou com Tommy Tenney em seus best-sellers *Hadassah* e *The Hadassah Covenant* (A aliança Hadassah). Filho de missionários na França, Mark é formado pela Baylor University. Ele e sua esposa, Connie, vivem em Colorado Springs com seus três filhos.

Outros títulos de John Bevere

A Isca de Satanás*
A Isca de Satanás - Devocional*
Quebrando as Cadeias da Intimidação*
Movido pela Eternidade*
Vitória no Deserto*
Acesso Negado*
Do Bem ou De Deus?*

O Temor do Senhor*
Extraordinário*
A Voz que Clama*
A Recompensa da Honra*
O Espírito Santo*
A História do Casamento*
Implacável*

* Disponíveis também em inglês no Formato Currículo

Também por Andrew Olsen
Ficção

The Assignment
Hadassah - Uma Noite Com o Rei *
The Hadassah Covenant: A Queen's Legacy

The Watchers
The Road Home

Resgatado também está disponível em espanhol.
*com Tommy Tenney

life-transforming truth.

Messenger International.

UNITED STATES	AUSTRALIA	UNITED KINGDOM
PO Box 888	Rouse Hill Town Centre	PO Box 1066
Palmer Lake, CO 80133	PO Box 6444	Hemel Hempstead
	Rouse Hill NSW 2155	Hertfordshire,
Phone: 800-648-1477		HP2 7GQ
Email:	Phone: 1-300-650-577	
Mail@MessengerInternational.org	Outside Australia:	Phone: 0800-9808-933
	+61 2 9679 4900	Outside UK:
	Email:	(+44) 1442 288 531
	Australia@MessengerInternational.org	E-mail:
		Europe@MessengerInternational.org

www.MessengerInternational.org

www.ingramcontent.com/pod-product-compliance
Lightning Source LLC
Chambersburg PA
CBHW031828090426

42741CB00005B/168